MERIAN *momente*

W0088771

SÜDTIROL

SONJA STILL

Zeichenerklärung

 barrierefreie Unterkünfte
 familienfreundlich
 Der ideale Zeitpunkt
 Neu entdeckt
 Ziele in der Umgebung
  Faltkarte

Preisklassen

Preise für ein Doppelzimmer mit Frühstück:

€€€€ ab 200 €   €€€ ab 100 €
  €€ ab 50 €   € bis 50 €

Preise für ein Hauptgericht ohne Getränke:

€€€€ ab 30 €   €€€ ab 20 €
  €€ ab 15 €   € ab 10 €

SÜDTIROL ENTDECKEN   4

SÜDTIROL ERLEBEN   20

SÜDTIROL ERKUNDEN **62**

Brixen und
Eisacktal

Meran
und Burg-   Bruneck und
Schlanders   grafenamt   Pustertal
und
Vinschgau
                          Bozen und
     Unterland und   Umgebung
       Überetsch

TOUREN IN SÜDTIROL **156**

SÜDTIROL ERFASSEN **164**

KARTEN UND PLÄNE

Mächtig überragen die Drei Zinnen das umliegende Wandergebiet.

SÜDTIROL

ENTDECKEN

MEIN SÜDTIROL

Das Hohe Lied der Berge wird in Südtirol gesungen.
Die Bergsteiger, die Kletterer, die Skifahrer – alle haben in
dieser Region ihre Freude. Südtirol, das ist Lebensqualität in einer
ganz eigenen, sehr vielfältigen und besonders kulturprächtigen Welt.

Am häufigsten führten mich meine Reisen, Südtirol war das Ziel, in den Vinschgau. Dieses sonnenverwöhnte Tal, das mit seinen Obst- und Apfelgärten, seinen Waalerwegen und den zauberhaften Buschenschänken einfach hinreißend ist. Einmal konnte ich auf einem Bergbauernhof bei der Arbeit helfen – hilf Himmel! Es ist schon ein Erlebnis! Wie nur waren die Menschen früher zu dieser wirklich schwersten Kraftarbeit fähig? Heute gibt es wenigstens Maschinen, wenngleich die nicht immer an den steilen Hängen einsetzbar sind. Inzwischen gibt es Straßen, Infrastruktur und Telefon. Aber über Jahrhunderte lebten und formten die Bergbauern die Landschaft zu einem kultivierten Landstrich und starkem Wirtschaftsraum.

◀ Vom Sellajoch (▶ S. 161) blickt man auf
wunderschön grüne Almwiesen.

Und sosehr man den Vinschgern einen gewissen Eigensinn nachsagt:
Wer einmal ihr Freund geworden ist, dem halten sie die Treue. Da darf
man auch irgendwann abtauchen und wieder auftauchen – und dennoch
wird man mit Freude und Herzlichkeit willkommen geheißen. Eine solche Gastgeberin ist Sonya Trafoier, Mitglied der »Donne del vino« und
für mich die beste Sommelière weit und breit. Mit ihr in ihrem Weinkeller im Restaurant Kuppelrain von Kastelbell dann die neuesten Weißweine zu verkosten und ordentlich zu plauschen, das ist wie Zucker für
die Seele. Und ein Beispiel par excellence für die einmaligen Momente
in Südtirol.

TOLERANT, VERBINDLICH UND HERZLICH

Ich habe mir sehr wohl eine Erklärung dafür zurechtgelegt: Südtiroler
sind freiheitsliebend, aber durchaus konservativ. Das macht sie sehr loyal.
Andreas Hofer, der Freiheitskämpfer, ist nicht umsonst zum Helden und
Nationalmythos stilisiert. Der Sandwirt aus dem Passeiertal war Gastwirt
und Bauer, Wein- und Viehhändler. Er stellte eine Bauernarmee gegen
die französische Besatzung auf, war der Oberkommandierende des Tiroler Landsturms, der das Land mehrmals befreite und auf das Österreich
dann doch mehrfach verzichtete. 1809 bis 1810 war das. Als Hofer bei der
vierten Schlacht am Berg Isel bei Innsbruck vernichtend geschlagen wird,
flüchtet er auf die Pfandler Alm bei St. Martin im Passeiertal, wird verraten und schließlich in Mantua hingerichtet. Historiker zeichnen durchaus ein kritisches Bild seiner Person, aber von Tourismus und Souvenir-
handel wurde der Freiheitsheld vereinnahmt – man wird ihm bestimmt
irgendwo begegnen.

EIGENHEITEN, DIE ES NUR HIER GIBT

Die liebenswürdigste Eigenart, auf die man hier trifft: Scheinbar alle, aber
wirklich auch alle Männer in Südtirol tragen – nein, nicht Lederhosen –
blaue Schaber. Den typischen Schurz, der offenbar mehr als eine Arbeits-
bekleidung zu sein scheint. Quasi ein Statement für Bodenständigkeit
und Fleiß. Freilich haben die Südtiroler genauso prächtige Trachten, wie
es sie im gesamten Alpenraum gibt. Jedes Tal in einer anderen Weise –
aber verbindend vom Reschenpass bis ins Sextental ist offenbar die blaue
Arbeitsschürze.

Und wer sich durchs Land bewegt, dem wird sehr schnell zumindest zweisprachig, wenn nicht sogar dreisprachig der Weg gewiesen. Straßenschilder, Ortstafeln, alle Aufschriften an öffentlichen Gebäuden und alle Speisekarten sind auf Deutsch und Italienisch. In den ladinischen Tälern kommt noch diese dritte Sprache hinzu. Die Mehrsprachigkeit ist durch die Autonomie gesetzlich verankert. Sie kommt aber nicht so einfach aus der Tradition. Es ist eine verordnete Angelegenheit. Während die Faschisten an der Macht waren, wurde das Land an Eisack und Etsch per Erlass mit der italienischen Sprache belegt. Über Nacht durfte kein Deutsch mehr gesprochen werden, selbst deutsche Grabinschriften wurden verboten. Alle Orte, Täler und Berge erhielten italienische Namen. Wo es traditionell schon italienische Namen gab, wie bei Sterzing-Vipiteno oder bei Neumarkt-Egna, wird darauf zurückgegriffen, sonst werden unsinnige Neuerfindungen gemacht, die irgendwie italienisch klingen. Vorher hatte es diesen Vorgang auch in die andere Richtung gegeben: Während des Ersten Weltkrigs ließen österreichische Behörden alle italienischen Aufschriften ausmerzen. Es ist viel Unrecht geschehen in Südtirol. Und es ist ein Segen, dass diese Region es geschafft hat, trotzdem zu einem friedlichen Miteinander zu kommen. Davon kann man auch als Urlauber einiges lernen.

VIELFALT AN KULTUR

Vielleicht liegt es an der langen, wechselvollen Geschichte, die Südtirol geprägt hat. Mal deutsch, mal italienisch, mal bayerisch, mal österreichisch. Diese Zeiten haben eine unglaubliche Vielfalt an Kultur hervorgebracht. Davon erzählen die wunderbaren, oft gut erhaltenen Burgen, Ansitze und Schlösser.

Auf den Burgen gibt es viel Geschichte. Alte, überlieferte und neue, die uns Heutigen die Augen öffnen sollte, welch einzigartiger Lebensraum die Berge sind. Die fünf Standorte des Messner Mountain Museum sind eben nicht nur Museum in einer Burg, sie sind wie Denkmäler, die auffordern: Denk mal! Was ist uns unser Lebensraum wert, was ist denn des Menschen Natur?

Südtirol schenkt einem die Stille der Natur, die Herausforderung am Berg, das Juchzen und Glucksen im Bauch, wenn's rasant über die Skiabfahrt vom Lagazuoi hinabgeht, und das Fluchen, wenn man mit dem Mountainbike die Tour vom Eggental aus zur Lattemar-Runde hinaufschnaufen will. Die Panoramablicke auf die Dolomiten sind hier so erhebend, dass sich die Anstrengung in tiefe Zufriedenheit wandelt.

Es ist eine Fülle an Erfahrungen möglich – immer wenn ich gerade etwas aus dem Manuskript gestrichen hatte, um im Umfang der Verlagsvorgaben zu bleiben, rief mich jemand an und erzählte eine neue Flut wunderbarer Südtirol-Erlebnisse. Meine Verzweiflung wurde groß, was reinnehmen? Was rauslassen? Meine Herzenseltern verbringen jedes Jahr viele schöne Wandertage in Südtirol. Dieses Mal kamen sie zurück und brachten noch einmal mehr hier einen Geheimtipp und da ein »Muss-sein« mit. Heinrich war wohl so ziemlich auf jedem Gipfel der Südtiroler Alpen. Meine kleinen Ausflugtipps sind also alle erprobt und »ergangen«. Auch wenn Heinrichs Lieblingsroute auf den Cimòn della Pala nicht enthalten ist, denn das »Matterhorn der Dolomiten« ist nur etwas für erfahrene Berggämsen, die ausgesetzte Routen bewältigen. Aber die Höhenwege, gerade der im Grödnertal, die er schätzt, sind durchaus auch für weniger geübte Geher zu empfehlen und bieten ein tolles Panorama.

HERZHAFTE SPEISEN FÜR BEHERZTE WANDERER

Brigitte wiederum weiß, was gutes Essen ist – und so sind viele der Empfehlungen bestens ausgetestet und durchdiskutiert. Die Südtiroler Küche klingt zwar oftmals kalorienmächtig, aber wer sich den ganzen Tag draußen in der Höhenluft bewegt, darf auch durchaus herzhaft zulangen. Zudem gibt es ja auch genügend »Gesundes« – wer einmal am Kalterer See im Herbst durch die Rebenlauben lief, kennt das beglückende Gefühl, reife Trauben direkt zu kosten, von der Hand in den Mund. Als Kind hatte ich den Spaß, wenn ich nur hoch genug hüpfen konnte, sie direkt abzunaschen. Man wird zwar erwachsen – es macht aber noch immer Freude.

Nur das Wichtigste ist also in diesem Buch verpackt. Eigentlich, so musste ich am Ende erkennen, ist es eine Anmaßung, einen Reiseführer über Südtirol zu schreiben, denn so viel auch geschrieben ist: Sie werden vor Ort noch einmal etwas ganz Neues entdecken. Und Sie werden ganz sicher unvergleichliche Momente mit nach Hause nehmen.

DIE AUTORIN

Sonja Still ist Journalistin, Buchautorin und Filmemacherin. Sie lebt in München und am Tegernsee. Tourismus und Reise sind ihre Interessen- und Themenschwerpunkte.

Viele Reisen haben sie nach Südtirol geführt, Filme sind hier entstanden, dennoch ist sie immer wieder überrascht, welch unglaubliche Vielfalt und kulturellen Reichtum Südtirol zu bieten hat.

MERIAN TopTen

Diese Höhepunkte sollten Sie sich bei Ihrem Besuch auf keinen Fall entgehen lassen: Ob ein Besuch beim »Eismann Ötzi«, auf der Churburg oder unter den Bozner Lauben – MERIAN präsentiert Ihnen hier die wichtigsten Sehenswürdigkeiten Südtirols.

1 Bozner Lauben

Feiner Flair fürs Shoppen vor prachtvoller Kulisse mittelalterlicher Baukunst (▶ S. 65).

2 Ötzi im Südtiroler Archäologiemuseum, Bozen

Im Südtiroler Archäologiemuseum ruht er gut gekühlt und hoffentlich sanft – 5300 Jahre alt ist Ötzi, der Mann aus dem Eis (▶ S. 51, 65, 69).

3 Kloster Säben, Klausen

Burgähnlich thront das Kloster hoch über Klausen – es zu Fuß zu erklimmen ist eine Herausforderung, die belohnt wird (▶ S. 92).

4 Botanische Gärten Schloss Trauttmansdorff, Meran

Wo Kaiserin Sisi einst schon lustwandelte, schlägt auch heute nicht nur dem botanikliebenden Besucher das Herz höher (▶ S. 31, 113).

5 Therme Meran

Moderne Architektur, 25 verschiedene Pools, diverse Saunen – hier wird viel Schönes geboten (▶ S. 112, 115).

6 Churburg, Schluderns

Arkadengänge der Renaissance, die in ihren Malereien Fabeln erzählen. Rüstkammer der gräflichen Vorfahren – absolut sehenswert (▶ S. 130, 133).

⭐7 Waalwege im Vinschgau

Die Lebensadern bringen Wasser für die unzähligen Vinschger Obstgärten und den Wanderern genüssliche Touren entlang der kleinen Kanäle (▶ S. 45, 124, 134, 158).

⭐8 Schloss Juval, Vinschgau

Die Burg vom Bergkönig – heute Teil des Messner Mountain Museums mit umfangreicher Tibetika-Sammlung, Bergbildgalerie und einer Maskensammlung (▶ S. 134, 135, 153).

⭐9 Burg Hocheppan

Eindrucksvoll und spektakulär liegt die romantische Burganlage hoch am Fels, in der romanischen Burgkapelle sind besterhaltene Fresken zu entdecken (▶ S. 139).

⭐10 Karersee

Wenn sich Latemar und Rosengarten im Wasser des »Regenbogensees« spiegeln, lassen sich Sagenhaftes und Legendäres zu Füßen der Berge leicht glauben (▶ S. 160).

MERIAN Momente
Das kleine Glück auf Reisen

Oft sind es die kleinen Momente auf einer Reise, die am stärksten in Erinnerung bleiben – Momente, in denen Sie die leisen, feinen Seiten der Region kennenlernen. Hier geben wir Ihnen Tipps für kleine Auszeiten und neue Einblicke.

Spaziergang durch Kastanienwälder   H 5

Kastanien, die in Südtirol Keschten genannt werden, sind eine Köstlichkeit in stacheliger Schale. Ein Spaziergang durch die Kastanienwälder im Eisacktal erfüllt mit Kraft und guter Energie. Die mächtigen Kastanienbäume vermitteln eine stille und angenehme Ruhe.

Der Eisacktaler Keschtnweg ist in mehrere Abschnitte eingeteilt. Einer der romantischsten ist Abschnitt 3 – an der St. Verena Kirche hat man einen wunderbaren Blick vom Rittener Hochplateau aufs Land hinaus.

Ausgangspunkt: Barbian | www.eisacktal.com

Winterfreuden am Lagazuoi   K 5

Am südlichen Ende des Nationalparks Puez-Geisler liegt Colfosco oder Kolfuschg, wie es auch heißt. Über das Gadertal oder über das Grödnerjoch erreicht man den hübschen Ort. Der Blick auf diesen Bergstock ist schier erhebend. Von hier aus lässt es sich im

Winter bequem ins Skikarussell um die Sella Ronda einsteigen.

Freilich übertritt man dann schon die Grenze ins Veneto – aber es rentiert sich. Denn am allerallerallerschönsten ist es im Winter, den Lagazuoi hinabzuschwingen. An den Wänden klirren die Eiszapfen, dazwischen ein Einkehrschwung in eine urige Hütte – immerhin ist die Abfahrt fast 8 km lang – und am Ende wird man per Pferdekutsche wieder nach Kolfuschg gezogen. Herrlich!

Kolfuschg | Seilbahn Lagazuoi | per Pferdekutsche zurück zum Skilift Armentarola/Kolfuschg

3 Sagen lesen in sagenhaft schöner Landschaft

Hören, träumen, abschalten – in Südtirol braucht man keinen Harry Potter und keine Rosamunde Pilcher, hier gibt es eine Fülle an Sagen und geheimnisvollen Legenden. Denn am Schlern, am Latemar, im Rosengarten und in den Südtiroler Dolomitentälern leben sie noch, die geheimnisvollen Mächte: die Hexen, Salvans und Vivanas. Hier liegt das Herz der großen Zaubereiche. Und das glückliche Königsreich der Fanes mit der mutigen Prinzessin Do-

lasilla, die mit Schilfrohr vom Silbersee Pfeile baute, die absolut treffsicher waren, und die nach dem Sieg über die Bösewichter ihr Volk in glückliche Zeiten führte.

Einfach Dolomitensagen als Buch in den Rucksack und dazu einen Edelvernatsch einpacken und irgendwo, wo es gerad schön ist, schauen, ob sich nicht Prinzessinnen, Trolle, Bergkönige oder Hexen einfinden.

z. B.

– Wolfgang Morscher: Die schönsten Sagen aus Südtirol (Haymon Verlag, 2012)
– Auguste Lechner: Dolomiten-Sagenbuch (Tyrolia, 2011)

4 Knottnkino F 5

Es ist einfach der Humor, der darin steckt – oberhalb von Meran hat der Künstler Franz Messner auf dem Rotsteinkogel 30 Kinosessel aufgebaut. Zu betrachten sind Panorama-Pictures und Filme, die das Wetter schreibt – am besten mit einem guten Vernatsch im Rucksack und einer Decke zum Einkuscheln. Und dann: einfach nichts tun, nichts sagen, nichts denken.

Von Vöran über den Wanderweg Nr. 12 zum Rotsteinkogel | Gehzeit hin und zurück ca. 2,5 Std.

❺ Mittelalter mit Zukunft ✈ B 4

Von der Churburg im oberen Vinschgau eröffnet sich ein grandioser Blick auf den Ortler. Wer das Glück hat, Graf Johannes von Trapp, dem Herrn des Hauses, zu begegnen, der hat eine großartige Gelegenheit, Geschichte und Kultur mit Leben erfüllt zu bekommen. Wen er in die Rüstkammer führt, der möchte fast zurück ins Mittelalter reiten. Es war die »Kleiderkammer« seiner Vorfahren, die eiserne Garderobe, erzählt er. Als Kind wollte er nicht wieder Ritter werden, sondern wissen, was die Vorfahren damit machten und ob das so wichtig war wie heute ein guter Anzug? Nein, wurde im erklärt, so ein Harnisch sei mehr wert gewesen. Er fragte, etwa so viel wie heute ein Mercedes kostet? Keine Spur. So viel wie eine Ariadne, so viel wie heute eine Rakete kostet, so teuer war die Herstellung eines Harnisches damals! Und so zukunftsweisend. Denn damit eroberten die Vorfahren das Land für die Zukunft der Familie.

Schluderns | Churburg 1 | www. churburg.com | Ende März–Okt., Di–So 10–12, 14–16.30 Uhr, Mo außer feiertags geschl. | Führungen alle 15 Min. | Eintritt 10 €, Familien 19 €

❻ Marend am Waalerweg ✈ D 4

Das Klappern der Waalerglöckerl am Waalerweg ist irgendwie auch Zeichen für Leben. Denn solange es schlägt, fließt das Wasser und nährt die Obstgärten.

Die Waale sind die Lebensadern im sonnenreichen Vinschgau. Denn eigentlich wäre das Klima hier viel zu trocken, um die vorhandene Fülle an Genuss und Lebensmitteln hervorzubringen.

Der Stabener Waal bezieht sein Wasser aus dem Schnalstal und ist ein unglaublich romantischer Weg – durch Grün und an Felswänden entlang, durch Sonnenhänge und Kastanienwälder. Das Wasser ist so sauber, dass man ruhig wagen darf, es einfach zu trinken. Ein kleines Picknick am Wegrand mit Schüttelbrot und etwas Speck dazu – herrlich.

Ausgangspunkt: Tschars, zwischen Naturns und Schlanders | Gehzeit ca. 1 Std.

❼ Apfelblüten und Schnee

Der Vinschgau im Frühjahr ist so schön, als sei er von Engeln geküsst. Wenn woanders in den Alpen noch der Winter herrscht, dann zieht der Frühling hier schon ein. Es gibt wohl nichts Bezaubernderes als dieses Tal zur Apfelblütenzeit.

Sonnenverwöhnt, wie das Tal ist, strahlt der Himmel blau und davor erheben sich weiß die Gipfel mit Schnee. Drunter schmiegen sich in weiten Feldern die Obstgärten mit weißen und rosa Blüten der Apfelbäume. Der Duft ist betörend fein – ein Spaziergang hier gleicht einem Wandeln im Paradiesgarten.

8 Yaktreiben auf den Ortler
B 6

Der Ortler. Er war ein Riese, der wegen seines Eigensinns zu Eis erstarrte – so heißt es in der Legende. Aber nicht nur dem höchsten Berg Südtirols wird Eigensinn nachgesagt, auch seinen Bewohnern. Reinhold Messner ist da wohl nur der berühmteste Bewohner dieses so eigenen Fleckchens Erde. Einmal im Jahr treibt er seine Yaks, die er vor 25 Jahren aus Tibet in seine Südtiroler Heimat importierte, hinauf auf die Almen am Ortler. Eine Möglichkeit für jedermann, mit der Bergsteigerlegende zu wandern. Und wer zufällig seinem Spezl Paul Hanny von Sulden begegnet, muss damit rechnen, einen Stock in die Hand gedrückt zu bekommen, mit der Aufforderung: Nimm! Treib an!

Los geht's in Sulden am Ortler, von dort werden die zotteligen Himalaya-Rinder auf die Madritschalm unterhalb der Königspitze getrieben.

Sulden | Talstation der Seilbahn | www.ortlergebiet.it/de/interessantes/ reinhold-messner-und-seine-yak | Mitte/Ende Juni (genauer Termin auf der Website), 9 Uhr | Teilnahme kostenlos

9 Wein verkosten
F 8

Natürlich kommt man im Herbst nach Südtirol, vor allem zum Törggelen. Freilich. Aber ein ganz eigener Moment ist das Weinverkosten. Da geht es nicht um den ersten frischen Sturm, sondern darum, die Vielfalt der ausgereiften Weine zu schmecken. Gewürztraminer, Lagrein oder Vernatsch – die ursprünglichen Südtiroler Rebsorten sind zwar prominent und in Deutschland relativ billig zu erwerben. Das Besondere aber, das schmeckt man im Keller an der Seite eines der schier allwissenden Winzer. Und es ist garantiert ein Unterfangen, das das gesamte Leben lang immer wieder neue Momente schenkt.

z. B. Kellerei Ritterhof | Kaltern | Weinstr. 1 | www.ritterhof.it | Mo–Fr 8–18, Sa 9.30–13 Uhr; Sept.–Okt. Sa 9.30–17 Uhr

NEU ENTDECKT
Worüber man spricht

*Jede Region verändert sich – auch wenn vieles beim Alten bleibt.
Durch neu eröffnete Museen, Hotels oder Restaurants gewinnen Orte
und manchmal ganze Landstriche weiter an Attraktivität.
Ebenso lässt sich die Region mit neuen Freizeitangeboten viel-
fältiger erleben und vielleicht sogar mit anderen Augen sehen.
Hier erfahren Sie alles über die jüngsten Entwicklungen.*

◀ Natürlichkeit und Exklusivität sind im Gratznhäusl (▶ S. 17) bestens kombiniert.

SEHENSWERTES
Erlebnis Kränzelhof　　　　🏷 F 5

Auf dem Weg von der Gaulschlucht zum Falschauerdelta lohnt es sich, bei einem echten Kraftplatz innezuhalten. An der Tschermser Gampenstraße liegt der 650 Jahre alte gotische Ansitz Kränzelhof. Die mittelalterliche Hofanlage inmitten von Weinreben ist heute ein Gesamtkunstwerk aus Garten, Weingut und Kunsthaus. Im Irrgarten aus zehn verschiedenen Rebsorten stellen Künstler ihre Skulpturen aus. Es gibt sechs weitere Gärten und ein Bodenlabyrinth.

Von Mitte Mai bis Mitte September wird unter freiem Himmel meditiert, inspiriert von üppigem Gartengrün. In Vollmondnächten bringen Besucher mit Meditationsübungen Körper, Geist und Seele ins Gleichgewicht. Wer will, kann natürlich auch ganz für sich durch den Garten flanieren und in sich gehen.

Und weil erst Essen und Trinken Leib und Seele zusammenhält, ist das Restaurant »Miil« in der denkmalgeschützten Mühle des Herrenhauses ein besonderer Genuss-Hotspot. Hier kocht Othmar Raich z. B. Hirschtatar auf »Waldboden«, Zandercarpaccio mit Apfel-Meerrettich und Spitzwegerich, Selleriesalat mit Wiesenspinat und am Schluss: Fichtennadelhonigeis auf Waldbeeren mit Waldklee – wer will das verpassen.

Tscherms | Gampenstr. 1 | Tel. 04 73 56 37 33 | www.kraenzelhof.it | Ende März–Anfang Nov. tgl. 9.30–19 Uhr | Restaurant Di–Sa 12–14, 18.30–21.30 Uhr

Moorlärche im Eggental　　　🏷 G 7

Er störte ganz einfach – der dicke Baumstamm, auf den Arbeiter 2011 bei Entwässerungsmaßnahmen in einem Wiesengrund bei Petersberg im Eggental stießen. Fast wäre er zu Brennholz geworden. Inzwischen ist wissenschaftlich bestätigt, dass es sich um einen echten Urbaum handelt. Die Moorlärche ist über 7000 Jahre alt und stand wohl knapp 800 Jahre auf der Erde, wuchs zu einer Höhe von 30 m und einem Durchmesser von 1,10 m.

Was sie dann umhaute, wer weiß es? Sie ist aber gut erhalten. Rund um die Moorlärche hat sich eine »Art Family« gebildet – ein Teil des Baumes gehört der Wissenschaft, einen Teil verarbeiten Bildhauer zu kleinen Skulpturen, machen daraus wertvolle Schmuckstücke und Schreibutensilien.

Deutschnofen/ Weißenstein | www. moorlaerche.info

ÜBERNACHTEN
Gratznhäusl beim Hotel Gassenhof
　　　　　　　　　　　　　🏷 G 2

Rückzugsort – Es war einmal ein Holzhaus mit Kornkasten, der erstmals 1375 erwähnt wurde. Der steht noch immer im Ridnauntal, wenig entfernt vom Hotel Gassenhof. Das Haus wäre verfallen – jetzt hat die Gastgeberfamilie des Gassenhofs das vernachlässigte Kleinod neben ihrem Hotel gekauft und zu neuem Leben erweckt. Schnaps und Speck, Marmeladen und Honig können in den Stuben des Gratznhäusls verkostet und erstanden werden.

Im Obergeschoss des kulinarischen Refugiums sind exklusive Zimmer aus Naturholz, Stein und Glas entstanden. Ausgestattet mit einer Infrarotkabine und zum Teil mit einem originalen Holzofen sind diese ein außergewöhnlicher Rückzugsort. Natürlich dürfen der Wellness-Bereich des Hotels sowie alle weiteren Hoteleinrichtungen mitbenutzt werden. Im Weinkeller des Hotels liegen über 400 erstklassige Weine aus aller Welt und warten darauf, aufgemacht zu werden.

Ridnaun | Untere Gasse Nr. 13 | www. gassenhof.com | €€–€€€

Strohhaus Fliri   ⚑ B 3

Natürlich – Ein solches Wohnkonzept ist selbst im innovativen Südtirol einmalig: Das Strohhaus Fliri im Langtauferertal auf 1850 m Höhe wurde aus Strohballen erbaut. Auf einem soliden Fundament werden dicht gepresste Strohballen zu den Außenwänden aufgestapelt. Einerseits bilden sie die tragfähige Wand und andererseits dämmen sie hervorragend. Die Zwischenböden und Innenwände werden konventionell ausgeführt. Als Dämmung wird im Dach ebenso Stroh verwendet. Richard Fliri ist Künstler, Bauer und Visionär. Sein kleiner Biobauernhof besteht im Wesentlichen aus Stall, Haupthaus und Strohhaus. Er baute vier baubiolo-

gische Ferienwohnungen, zwei davon im Haupthaus, zwei im Strohhaus. Dieses bietet eine besondere Atmosphäre und Wohnklima. »Die Erhabenheit der Natur außen, gepaart mit der sinnlichen Erfahrung der natürlichen Materialien innen, sollen der Erholung den Boden bereiten«, sagt er. Und fürs Auge schmücken viele Bilder und Objekte von Fliri den Hof. Wanderwege starten direkt ab Hof.

Graun | Langtaufers 84 A | www.fliri. net | 4 Ferienwohnungen | €€

EINKAUFEN

Weinhof Calvenschlößl   ⚑ B 4

Unterhalb vom Kloster Marienberg, am Steilhang, wurden 7200 Rebstöcke erst im vergangenen Jahr angelegt, die 2016 erstmals abgeerntet und weiterverarbeitet werden. Unterstützt wird Klosterabt Markus Spanier bei seinem Vorhaben vom Weinhof Calvenschlößl in Laatsch. Dort kultiviert Familie van den Dries aus Belgien bereits seit 2004 erfolgreich Bioweine in Extremlagen von bis zu 1000 m – ohne Maschinen selbstverständlich, dafür mit drei fleißigen Eseln als Erntehelfer.

Mals | Laatsch 102 | www.calven schloessl.eu | Anmeldung erbeten

Puni Destillerie   ⚑ B 4

Die kleine Stadt Glurns bietet Höchstprozentiges: Hier gibt es die erste und einzige Whisky-Brennerei Italiens. Das verwendete Getreide stammt, ausgenommen die Gerste, aus dem Vinschgau. Zwei Jahre lang verkrochen sich Vater Albrecht und Sohn Jonas Ebersperger im Keller, experimentierten mit Getreidesorten und studierten Destillierweisen, bis die perfekte Rezeptur stand. Das Gebäude stammt von dem Baumeister Südtirols, Werner Tscholl; es ist ein 13 m hoher Betonziegelkubus. Im verglasten Inneren finden Besucher nicht nur den puristischen Verkaufsraum, sondern können auch die kupfernen Brennblasen, eine 100 Jahre alte Malzmühle sowie die Marsala- und Bourbonfässer bewundern, in denen die erste Whisky-Generation gelagert wird.

Glurns | Am Mühlbach 2 | www.puni.com | Mo–Sa 10–12, 14–18 Uhr; Führung Mo 10, Mi 16 Uhr

AKTIVITÄTEN

Schüttelbrot selbst gemacht

»Geschüttelt, nicht gerührt« ist der witzige Titel – nein, nicht für einen Martini-, sondern für einen Schüttelbrot-Workshop. Denn der Teig wird eben geschüttelt, bevor er flach wie eine Flunder ausgerollt wird, damit die dünnen Fladen entstehen. Kümmel, Fenchel, Anis und Schabzigerklee kom-

men als Gewürze in den Roggenteig. Alles Weitere ist das Geheimnis des jeweiligen Bäckers und von Tal zu Tal verschieden – aber man kann sich nun erstmals auch als Gast dem Backen des Südtiroler Nationalbrots annähern.

Infos: Tourismusverein Vöran | www.hafling-meran2000.eu | Teilnahme kostenlos

▶ Weitere Neuentdeckungen sind durch dieses Symbol gekennzeichnet.

Auch in Südtirol muss es nicht immer nur Wein sein: In den kupfernen Brennblasen der Destillerie Puni in Glurns (▶ S. 18) wird tatsächlich Whisky hergestellt, mit großem Erfolg.

Ein sonniger Rastplatz hoch oben auf der Seiser Alm (► S. 83) – was will man mehr!

SÜDTIROL ERLEBEN

ÜBERNACHTEN

Frühstückspension, Bauernhof, Almhütte oder doch
lieber Luxusresort und Schlosshotel? In Südtirol gibt es alles.
Und überall wird man mit herzlicher Gastfreundlichkeit
willkommen geheißen.

Wer schon immer einmal wie ein Edelmann oder Burgfräulein übernachten wollte, der kann in einem der wunderbaren Ansitze, Burgen und Schlösser seinen Traum erfüllen. Denn in Südtirol ist die Dichte der Burgen in Europa unvergleichlich. Viele der alten Gemäuer wurden inzwischen zu neuen, empfehlenswerten, manchmal sehr luxuriösen Hotels umgebaut.

FÜR JEDEN DIE PASSENDE UNTERKUNFT

Die Hotels in den Städten Bozen und Meran sind vielfältig, hübsch und als **Stadthotels** auch praktisch ausgestattet. Dennoch rentiert es sich, etwas außerhalb der Orte zu schauen: Hier ist oft der Blick über die Täler einfach einzigartig schön. Frühstückspensionen im klassischen Sinne sind natürlich noch immer zu buchen, aber das Angebot geht zurück,

◄ Mitten im Naturpark Schlern-Rosengarten
liegt das heimelige Almhotel Hofer Alpl (▶ S. 84).

mehr und mehr werden **Ferienwohnungen** angeboten, in denen man unabhängig seinen Urlaub gestalten kann. Unter www.suedtirolprivat.com findet man gute Adressen.

Es gibt ausgewiesene Wanderhotels (www.wanderhotels.com) und Berghütten. Diese sind allerdings vorrangig für Bergsteiger gedacht und vor allem über die Alpenvereine und die Tourismusvereine vor Ort zu erreichen. Wer urigen **Urlaub auf dem Bauernhof** machen möchte, findet 1300 Höfe, die im Internetportal www.roterhahn.it aufgelistet sind. Es ist sicherlich die authentischste Art, Südtirol und die Südtiroler kennenzulernen. Abends kann man mit den Gastgeberfamilien bei einem guten Roten zusammen über alles plaudern.

GUTES FRÜHSTÜCK IST STANDARD

Viele Häuser sind klassische Familienbetriebe und bieten perfekte Bewirtung, das heißt, das Frühstück ist immer ein Highlight mit frischem Brot und allerlei Obst- und Fruchtaufstrichen. Die meisten Häuser bieten Halbpension an. Ob man sich dafür entscheidet, sollte man allerdings überlegen: Denn eigentlich lässt sich im ganzen Land überall gut speisen und man darf auf die Vielfalt durchaus neugierig sein. Dagegen spricht, dass in der Hauptsaison woanders oft nur schwer ein Platz zu bekommen ist und in der Nebensaison viele Gasthäuser ganz schließen oder nur auf Nachfrage öffnen.

IN SÜDTIROL TICKEN UNTERSCHIEDLICHE SAISONZEITEN

Südtirol hat eigentlich das ganze Jahr über Saison, wo aber genau Saison ist – das hängt von der Höhenlage ab. Die Skigebiete öffnen von Dezember bis Mitte bzw. Ende April, die Wandergebiete haben Saison von Mai bis Anfang Oktober. Der Herbst ist in Südtirol die klassische Wander- und **Törggelezeit**: Das Meraner Land und das Überetsch sind von Mitte September bis Mitte Oktober in der Hochsaison. Da kann es schwer werden, spontan ein Quartier zu finden. Die Betriebe im Unterland um den Kalterer See schließen oft im Winter ganz. In ganz Südtirol wird häufig in der ersten Juliwoche, um die Zeit der Herz-Jesu-Feuer, für einen kurzen Betriebsurlaub geschlossen.

Je nach Saison und Zimmergröße bzw. -ausstattung können die Preise auch innerhalb eines Hotel ganz erheblich differieren. Die Preiskategorien sind oftmals nur Anhaltspunkte – man sollte bei der Buchung auf jeden Fall immer genau nachfragen: zum einen nach dem konkreten Preis, der auch auf Internetseiten nicht immer mit dem vor Ort erhobenen übereinstimmt. Sodann aber auch, um auf eventuelle Aufschläge hingewiesen zu werden, wie z. B. bei Übernachtungen, die unter drei Tagen liegen oder bei Benützung eines Einzelzimmers. Letzteres ist tatsächlich ein leidiges Thema. Einzelzimmerzuschläge sind oft recht hoch und werden nicht unbedingt genannt. Oder, falls man ein Doppelzimmer als Einzelreisender bekommt, zahlt man den Doppelzimmerpreis, sollte aber dann Frühstück bzw. Halbpension für den Zweiten abziehen lassen.

BESONDERE EMPFEHLUNGEN

Dolce Vita Hotel Paradies ⟩ D 5

Edel und luxuriös – Es kann schon sein, dass zwischen all den Apfelbäumen auch das Paradies liegt. Ob es genau in diesem Hotel ist, mag Eva wissen und Adam hierhin verführen. Am schönsten ist der wirklich großartige Wellness- und Spa-Bereich mit tollem Schwimmbad innen und außen. Latsch | Quellenweg | Tel. 04 73 62 22 25 | www.hotelparadies.com | €€€€

Garni Reischnhitt im Alpen-wellness Eschgfeller ⟩ G 5

Zu Gast bei der Latschenkiefer – Das neu gebaute Gästehaus der Sarntaler Wellness-Oase »Alpenwellness Eschgfeller« im sonnigen Reinswald lädt wirklich zum gemütlichen Wanderurlaub ein und verwöhnt die Gäste schon am Morgen mit einem wunderbaren Frühstücksbuffet. Das Haus ist eine Art Conceptstore fürs Wohlbefinden, von Latschenkiefernbad über finnische Sauna bis hin zu Massagen und Kneippgüssen wird hier alles geboten. Der schönen Wohlfühlphilosophie liegt die Sarner Latschenkiefer »Pinus sarentensis« zugrunde. Zum Refugium gehört die Latschenölbrennerei Eschgfeller sowie der Latschenladen mit allerlei hochwertigen Naturprodukten. Sarntal | Unterreinswald 17 | Tel. 04 71 62 51 38 | www.alpen-wellness.bz | €

Hotel Elephant ▶ S. 89, a 1

Wahrer Kult – Das Brixner Traditionshotel mit dem Elefanten im Zunftschild steht seit dem 15. Jh. Einst war hier wirklich ein Elefant »Gast«, er wurde vom König von Portugal seinem Neffen, einem Erzherzog von Österreich, überbracht. Großer Komfort, prachtvoller Kachelofen. Beheizter Pool im großen Garten, Sauna und Solarium. Brixen | Weißlahnstr. 4 | Tel. 04 72 83 27 50 | www.hotelelephant.com | 44 Zimmer | €€€–€€€€

Oberegger Hof ⟩ F 4

Luxuriöse Romantik – Der 500 Jahre alte Bauernhof wurde erst kürzlich mit viel Liebe und Sorgfalt restauriert. Für alle, die während ihres Urlaubs nicht nur den Flair eines original Südtiroler Bauernhauses genießen möchten, sondern auch jeglichen modernen

Komfort. Schöne Attraktionen für Kinder – vom Kälbchenstreicheln bis zum Heuspringen wird viel geboten.
Schenna | Unterverdinserweg 9 | Tel. 04 73 94 96 16 | www.obereggerhof. com | Ferienhaus (bis 12 Personen), 2 Apartments (2–3 Personen) | €€

Schlosshotel Ährental   F 7

Stilvoll und komfortabel – Im herrschaftlichen Ansitz aus dem 17. Jh. gibt es zum einen Zimmer und Suiten im Schloss, zum anderen gibt es einen Residenz-Anbau, gestaltet in gelungenem Mix aus modernem Design und Altehrwürdigem. Ganz großartig ist das Essen im Schlosskeller. Erholen kann man sich am Privatstrand am Ufer des Kalterer Sees.
Kaltern | Goldgasse 19 | Tel. 04 71 96 22 22 | www.schlosshotel.it | €€€€

Schloss Korb   F 6

Eppan zu Füßen – Die Burg mit ihren romantisch eingerichteten Turmsuiten und -zimmern wurde sorgfältig restauriert und in ein Schmuckstück mit heutigem Komfort verwandelt. Viel Glas und Holz ergänzen die alten Burgmauern, Sauna und schöne Pools versprechen Momente der Entspannung. Interessante Angebote auf einer Restplatzbörse auf der Website!
Missian | Hocheppanerweg 5 | Tel. 04 71 63 60 00 | www.schloss-hotel-korb. com | Mitte Nov.–Ende März geschl. | €€€€

Weitere empfehlenswerte Adressen finden Sie im Kapitel SÜDTIROL ERKUNDEN.
Preise für ein Doppelzimmer mit Frühstück:

€€€€ ab 200 €	€€€ ab 100 €	
€€ ab 50 €	€ bis 50 €	

Individuell und sehr stilvoll übernachtet man im Bozener Designhotel Greif (▶ S. 70), dessen Zimmer von unterschiedlichen Künstlern gestaltet wurden.

ESSEN UND TRINKEN

Speck und Strudel sind die Konstanten in der Südtiroler Küche.
Auf den Gast warten zudem Schlutzkrapfen, Knödel oder Nocken.
Dazu der hervorragende Südtiroler Wein. Die Küche ist die perfekte
Mischung aus Bergbauernküche und italienischer Pastakulinarik.

»**Marend**« ist eines der wichtigsten Wörter, die Gäste in Südtirol lernen. Im **Buschenschank** oder nach einer Bergtour: Auf einem Brett hübsch angerichtet werden Südtiroler Speck, Hauswurst und Kaminwurzn gereicht. Ein paar Gewürzgurken, verschiedene heimische Käse und Kren sind garniert. Dazu gibt es Vinschgerl – das sind kleine Laibe von würzigem Roggenbrot – oder Schüttelbrot, ein flaches getrocknetes Brot, in etwa wie Knäckebrot, nur würziger und knackiger.
»**Törggelen**« ist ein weiteres elementar-wichtiges Wort. Es bezeichnet eigentlich das »Einkehren« und »Umherziehen« zwischen Buschenschänken und Weinkellern, um frischen Wein, den »**Nieuen**«, zu probieren. Das Wort selbst kommt von einem alten Wort für Weinpresse, der »Torggl«. Zum Törggelen gehören neben dem Wein und der Marend die »**Keschten**«, genauso wie die »**Welschnüsse**«, also die Walnüsse.

◄ »Canederli« spielen in der Südtiroler
Küche oft die Hauptrolle auf dem Teller.

Knödel gibt es nicht nur als Beilage – sie sind hier Mittelpunkt eines eigenen Küchenkosmos. Es gibt sie mit und ohne Speck, mit Pilzen, Käse oder Innereien, mit Kräutern oder aus Buchweizen. Der heißt hier »Schwarzplent«. Natürlich auch in süßer Variante, als Marillen- oder Zwetschgenknödel. Meist steht ohnehin alles auf Deutsch und Italienisch auf der Menükarte – aber sollte man einmal nur auf »canederli« treffen, dann ist das eben auch der Knödel, auf Italienisch.

Ähnlich reichhaltig an Varianten ist die Küche bei **Strudel, Schlutzkrapfen** und **Krapfen**. Letztere sind – je nach Gegend – ein halbmondförmiges Teiggebäck, das mit Marmelade gefüllt oder mit Anis würzt wird. Während die Schlutzkrapfen herzhafte Teigtaschen sind, die ein wenig aussehen wie Ravioli oder Tortellini. Und auch beim Strudel sind der Füllung, herzhaft oder süß, keine Grenzen gesetzt. Besonders beliebt ist aber der Topfen-, Millirahm- oder Apfelstrudel.

KLEINE ANBAUFLÄCHE, GROSSARTIGE ERNTE

Südtirol ist ein altes Weinbaugebiet. In Italien ist es das kleinste mit nur 5300 ha Anbaufläche. Aber um die 300 Sonnentage und gute Boden- und Klimabedingungen sorgen für eine gute Ernte. In Südtirol werden 20 verschiedene Rebsorten angebaut. Ursprüngliche Rebsorten sind **Gewürztraminer**, die **Lagrein**-Rebe und **Vernatsch**. Der weiße Traminer wird vorwiegend im Unterland und der Brixener Gegend angebaut. Der rote Lagreiner kommt aus der Bozener Gegend und der Vernatsch vom Kalterer See. Im aktuellen Gambero Rosso, der Bibel für Wein aus Italien, werden 28 Südtiroler Weine mit den begehrten »Drei Gläsern« ausgezeichnet. Führend sind die Weißweine und am beliebtesten ist der Weißburgunder.

GUTE KÜCHE MIT ERLESENEN ZUTATEN

Zwischen Berghütte und Gourmetrestaurant ist in Südtirol alles zu finden. Gelten in Restaurants die Tischzeiten mittags von 12–14 Uhr und abends von 18–21 Uhr, so heißt es auf Almen oft: »Wenscht do bist, gibt's z'essen.« Wie viele Gänge man dann zu sich nimmt? Es können gerne immer drei sein: Frittaten- oder Weinsuppe vorweg, Schlutzkrapfen als Hauptgang und als Dessert Marillenknödel, nur mal so als Beispiel. Die Köche verwenden regionale, oft sogar selbst erzeugte Produkte und besinnen sich auf die traditionelle Küche. Was nicht heißt, dass es nur

Schweres und Deftiges gibt. Ganz im Gegenteil – eine Generation junger Köche treibt die Kochkunst zu neuer Qualität.

Im letzten Michelin-Gourmetführer sind gleich 20 Restaurants mit den begehrten Michelin-Sternen gelistet. Die Sternendichte in Südtirol führt damit die Hitliste der Küchenkönige von ganz Italien an. Die Südtiroler Convivie der Slow-Food-Freunde verweist auf 800 Mitglieder – gepflegte Gastronomie mit erlesener Vollwertkost wird in Südtirol einfach überall großgeschrieben.

WO DER »ROTE HAHN« KRÄHT

Es war ursprünglich nur ein Emblem, das fürs Übernachten auf dem Bauernhof stand. Doch inzwischen ist es ein Gütesiegel für beste regionale Küche, das signalisiert: Wissen, wo's herkommt. Handveredeltes aus nachhaltiger Landwirtschaft und Direktvermarkter stehen auf der Liste, die unter dem Titel »DelikatESSEN vom Bauern« zu erhalten ist. Mit der Annahme des Gütesiegels verpflichten sich die bäuerlichen Direktvermarkter einer konsequenten wie streng kontrollierten Transparenz und Philosophie: So müssen die verarbeiteten Grundstoffe im Einklang mit der Natur wachsen und fast ausschließlich vom eigenen Betrieb stammen, nur geringe Mengen dürfen von einem anderen Südtiroler Hof zugekauft werden. Die liebevolle Verarbeitung zum veredelten Produkt erfolgt in Handarbeit durch den Bauern oder die Bäuerin persönlich. Gentechnisch veränderte Organismen und Konservierungsstoffe sind gänzlich verboten. Säfte, Sirupe, Edel-Destillate, Essige, Frischfleisch, Freilandeier sowie Käse- und Milchprodukte – ernährungsbewusste Genießer finden bei den derzeit 59 streng zertifizierten Mitgliedsbetrieben, welche die Qualitätsmarke »**Roter Hahn**« tragen dürfen, was sie sich wünschen!

BESONDERE EMPFEHLUNGEN

Arbor ⚑ G 2

Geheimtipp! – Armin Siller bietet eine raffinierte Mischung aus Südtiroler Tradition und moderner italienischer Küche. Die Speisekarte führt nur wenige Gerichte, ein Zugeständnis an die Frische und die Saisonalität. Fleisch stammt aus umliegenden Höfen bzw. Jagdrevieren und kommt von Reh, Gämse, Hirsch und sogar Steinbock. Zudem erlesener Käse, hausgemachter Speck und verschiedene hausgeräucherte Wurstarten.

Sterzing | Geizkoflerstr. 15 | Tel. 04 72 76 42 41 | www.arbor.bz.it | €€€

Huberhof ▶ S. 89, nördl. a 11

Authentisch – Der fast 300 Jahre alte Kuhstall des alten Hofes hoch über dem Brixener Talkessel ist heute ein stilvoller, einladender Buschenschank. Es gibt bestes Südtiroler Essen. Vor allem die Knödel sind ein Gedicht! Im Winter kann man sich an Blutknödel und Blutnudel wagen. Es steht viel Wild auf der Karte und viele Wildkräuter würzen das Essen.

🕐 Zur Törggelezeit eine der besten Adressen überhaupt!
Brixen | Elvas 3 | Tel. 04 72 83 02 40 | www.huberhof.net | Mitte Sept.–Anfang Dez., Mo–Mi nur auf Vorbestellung, Do, Fr ab 15, Sa ab 12 Uhr; Reservierung erbeten | €€

Kofler zwischen den Wänden 🗺 L1
Zünftige Marend – Es ist einer der abgelegensten Bergbauernhöfe der Region, auf 1530 m Höhe liegt er, stammt aus dem 16. Jh. und wurde erst im Jahre 2000 mit einer Straße erschlossen. Man muss also nicht wandern, kann aber. Hier schmeckt die Marend so richtig. In der gemütlichen Jägerstube oder auf der sonnigen Panoramaterrasse mit Rundblick zum Rieserferner Gebirge lassen sich Bauernspeck und Graukäse aus eigener Landwirtschaft genießen.
Tauferer Ahrntal | Ahornach 53 | Tel. 04 74 69 10 05 | www.kofler-zd-waenden.com

Kuppelrain 🗺 D5
Gefährlich gut! – Auch wenn man hier nicht mehr durch alte Raubritter gefährdet wird, gibt es in Kastelbell doch ein Risiko für Leib und Gewicht: Eines der allerbesten Restaurants Südtirols befindet sich hier. Beim alten Bahnhof kann man im Sterne-ausgezeichneten Restaurant ruhig Platz nehmen, ohne

dass der Appetit von einer überspitzten Gourmet-Atmosphäre vertrieben würde. Die Sahne auf dem Gourmet-Event ist allerdings eine Führung mit der Chefin des Hauses in den Weinkeller. Sonya Trafoier ist eine »Donna del vino« – im gleichnamigen Club haben sich die wenigen Winzerinnen und Sommeliéren zusammengeschlossen und glänzen mit ihrem hervorragenden Wissen und Können, wo es sonst Frauen im patriarchalischen Weinanbau gerade mal zur dekorativen Weinkönigin bringen.
Kastelbell | Bahnhofstr. 16 | Tel. 04 73 62 41 03 | www.kuppelrain.com | Di–Sa ab 19 Uhr (Bistrot 10–17 Uhr) | €€€

Wirtshaus Ansitz Strasshof 🗺 J3
Interessante Mischung – Der Ansitz thront auf einem Vorsprung und stammt aus dem 16. Jh. Heute betreiben hier ein Südtiroler und eine Sardin, beide mit großer Gastronomieerfahrung, den Gasthof. Das Ergebnis: eine Kombination aus mediterraner Küche und Südtiroler Genuss. Culurgiones – sardische gefüllte Teigtaschen – und Schlutzkrapfen – Südtiroler gefüllte Teigtaschen. Fisch und Kalb, Orecchiette und Knödel.
Auf der Terrasse hat man eine wunderbare Aussicht übers Pustertal.
Mühlbach | Springerstr. 2 | Tel. 04 72 88 61 42 | Mitte Juni–Mitte Juli und Nov. Betriebsferien; Anruf vorher ist hilfreich | €€–€€€

Weitere empfehlenswerte Adressen finden Sie im Kapitel SÜDTIROL ERKUNDEN.

Preise für ein Hauptgericht ohne Getränke:

€€€€	ab 30 €	€€€	ab 20 €
€€	ab 15 €	€	ab 10 €

Im Fokus
Südtirol und der Wein

Südtirol hat Weinberge vom Vinschgau im Westen über das Etschtal hinunter bis ins Unterland und von Bozen übers Eisacktal bis nach Brixen. Für Weinliebhaber ein wahres Schlaraffenland, doch auch architektonisch sind viele Kellereien wahre Hingucker.

Die Südtiroler Weinstraße, eine der ältesten Weinstraßen Italiens, führt über romantische Winkel durch das Herz des Südtiroler Weinanbaus – man kann die Route mit dem Auto oder dem Rad abfahren, wandern und dabei Wein genießen.

Der Kalterer See ist sicherlich die bekannteste Weinbauregion. Der berühmte Edelvernatsch kommt von hier. Der Gewürztraminer ist fest mit dem Ort Tramin verbunden. Etwas mehr als die Hälfte der Weinproduktion Südtirols entfällt auf Weißweine. Es werden aber nicht nur autochthone, sondern auch klassische Rebsorten angebaut: Blauburgunder, Merlot und Cabernet genauso wie Weißburgunder, Chardonnay, Sylvaner oder Müller-Thurgau. Weine seltener Rebsorten lassen sich besonders in Buschenschänken verkosten. Mancher Weinbauer pflegt die alten Kostbarkeiten und hegt noch einige wenige Reben davon. Raritäten sind Fraueler und Blatterle. Der Name Fraueler dürfte sich auf Friaul beziehen, die ertragreiche Rebe wird in kleinen Mengen im Vinschgau angebaut

◄ Weinkeller zum Verlieben – dieser hier gehört
zum Restaurant Kuppelrain (► S. 29) in Kastelbell.

und ergibt einen säurebetonten Weißwein. Der Blatterle ist eine alte, in Vergessenheit geratene, lokale säurearme Weißweinsorte. Sie war hauptsächlich im Bozener Stadtteil Bozner Boden und im Eisacktal verbreitet. Die goldgelben Beeren sind rund und platt gedrückt, daher rührt wahrscheinlich auch der Name dieser Rebsorte.

Die Versoaln-Rebe soll die älteste Europas sein. Der Name leitet sich wahrscheinlich von Versailles ab, der möglichen Herkunft der Rebe. Moderne Untersuchungstechnik hat aber nachgewiesen, dass sie nicht viel älter als 350 Jahre sein dürfte.

WER IST DIE ÄLTESTE IM GANZEN LAND?

Damit ist der Weinstock bei Margreid im Südtiroler Unterland wohl älter. Er wurde nachweislich 1601 gepflanzt. Während dieser Rebstock nur an einer Hauswand wächst, bedeckt die Versoaln aber ein ganzes Rebdach. Etwa 600 Flaschen Weißwein erbringt sie, damit ist sie auf jeden Fall die älteste und größte Rebe Europas. Sie findet sich bei Prissian, nahe von Castel Katzenzungen. Da sie solch eine besondere Rebe ist, haben die **Gärten von Trauttmansdorff** 🔺 die Patenschaft übernommen. Seitdem werden ihre Trauben im Herbst mit viel öffentlicher Aufmerksamkeit gelesen. Die Weinflaschen werden nummeriert verkauft und gelten als Kostbarkeit (www.trauttmansdorff.it).

GENUSS MIT LANGER TRADITION

Eine blühende Buschenschankkultur und das Törggelen machen heute den Südtiroler Wein so prominent. Das Törggelen kam aber erst im Zuge des großen Tourismusaufschwungs in den 1960er- und 1970er-Jahren auf, auch wenn es gern als alter weltlicher Brauch verkauft wird. Es ist wohl eher menschliches Vergnügen, zu kosten und zu probieren, zum Nachbarn zu wandern und zu reden. Wer einmal dabei war, kommt bestimmt wieder und vor allem nimmt er gerne den Wein direkt vom Erzeuger mit. Die Buschenschänken wiederum sind älteren Ursprungs, sie kommen aus der Zeit, als Bauern das Recht erhielten, einen Teil ihrer Trauben selbst zu keltern und auszuschenken. Ein grüner Zweig, eben ein Buschen, über der Haustür zeigte an, dass die Stube geöffnet ist. Es waren eben keine Tavernen oder Wirtshäuser, sondern Bauernstuben, die nur wenige Wochen geöffnet hatten.

Die Weinbaugeschichte Südtirols reicht weiter zurück. Bereits im Mittelalter hatte Südtiroler Wein einen exzellenten Ruf und war ein Wirtschaftsfaktor des Landes. Bayerische Klöster hatten eigene Weinberge in Südtirol und holten den Wein über die Alpen nach Norden. Dass der Weinbau schon viel früher in der Region betrieben wurde, beweist ein Tongefäß, das bei Brixen gefunden wurde. Es stammt von 500 v. Chr. In rätischer Zeit wurden bereits Holzfässer für die Lagerung verwendet, was den gegerbten Ziegenfellschläuchen der Römer weit überlegen war.

In Eppaner Ortsteil St. Pauls zeugt die »Römische Villa« vom Weinbau in Südtirol während der Römerzeit. 2005 wurde sie bei Bauarbeiten zufällig entdeckt. Mehrere Räume und eine typisch römische Badeanlage hat man inzwischen freigelegt. Ein vollständig erhaltenes Fußbodenmosaik macht die ausgegrabene Villa so besonders. Vermutlich stammt das Anwesen aus dem 4. Jh. und entstand hier wegen der Nähe zur Via Claudia Augusta. Das Land Südtirol hat die Villa inzwischen erworben und plant ein Museum zu erstellen. Noch ist die Villa nicht öffentlich zugänglich, aber man kann sich bei der Touristinfo darüber informieren (www.eppan.com).

WEIN UND ARCHITEKTUR

Für Architekturfans und Weinliebhaber sind die Neubauten der Weinkellereien an der Südtiroler Weinstraße ein großartiges Ziel, um Ästhetik und Sinnenfreude zu erfahren. War der Wein immer ein wichtiger wirtschaftlicher Faktor, der das Land voranbrachte, so ist es heute die Kombination von Architektur und Weinbau, die visionär und zukunftsgerichtet agiert. In Südtirol treffen seit jeher italienische und deutsche Lebensstile aufeinander. Das spiegelt sich auch in der Architektur der Weinregion wider. Im Überetsch entstanden zwischen 1550 und 1650 Weinhöfe und Ansitze, deren Formen Elemente der deutschen Gotik und der italienischen Renaissance vereinen: Erker, Loggien, Freitreppen, Doppelbogenfenster. Dieser Stil wird Überetscher Baustil genannt. Heute sind gerade die Südtiroler Architekten diejenigen, die einen neuen und eigenen zeitgemäßen Stil entwickeln. Aktuelle Akzente setzen z. B. das Winecenter der Kellerei Kaltern mit ultramodernem Design und das Weingut Manincor, das um einen aufregenden »Keller im Weinberg« erweitert wurde. Im Kontrast zur Landschaft hat der Südtiroler Architekt Werner Tscholl den Umbau der Cantina Tramin geplant. Wie zwei Arme, die in Form und Farben an Reben erinnern, greifen die neue Vinothek und der Verkostungsraum vom bestehenden Kellereigebäude in die Landschaft. Ein moderner Weinturm der Vinothek Hofstätter steht in Tramin, Geburtsstätte des Gewürztraminers. Neu ist hier auch die unterirdische, in den Weinberg reichende Weinbar. Im Familienbetrieb des Winzers Alois Lageder, dem das historische Weingut Ansitz Löwengang in Margreid gehört, spielen Kunst und Architektur, historischer Baubestand und modernere Gebäude eine wichtige Rolle. Hier finden regelmäßig Kunstausstellungen und Installationen auch im Weinkeller statt.

Die Broschüre »Zeitgenössische Architektur in Kaltern« ist im dortigen Tourismusverein für 1 € erhältlich.

INFORMATIONEN

Einkaufen

– Alois Lageder 1823
Margreid | Ansitz Löwengang | www.aloislageder.eu
– Cantina Tramin
Tramin | Weinstr. 144 | www.cantinatramin.it | Mo–Fr 9–18, Sa 9–17 Uhr
– Kellerei Nals Margreid
Nals | Heiligenbergerweg 2 | www.kellerei.it | März–Nov. Mo–Fr 9–12, 14–18.30, Sa 9–12 Uhr; Dez.–Feb. Sa geschl.
– Meran Burggräfler
Marling | Kellereistr. 9 | www.kellereimeran.it | Mo–Fr 8–19, Sa 8–18 Uhr
– Weingut J. Hofstätter
Tramin | Rathausplatz 7 | www.hofstatter.com | Mo–Fr 9.30–13, 14–17, Sa 9.30–15 Uhr
– Weingut Manincor
Kaltern | St. Josef am See 4 | www.manincor.com | Mo–Fr 9.30–12.30, 13.30–18, Sa 10–17 Uhr
– Winecenter
Kaltern | Bahnhofstr. 7 | www.winecenter.it | Mo–Sa 9–19, So 10–18 Uhr

Service

– Südtiroler Weinstraße
www.suedtiroler-weinstrasse.it
– Weinwirtschaft Kaltern am See
www.wein.kaltern.com

Winepass

An der gesamten Südtiroler Weinstraße ermöglicht der Winepass an drei bzw. sieben aufeinanderfolgenden Tagen zum einen ein Weinprogramm, wie z. B. Kellerführungen, Weinverkostungen, Weinbergbegehungen, Weinseminare, Besuch im Weinmuseum bzw. in Dorfmuseen, zum andren ermöglicht er die unbegrenzte Nutzung aller öffentlichen Verkehrsmittel in ganz Südtirol.

Er ist in den Mitgliedskellereien und angeschlossenen Tourismusvereinen der Südtiroler Weinstraße sowie in einzelnen Beherbergungsbetrieben erhältlich. Winepass 3 Tage ca. 35 €, Winepass 7 Tage um 40 €.

AKTIVITÄTEN

Wein in Akademie und Ausbildung

Die Südtiroler Weinakademie bietet an ausgewählten Südtiroler Orten Kurse zu den Themen Weinproduktion, Weingenuss sowie Wein & Kultur an (www.suedtiroler-weinakademie.it).

In einem Blindprobe-Sensorium in Völs am Schlern finden Weinseminare statt. Ein Sommelier bringt einem bei, wie Geruchs- und Geschmackssinn geschult werden können (www.blindprobe.com).

Grüner reisen
Urlaub nachhaltig genießen

Wer zu Hause umweltbewusst lebt, möchte vielleicht auch im Urlaub Menschen unterstützen, denen ein verantwortungsvoller Umgang mit der Natur am Herzen liegt. Empfehlenswerte Projekte, mit denen Sie sich und der Umwelt einen Gefallen tun können, finden Sie hier.

Natur und Landschaft Südtirols sind einzigartig, das Wasser klar, die Berge eine Sensation. Geschützte Landschaften gibt es einige, z. B. den Nationalpark Stilfser Joch und sieben Naturparks: Der Schlern-Rosengarten, die Texelgruppe, Puez-Geisler, Fannes-Sennes-Prags, Trudner Horn, Drei Zinnen und Rieserferner-Ahrn. Weitere Naturparks, z. B. im Sarntal, sind geplant.

Tourismus und Naturschutz – das verträgt sich nur in Maßen, doch Reisende kommen in Massen ins wunderbare Südtirol. Das Dilemma der Region, denn man lebt vom Tourismus und der Landwirtschaft. Ist Letztere schon lange zum Umdenken bereit und setzt mehr und mehr auf Nachhaltigkeit und Umweltverträglichkeit, kann man im Tourismus dem Gast nur anbieten, bewusst mit der Natur umzugehen. In den Südtiroler Naturparks sind darum in den Sommermonaten Sensibilisierungsdienste eingesetzt, die Besucher an den Hauptzugängen auf die Ziele des Schutzgebietes aufmerksam machen und zu mehr Verständnis für Natur und

Umwelt anregen. Sie informieren über Besonderheiten und sensibilisieren für ein naturverträgliches Verhalten. Denn auch wenn der Mensch hier Urlaub macht: Die Berge sind nicht nur Sportplatz für Mountainbiker und Bergsteiger und die Naturparks kein Spielplatz für unbekümmerte Wanderer. Die Region Bozen setzt in dieser Weise auf Umweltbildung. Doch gleichzeitig wird andernorts der Ausbau von Regionen gefördert. Der Nationalpark Stilfser Joch und das Ortlergebiet werden ausgebaut, die Sommerskiregion wurde mit neuer, modernster Kabinenbahn erweitert. Die Seiser Alm erhält mehr und mehr Zufahrtsstraßen und neue Hotels. Wobei auch da wieder offen ist, ob ein modernes Haus nicht besser ist als ein Energie fressendes altes Hotel.

Die Widersprüche sind deutlich. Letztlich ist der Verbraucher gefordert, also der Gast. Was will er nutzen? Was muss er wirklich in Anspruch nehmen? Der Verkehr bereitet ein großes Problem. Im Wipptal, durch das die Brennerautobahnbrücke sticht, fordern seit Jahren die Anwohner immer wieder Schutz vor Abgasen und Lärm. Eine Erleichterung ist nicht in Sicht. Es bietet sich aber an, das Auto am Ankunftsort stehen zu lassen und sich als Fußgänger oder Radfahrer weiterzubewegen.

Die sog. »alpine pearls« sind Urlaubsorte, die sich verpflichtet haben, verkehrsberuhigte Ortskerne, Transferservices, umweltfreundliche Freizeitangebote und sanfte Mobilität anzubieten und zu praktizieren. Im gesamten Alpenraum wurde die gleichnamige Auszeichnung an nur 28 Orte verliehen. Das Feriengebiet Ridnaun-Ratschings-Jaufental und Deutschnofen, Welschnofen oder Villnös gehören dazu. Die Orte stellen spezielle Tourkarten oder E-Bikes zur Verfügung und haben einen Wandershuttle, der einen am Hotel abholt und zum Ausgangspunkt einer Wanderung bringt und holt (www.alpine-pearls.com).

ÜBERNACHTEN

Biohotels

Vor gut zehn Jahren war Bio noch etwas nicht Greifbares. Damals legte der Verein (www.biohotels.info) fest, was Bioqualität sein soll. Heute sind die Biohotels der größte Zusammenschluss ökologischer Hotels. Biohotels bieten ihren Gästen Bioessen und -getränke aus der Region an. Sie legen darüber hinaus Wert auf Anreisemöglichkeiten mit öffentlichen Verkehrsmitteln und nachhaltige Energie- und Abfallkreisläufe.

In Südtirol gibt es derzeit fünf Hotels, die sich so nennen dürfen:

– Biohotel Panorama **B 4**
Mals | Staatsstr. Nr. 5 | Tel. 04 73 83 11 86 | www.hotel-panorama-mals.it
– Biohotel & Residence Kaufmann **G 8**
Auer | Fleimstalstr. 16 | Tel. 04 71 81 00 04 | www.hotelkaufmann.it

– Landhotel Anna   ⚑ C 5
Schlanders | Hauptstr. 27 | Tel. 04 73 73
03 14 | www.landhotel-anna.it
– Tauber's Bio & Vitalhotel   ⚑ K 3
Kiens/St. Sigmund | Pustertalerstr. 7 |
www.taubers-vitalhotel.com
– Theiner's Garten   ⚑ F 5
Gargazon | Andreas-Hofer-Str. 1 | Tel.
04 73 49 08 80 | www.theinersgarten.it

Sandwiesen-Hof   ⚑ F 5

Der erste Klimabauernhof Italiens
wurde mit dem Umweltpreis der Region Trentino Südtirol ausgezeichnet.
Auf dem Dach wächst Gras. Der Hof
wurde mit baubiologischen Materialien wärmegedämmt, über eine Wär-
mepumpe wird die Erdwärme für
Warmwasser und Heizung im Winter
und Kühlung im Sommer genutzt.
Auch in der Stromversorgung ist der
Sandwiesen-Hof durch eine Photo-
voltaikanlage völlig autonom. Der Hof
liegt ruhig inmitten der eigenen Obst-
wiesen, das Interieur wurde mit Mas-
sivholzmöbeln und Wäsche aus reinen
Naturfasern ausgestattet. Mit seinem
Angebot wurde der Betrieb in die neu
geschaffene Kategorie »Urlaub auf dem
Klima-Bauernhof« aufgenommen.
Gargazon | Bahnhofstr. 21 | www.sand
wiesenhof.it | 2 Ferienwohnungen | €€

ESSEN UND TRINKEN

Panorama   ⚑ B 4

Zucchini-Carpaccio, Brennnessel-Erd-
beer-Risotto, Gamsbraten mit Schupf-
nudeln – das Restaurant des Biohotels
bietet Mittags- und Abendtisch, hervorragende Gerichte ausschließlich aus
eigener Bioware und regionalen Bio-
produkten. Immer sonntags gibt es
ein 5-Gang-Menü mit dazupassenden

Destillaten aus der hauseigenen prä-
mierten Brennerei Steiner.
Mals | Staatsstr. 5 | Tel. 04 73 83 11 86 |
www.biohotel-panorama.it | Di und Mi
Mittag geschl. | Tischreservierungen
unter info@biohotel-panorama.it

EINKAUFEN

Käse aus Mals   ⚑ B 4

Arunda, Tella oder Rims – es sind
Käsenamen, deren Geschmack Slow-
Food-Vertreter und Food-Kritiker
zum Schwärmen bringen. Und: Da
haben die Kritiker ausnahmsweise
recht. Die Hofkäsereien Englhorn und
aft mult befinden sich beide in der
Gemeinde Mals. Während im Hoch-
sommer die Kühe auf den saftigen Weiden der Malser Haide grasen, wird von
September bis Juni gekäst und nur
naturreine Biomilch verarbeitet. Die
Käsereien lassen sich besichtigen, Verkostung inklusive.
– Hofkäserei Englhorn | Mals |
Schleis 8 | www.englhorn.com
– Hofkäserei aft mult | Mals |
Ulten 115 | www.aftmult.com

AKTIVITÄTEN

Greifvogelstation   ⚑ F 4

Am Burghügel von Schloss Tirol befindet sich das Pflegezentrum für Vogel-
fauna, das sich um verletzte Vögel
kümmert. Die 24 Volieren sind mit
einem Lehrpfad verbunden. Um die
Kosten zu finanzieren, werden spannende Flugvorführungen mit Greif-
vögeln vom Adler bis zum Bussard gezeigt. Erfahrene Falkner stehen Rede
und Antwort.
Dorf Tirol | Schlossweg 25 | www.
gufyland.com | Ende März–Anfang Nov.
Di–So 10–17, Winter nur So 13.30–16.30 Uhr

Naturbad Gargazon · F5

Das Naturbad ist das erste öffentliche Bad im Westen Südtirols, das völlig ohne chemische Wasseraufbereitung auskommt, es ist zu 100 Prozent chlorfrei. Möglich ist das durch einen vom Badebereich abgetrennten Regenerationsbereich, in dem Pflanzen die natürliche Wasserreinigung übernehmen. Beim Bau der Anlage hat man sich einiges von der Natur abgeschaut. Frischwasserzufuhr aus dem Tiefwasserbrunnen hält Wassertemperatur und -qualität konstant.

Auch auf fossile Wärmeerzeugung wird komplett verzichtet. Das Duschwasser wird CO_2-frei über Sonnenkollektoren erwärmt.

Das Naturbad ist durch Fußgänger- und Fahrradwege leicht erreichbar – auch hierauf wurde geachtet.

Gargazon | Bahnhofstr. 37 | www.naturbad-gargazon.it | Ende Mai–Anfang Sept., tgl. 10–19 Uhr | Eintritt 7,20 €, 3,50 €; Abendkarte 3,30 € bzw. 1,80 €

Sortengarten Südtirol · G6

Ob alte Apfelsorten oder samenfestes Saatgut – im Verein Sortengarten Südtirol setzt man sich für die Artenvielfalt ein. Die Pomologen schützen ortstypische Obstsorten. In Lana gibt es darum wieder die Ananasrenette, oder den Winter-Calville, eine Apfelsorte, die bis an den St. Petersburger Zarenhof geliefert wurde.

Der Verein lädt immer wieder zu Vorträgen, Lehrfahrten, Hof- und Gartenschauen sowie Verkostungen ein.

Bozen | www.sortengarten-suedtirol.it

Nationalpark Stilfser Joch · B5

Sehen, wo der Steinadler brütet. Hören, wie das Pfeifen des Murmeltiers klingt. Der Nationalpark Stilfser Joch ist einer der letzten Lebensräume für seltene Wildtiere und bekannt für seine Artenvielfalt. In vier Besucherzentren wird das Schutzgebiet erklärt, es gibt geführte Exkursionen und Wanderungen.

www.stelviopark.bz.it/nationalpark

In der Hofkäserei Englhorn (▶ S. 36) werden drei verschiedene Käsesorten hergestellt, deren Namenspaten die Gipfel der Sesvennagruppe sind: Arunda, Tella und Rims.

EINKAUFEN

Wer auf der Suche nach qualitativ hochwertigen Lebensmitteln aus biologischem Anbau ist, wird in Südtirol schnell fündig. Doch auch das Kunsthandwerk hat hier große Tradition und bietet mehr als kurzlebige Schnickschnack-Mitbringsel für die Lieben daheim.

Südtirol ist ein Schlaraffenland. Obst, Wein, Käse, Speck – alle Arten traditioneller kulinarischer Köstlichkeiten werden hier erzeugt. Am besten sind sie im Direktverkauf, also ab Hof oder Weinkeller zu erstehen. Es gibt inzwischen auch Kooperativen, die aus dem Zusammenschluss verschiedener Bauern entstanden sind und große Markthallen betreiben. Besonders empfehlenswert für Kulinarisches ist der Bozener Obstmarkt in der Altstadt.

Auf Südtirols Bauernhöfen spielte aber auch das Handwerk über Jahrhunderte eine große Rolle. Es war nicht nur Zeitvertreib, sondern Zubrot für den Verkauf auf den Märkten. Über Generationen wurde hier im Winter geschnitzt, gedrechselt, gewebt, gestickt, geklöppelt. Damit die Fingerfertigkeit der Bauern nicht nur als Museums-Event erhalten bleibt, gibt es unter dem Label »Roter Hahn« eine Auswahl heimischer Bauern,

◄ Der Bozener Obstmarkt (► S. 73) – beliebte
»Shoppingadresse« bei Südtiroltouristen.

die im Nebenerwerb das Handwerk noch pflegen. Bei ihnen kann man ein besonderes Stück für zu Hause erwerben und auch bei der Arbeit zusehen. Es sind oft Betriebe, die noch keinen eigenen Internetauftritt haben und so schwer zu finden wären. Wie der Amort-Hof in Altrei – hier macht die Bäuerin Rucksäcke, Hüte und Hauspatschen, also Pantoffeln. Es gibt aber auch Körbe und Taschen aus dem Ultental, Holzschalen aus Brixen, Kruzifixe und Marienstatuen aus Feldthurns. Die Internetseite empfiehlt Handwerksbetriebe und ermöglicht die Suche nach Produkten, nach Bauernhöfen und via Landkarte – da leuchten die zum eigenen Standort nächsten Höfe auf (www.roterhahn.it/de/handwerk/).

Im Kunsthandwerk sind die Schnitzereien aus dem Grödner- und dem Gadertal berühmt, neben den geschnitzten Madonnenfiguren und Kruzifixen vor allem für die Weihnachtskrippen. Holzgeschnitzte Masken und Klöppelspitzen kommen aus dem Ahrntal. Wolle wurde im Pustertal zu Filz- und Lodenbekleidung verarbeitet, außerdem gibt es hier noch Handweber, die außergewöhnliche Stoffe weben. Auf der Suche nach Keramik für Kachelöfen wird man in Bozen fündig.

LEDERSCHNÄPPCHEN AUF DEM WOCHENMARKT

In »Vor-EU-Zeiten« fuhr man noch von München am Wochenende auf den Markt am Brenner oder nach Sterzing, um hier Lederwaren zu erstehen. Das ist in Vergessenheit geraten. Gleichwohl sind die Angebote von Lederjacken oder Taschen immer noch besonders: etwas günstiger und auch etwas schicker. Es lohnt sich also durchaus, auf den Wochenmärkten zu schauen.

BESONDERE EMPFEHLUNGEN
EINKAUFSZENTREN
Designer Outlet Brennero ⚓ H1
Es gibt etwa 50 internationale Marken, die hier im Fabrikverkauf verkaufen und Preisnachlässe von 20–70 Prozent gewähren.
In den schicken Läden, die in keinster Weise einen »alles muss raus«-Eindruck erwecken, gibt es vor allem Mode, aber auch Lederwaren, Schokolade, Parfüm und Küchenutensilien – da findet jeder etwas, auch wenn man eigentlich nichts braucht. Und das jeden Tag, auch an allen Sonn- und Feiertagen. Nur am 1. Weihnachtstag und an Neujahr ist geschlossen.
Brenner | St.-Valentin-Str. 9/A | www.dob-brennero.com | tgl. 10–19, Hl. Abend 10–14, Silvester 10–16 Uhr

KULINARISCHES

Feinkäserei Capriz 🏷 J 3

Es gibt hier nicht nur, aber vor allem Ziegenkäse. Denn die Ziege war einmal das wichtigste landwirtschaftlich genutzte Haustier auf den alpinen Weiden in Südtirol. Inzwischen gibt es nur noch wenige Bauern, die Ziegen halten. Capriz ist nicht nur eine außergewöhnliche Käserei, sondern will mit dem Angebot auch dazu beitragen, dass die Ziegenzucht zu neuem Leben erweckt wird. Der Käse wird nach französischer Art produziert. Da gibt es »Hofer's Alptraum«, der bei Gourmets inzwischen ein Geheimtipp ist. Außen Schüttelbrotkruste, innen weich wie Camembert, leichter Geschmack nach Weinbrand … oder eingelegter Frischkäse mit Olivenöl, Kastanien oder Walnüssen und Rosmarin.

Schaukäserei und Bistro gehören ebenfalls dazu.

Vintl | Pustertalerstr. 1 | www.capriz. bz | tgl. 9–20 Uhr

Loacker Moccaria ▶ Klappe hinten, d 2

Die Moccaria von Loacker macht Schokofreaks und Kaffeetanten glücklich. Mit Tortina, Quadratini, Gardena und vor allem mit der »Rose der Dolomiten« … Waffeln, gefüllt mit Schokolade oder Zitronencreme, mit Kokos oder Nüssen. Was früher gerade mal auf Eisbechern ein unbeachtetes Waffelleben fristete, ist heute bestes Genuss-Gebäck. Die Produkte von Loacker, einem alteingesessenen Familienunternehmen in Bozen, sind mit dem Süßwaren-Oscar, dem »Candy Kettle Award«, ausgezeichnet. In der Moccaria gibt es neben Kaffee, Cappuccino und Espresso Schokokreationen in Hülle und Fülle. Viele der Produkte sind nur hier und nicht im normalen Supermarkt erhältlich.

Bozen | Waltherplatz 11 | www.loacker. com | Mo–Fr 7.30–19.30, Sa 8–19.30, So 9.30–18.30 Uhr

Vinschger Bauernladen 🏷 E 4

Vor zehn Jahren gründeten die Vinschger Bauern am Fuß von Burg Juval ihre Kooperative und bauten ein schönes Gebäude aus Holz. Es sollten sich nur Erzeugnisse von Bauernhöfen und landwirtschaftlichen Genossenschaften des Tales präsentieren und ganz und gar auf ihre Qualität hinweisen. Damals war es noch ein etwas ungewöhnlicher Schritt, als sie zusammen mit Reinhold Messner das Projekt auf die Füße stellten. Der Markt wurde zum Vorreiter, heute scheint so etwas schon selbstverständlich: Denn der Tourist ist schließlich froh, das Beste aus einem Tal an einem Ort präsentiert zu bekommen. Vereinte Vinschger Vielfalt zeigen die 90 Betriebe, viele davon sind reinzertifizierte Biobetriebe. Von Obst über Sirup und Kräuter hin zu Kosmetik und Wein – es gibt alles.

Naturns | Hauptstr. 78 | www.bauern laden.it | Mo–Sa 9–18, So und feiertags 10–18 Uhr

KUNSTHANDWERK

Holzschnitzerei Moroder 🏷 J 5

Kruzifixe, Madonnen, Engel, Weihnachtskrippen – die sakrale Schnitzkunst aus dem Grödnertal ist weltberühmt. Unter der Marke »Gardena Art« versammeln sich 14 Meisterbetriebe, die noch von Hand schnitzen. Denn wie überall, wo es eine große Nachfrage gibt, gibt es eben auch in diesem Bereich vorgefertigte, billige Massenware. »Gardena Art« garantiert, dass die Objekte von Hand geschnitzt sind und wirklich aus dem Grödnertal kommen. Außergewöhnliche Werke liefert Conrad Moroder, der gefasste und teilweise vergoldete Reliefs aus Linden- und Zirbelkieferholz schafft, die an Jugendstil und Künstler wie Gustav Klimt oder ägyptische Pharaonenskulpturen erinnern.

St. Ulrich | Reziastr. 204 | www.moroder.com | weitere Meisterschnitzer unter www.gardena-art.com

MODE
Tuchfabrik Moessmer

Aus diesem Stoff sind Träume gemacht, Designerträume. Die Tuchfabrik Moessmer fertigt Textil, Tuch und Stoffe. Labels wie Prada, Etro, Brunello Cuccinelli, Armani, Dolce & Gabbana oder Louis Vuitton machen daraus dann Mode. Wer selbst mit Nadel und Faden umgehen kann, kann sich im Moessmer Factory-Outlet Stoff besorgen. Das Textilunternehmen ist mit seinen 120 Jahren das älteste Industrieunternehmen des Pustertals.

Neben dem Factory-Outlet in Bruneck gibt es in Bozen eine Boutique mit eigener Bekleidungskollektion. Übrigens produzieren sie auch für Wohninterieurs edle Bezüge.

– Bruneck | Walter-von-der-Vogelweide-Str. 6 | www.moessmer.it | tgl. 9–12.30, 14.30–18.30 Uhr   L 3
– Bozen | Musterplatz 3 | Mo–Fr 10–19, Sa 10–12.30 Uhr   ▶ S. 67, d 2

Weitere Geschäfte und Märkte finden Sie im Kapitel SÜDTIROL ERKUNDEN.

Keine Schale ist wie die andere – Kunstdrechsler Karlheinz Windegger (▶ S. 118) stellt aus knorrigem Apfelholz wunderschöne Holzobjekte her, die fast zu schön sind für den Gebrauch.

SPORT UND AKTIVITÄTEN

*Wandern und Skifahren machen wohl die große
Anziehungskraft Südtirols aus. Doch selbst den unsportlichsten
Menschen überfällt angesichts der Landschaft die Lust,
sich irgendwie zu bewegen.*

Ein gut ausgeschildertes Wanderwegenetz, die Einteilung in Schwierigkeitsgrade und Hinweise auf bewirtschaftete Almen helfen auch dem un-
geübten Wanderer, sich schnell zurechtzufinden. Die schroffen Dolomiten hoch oben, Pfade, die sich durch dunkelgrüne Bergwälder schlängeln,
und die kleinen Straßen, die durch sanfte Wiesentäler führen, laden aber
zu noch viel mehr Sportarten als nur zum Wandern ein.
Wer schneller vorwärtskommen möchte, der erfährt die Landschaft
mit dem Rad. Sei es sportlich schnell mit dem Rennrad oder aber über
Stock und Stein mit dem Mountainbike über atemberaubende Trails aller
Schwierigkeitsgrade. Freilich geht's auch ganz gemütlich mit dem E-Bike.
Wer sich wie ein Adler durch die Luft schwingen will, der probiert das
Paragliden aus und schaut von oben auf die Schönheit der Landschaft.
Südtirols ureigene Pferderasse, die Haflinger, tragen Anfänger und Fort-

◄ Südtirol will erwandert werden, die herrliche,
vielseitige Landschaft lässt daran keinen Zweifel.

geschrittene in geführten Touren durch Wälder und über Wiesen. Die sanften, blonden, zuverlässigen Pferde, früher als Arbeitstiere gezüchtet und heute vorwiegend in der Reiterei und bei der Kutschfahrt eingesetzt, nehmen Anfängern die Angst und überzeugen geübte Reiter mit ihrer Trittsicherheit im Gelände. Zahlreiche Gebirgsflüsse laden zum Rafting ein und viele Seen im Sommer an heißen Tagen zum Schwimmen.

SPORT UND SPASS IM SCHNEE

Im Winter verwandelt sich Südtirol in ein Skifahrerparadies. Allein die zwölf Skiregionen, die der Dolomiti-Superskipass umfasst, weisen über 1200 Pistenkilometer auf. Man kann aber auch auf Hunderten von Kilometern gespurter Loipe langlaufen. Oder einfach nur mit viel Spaß rodeln. Und das von Ende November bis Ende April bei fast 100-prozentiger Schneesicherheit und Sonnengarantie. Auch Nichtskiläufer kommen voll auf ihre Kosten: Schneeschuhwandern, Kutschfahrten durch verschneite Wälder oder einfach nur Spaziergänge durch malerische Dörfer sind eine Winterreise nach Südtirol wert.

GOLF

Sieben Golfplätze, darunter drei 18-Loch-Plätze, gibt es in Südtirol. Jeder von ihnen bietet während des Spiels atemberaubende Blicke auf die Berge, da dauert bei manchem der Abschlag schon mal etwas länger. Anfänger und Golfinteressierte können auf Anfrage Schnupperkurse buchen. Wer in den Partnerhotels der Golfclubs wohnt, bekommt attraktive Rabatte. Die Plätze sind in der Regel von April bis November bespielbar. Greenfee 18-Loch pro Tag ab 70 €. Ausrüstung wird auch verliehen.

Golfclub Passeier-Meran ◢ F 3

St. Leonhard in Passeier | Kellerlahne 3 |
www.golfclubpasseier.com

Golf Club Petersberg ◢ G 7

Petersberg | Unterwinkl 5 | www.
golfclubpetersberg.it

Golf Club St. Vigil Seis ◢ H 5

Seis am Schlern | St. Vigil 20 | www.
golfstvigilseis.it

LAUFEN

Wer gerne joggt, kann sich in der Regel die Laufschuhe schon in der Hotellobby schnüren und direkt von der Haustür aus loslaufen. Wegetipps geben gerne die Einheimischen. Wer aber mehr will, der findet unter www.lauf.it unter dem Stichwort »Laufkalender« das ganze Jahr über Wettbewerbe, zu denen er sich als Hobbyläufer anmelden kann. Oft sind die Strecken ab 10 km lang und es sind einige Höhenmeter zu bewältigen. Viele Veranstalter verlangen bei der Anmeldung ein sportärztliches Attest.

Wollen Sie's wagen?

Sie wollen mal so richtig den Boden unter den Füßen verlieren? Sich die Berge nicht nur von unten angucken oder vom Gipfel aus nebenan, sondern von ganz oben? Stabiles sonniges Wetter und gute Windverhältnisse machen den Flug mit einem Gleitschirm zum Erlebnis. Verschiedene Flugschulen in Südtirol bieten für Anfänger Tandemsprünge an, bei denen erfahrene Fluglehrer den Neuling begleiten und die Ausrüstung geliehen werden kann. Feste Schuhe mit hohem Schaft und winddichte warme Kleidung sollte man mitbringen. Mutige und Schwindelfreie finden Flugschulen zum Beispiel auf der Seiser Alm oder am Kronplatz. Tandemsprünge sind je nach Anbieter auch im Winter möglich.
– Seiser Alm/Kastelruth | Kleinmichlstr. 1 | www.tandem-paragliding.com
– Bruneck | Seilbahnstr. 10 | www. tandemflights-kronplatz.jimdo.com

RADFAHREN

Südtirols Täler bieten ein 500 km langes, gut ausgebautes Radwegenetz für Genussradfahrer und Familien mit Kindern an. Wer sich im Urlaub nicht total verausgaben will, der kann vor allem im Vinschgau und im Meraner Land durch sanft gewellte Hügellandschaft und am Fuße der eindrucks-

vollen Bergriesen in aller Ruhe vor sich hin radeln. Bis zum Kalterer See wechseln sich Apfelwiesen mit Weinbergen ab. Oder aber man biegt nach Norden ab und folgt dem gleichnamigen Tal des Eisacks. Der Weg führt durch die Städte Klausen, Brixen und Sterzing, bis er am Brenner endet. Eine andere Möglichkeit ist der Pustertaler Radweg, der einfach zu bewältigen ist. An den Strecken laden Wirtshäuser und Cafés immer wieder zur Pause und zum Luftholen ein. Die Seite www. suedtirol-rad.com listet 22 Verleihstationen von Rädern und E-Bikes auf und macht Tourenvorschläge.

Für Kinder unter 14 Jahren gilt in Italien die Helmpflicht! Alle Radfahrer müssen im Dunkeln außerdem außerorts noch eine reflektierende Warnweste tragen.

MIT DEM RENNRAD

Jedes Jahr im Frühjahr blicken alle Radsportinteressierten mit Spannung auf den »Giro d'Italia«. Und nahezu jedes Jahr fahren die Profis mindestens eine Etappe in den Südtiroler Bergen, meistens auf den Kronplatz, der zu den schwersten Etappenfahrten gehört. Spätestens dann kitzelt es Hobbyrennradler, ihr eigenes Glück mit dem Rennrad auf den Südtiroler Bergen zu versuchen. Einmal im Jahr müssen sie sich zumindest den Stilfser-Joch-Pass, der Bormio in der Lombardei mit Prad im Vinschgau verbindet, nicht mit den Autos teilen: Dann ist nämlich autofreier Tag und der Pass gehört ganz den Radfahrern. Der »Sella Ronda Bike Day« bietet Rennradfahrern die Sellarunde auf asphaltierter Strecke an. Dabei sind allerdings auch satte

1650 Höhenmeter auf 52 km mit vier Bergpässen zu bezwingen. Ambitionierte Hobbyfahrer können sich auch auf der »Maratona«, der alljährlichen Dolomitenrundfahrt, austoben. Auf unterschiedlichen Strecken gilt es, zwischen 1780 und 4230 Höhenmetern zu bewältigen. Anmeldungen online über www.maratona.it/de.

Geführte Rennradtouren und Radsportwochen mit erfahrenen Radguides gibt es unter www.bike-hotels.it. Auf der Seite www.suedtirol-rennradtouren.de gibt es Tourenvorschläge von leicht bis sehr schwer mit Tipps und Fahrberichten.

MIT DEM MOUNTAINBIKE

Zu den Top-Mountainbike-Regionen Südtirols gehören der Vinschgau, Meran, Rosengarten-Latemar und Sexten. Während der Vinschgau mit seinen **Waalwegen** ⭐ als Mekka der Singletrailfahrer gilt, die zum Teil hohe Anforderungen an das technische Können der Radler stellen, bietet das Gebiet Rosengarten-Latemar alles für den klassischen Crosscountry-Tourenfahrer. Nützliche Tipps, spezielle Hotels und Bikespots finden Mountainbiker unter www.mountainbiker.it. Geführte Touren und Radsportwochen gibt es unter www.bike-hotels.it.

RAFTING

Wer den richtigen Nervenkitzel braucht, kann sich beim Rafting auf den Flüssen Südtirols die nötige Action holen. Sich einmal in die tosenden Wellen der Passer oder des Eisacks zu stürzen, das muss für Rafter einfach herrlich sein. Erfahrene Bootsführer

Die Südtiroler Bergwelt von oben zu betrachten erfordert Mut und Vertrauen, doch wer den Sprung mit dem Gleitschirm wagt, wird mit atemberaubenden Momenten belohnt.

Auch für schöne Reitausflüge sind Südtirols Landschaften bestens geeignet – da dürfen die Wanderschuhe ruhig mal im Hotel bleiben und mit Reitstiefeln ausgetauscht werden.

begleiten einfache, mittlere und schwierige Fahrten für Anfänger und Fortgeschrittene ab 14 Jahre. Es werden auch Familienfahrten mit Kindern ab zehn Jahren angeboten. Der Veranstalter bietet auf Anfrage auch Wildwasserschwimmen an.

Südtirol Rafting Expeditions F 4
Passeiertal | Sportplatz Saltaus | www. suedtirolrafting.com | ab 45 €/Person

Südtirol River Tours L 2
Gais-Uttenheim | Ahrntalerstr., Sportzone 1 | www.suedtirol-river-tours.com

REITEN
In jeder Region des Landes gibt es Reiterhöfe, die vom völligen Anfänger bis zum trainierten Könner Reitausflüge anbieten. Meistens eben auf Südtirols ureigener Rasse, dem Haflinger. Die zuverlässigen Gebirgspferde werden bis ca. 160 cm groß und lassen auch ängstliche Neueinsteiger schnell Vertrauen fassen. Ihre Trittsicherheit macht sie zu einem verlässlichen Reitpferd, dem der Anfänger vertrauen kann. Die meisten Reiterhöfe bieten auch Unterricht in der hauseigenen Reitbahn oder Reithalle an. Auf Nachfrage kann das eigene Pferd mitgebracht werden. Teilweise wird auch Westernreiten angeboten. Preise für eine Reitstunde für Erwachsene ab 20 €, geführte zwei- bis drei-Stunden Ausritte ab 50 €. Ermäßigte Preise für Kinder.

Wietererhof G 6
Jenesien | Dorfstr. 40b | www. wietererhof.com

Reiterhof Tolderhof 🏇 L 3

Olang | Kirchgasse 6 | www.hotelpost-tolderhof.com

Walter Forer Horses Ranch 🏇 L 1

St. Jakob/Ahrntal | www.pferde trekking-horsesranch.com

SCHWIMMEN

Offizieller Start der Sommerbadesaison in Südtirol ist Anfang Juni. Einige der wunderschönen Seen, in die man eintauchen kann, sind die Montiggler Seen bei Eppan, der Wolfsgrubener See auf dem Ritten, der Fennberger See, der St. Felix Weiher in Deutschnonsberg, der Vahrner See und der Völser Weiher sowie der allseits bekannte Kalterer See. Diese Seen sind bis weit in den September hinein angenehm warm.

Wenn das Wetter den Schwimmspaß draußen vermiest, gibt es eine Vielzahl an Erlebnisschwimmbädern. Diese Bäder sind in Naturns, Brixen, Bruneck und Innichen vor allem für Familien empfehlenswert. Sie verfügen über Hallen- und Freibäder und sind ganzjährig geöffnet. Auch in Bozen, Terlan, Bruneck, Olang, Meransen, Sterzing, Klausen, Lana, Jenesien, Sand in Taufers, Andrian und Telfen gibt es öffentliche Schwimmbäder. Infos dazu bietet die jeweilige Touristinformation oder www.suedtirol.com.

WANDERN

Ja, Südtirol ist der Wandergarten Europas. Höhenwanderwege wie der Meraner Höhenweg, der Grödner Höhenweg, der Vinschger Höhenweg bieten spektakuläre Ausblicke. 1700 Wander- und Forstwege sind ausgeschildert.

Die Gipfeltouren für Bergsteiger sind Legende und legendär die großen Bergsteiger, die aus Südtirol kommen. Luis Trenker, Hans Kammerlander und – vielleicht der berühmteste – Reinhold Messner. Örtliche Touristenvereine bieten geführte Wanderungen aller Schwierigkeitsgrade an, bei denen ein erfahrener Bergführer begleitet. Die Internetseite www.trekking. suedtirol.info schlägt verschiedene Wanderungen unterschiedlicher Länge vor und bietet die Möglichkeit der individuellen Planung einer Route mit Zeit- und Wegeberechnung. Außerdem gibt es aktuelle Hinweise zu Wegeänderungen oder -sperrungen. Auf www.diewanderer.it wird Gebiet, Strecke, Länge und Höhenauswahl geboten.

WINTERSPORT

EISLAUFEN

Wer lieber elegante Pirouetten auf dem Eis als Schwünge auf der Piste dreht, der begibt sich dabei direkt auf die Spuren von Südtirols Weltmeisterin 2012 und Europameisterin 2013 im Eiskunstlauf der Damen, Carolina Kostner. Die 27-jährige Südtirolerin stammt aus Bozen und animiert jedes Jahr bei ihren internationalen Auftritten kleine und große Eisprinzessinnen zu ersten Versuchen auf den Kufen. Besonders gut eignen sich dafür der Völser Weiher am Schlern-Massiv, der Reschensee, der Wolfsgrubener See in Klobenstein am Ritten oder der Durnholzer See im Sarntal. Es gibt auch sehr schöne Natureislaufplätze in Pfelders oder in der Gaulschlucht bei Lana. Bei den Kunsteisplätzen und -hallen heben sich die Arena am Ritten, der Eislaufplatz in der Sill in Bozen oder die Eisstadien in Brixen und Bruneck und die Meran-Arena hervor.

RODELN

Der zweifache Olympiasieger und sechsfache Weltmeister Armin Zöggeler aus Meran macht es vor: Rodeln ist Tradition in Südtirol und ein beliebter Sport. Rodelliebhaber können sich auf den Naturrodelbahnen im Eisack- und im Pustertal austoben. Das Schlerngebiet, das Pustertal oder Tauferer Ahrntal bieten für jeden die passende Rodelbahn. Darüber hinaus hat fast jedes Abfahrtsskigebiet in Südtirol eigene Rodelbahnen für Familien mit Kindern oder für ambitionierte Fans. Die Rodelstrecken verlaufen abseits der Piste und sind speziell gesichert. Auch hier gilt die Helmpflicht für Kinder unter 14 Jahren.

Gute Tipps zur Kleidung beim Rodeln, zum Bremsen und zu Sicherheits- und Fahrregeln gibt der Link: www.tauferer.ahrntal.com/de/winter/wintersport/rodeln/sicheres-rodeln.html

SKI ALPIN

Wenn der erste Schnee fällt, verwandelt sich ganz Südtirol in eine einzige verzauberte Märchenlandschaft. Von einfachen Familienskigebieten, in denen die Kleinsten ihre ersten Schwünge lernen, bis hin zur tiefschwarzen, sportlich herausfordernden Abfahrt bietet Südtirol alles, was das Herz begehrt. Die Schneesicherheit reicht in der Regel von Ende November bis April, in manchen Gebieten sogar bis Anfang Mai. Der Super Dolomiti-Skipass berechtigt dazu, in zwölf Skigebieten Südtirols jede Piste zu fahren. Die individuell zurückgelegten Strecken und die Kilometeranzahl können mit dem Pass jederzeit online eingesehen werden. Für Kinder unter 14 Jahren gilt in Italien die Helmpflicht!

Der Vinschgau, das Schnalstal, der Kronplatz und das Hochpustertal bieten ideale Familienskigebiete. Wer mehr will, kann sich in Gröden auf die Weltmeisterschaftspisten begeben oder sich in Alta Badia auf die Gran Risa, die berühmte Weltcupabfahrt, wagen.

Einzigartig in Europa: Die Sella Ronda. Die Skirundtour des Sella-Massivs beträgt 26 Pistenkilometer und kann von jedem durchschnittlichen Skifahrer an einem Tag gut bewältigt werden. Als Ausgangspunkt in Südtirol bietet sich Wolkenstein an. In sehr warmen Wintern kann die Strecke der Sella Ronda auch unterbrochen sein. Auskunft gibt der Liftbetreiber vor Ort. Freerider, Freestyler und Snowboarder haben hier natürlich genauso ihren Spaß. Alles, was wichtig ist, steht auf der Website des Superskigebietes: www.dolomitisuperski.com

Mit der Vinschgau Ski Card können Wintersportler alle sechs Skigebiete im Vinschgau sowie jenes in Minschuns im Val Müstair (CH) uneingeschränkt nutzen. Der grenzüberschreitende Skipass bietet Zugang zu insgesamt 35 Liftanlagen und 140 km Piste. Er gilt für drei, vier, fünf oder sechs Tage. Der Drei-Tages-Pass kostet ab 99 €.

SKILANGLAUF

Das Schlerngebiet bietet ein Loipennetz auf 2000 m Höhe. Auf den 60 Loipenkilometern befinden sich allerdings auch einige anspruchsvolle Passagen, sie sind eher etwas für den fortgeschrittenen Läufer. Das Skilanglaufzentrum in Alta Badia, in Armentarola, bietet rund 13 schöne Loipen, die über idyllische Almwiesen und durch Wälder führen und auch Anfängern einen idealen Ausgangspunkt bieten. Das Martelltal im Vinschgau hat ein Langlauf- und Biathlonzentrum auf 1700 m Höhe. Zwölf recht anspruchsvolle Loipenkilometer fordern den eher fortgeschrittenen Langläufer. Das Langtauferer Tal am Reschensee verspricht auf einer Höhe zwischen 1700 und 1900 m auf der 15 km langen Rundloipe beste Schneeverhältnisse. In Obereggen im Val de Fiemme können sich Langläufer auf 100 Loipenkilometern austoben.

In nahezu jedem Ort befinden sich Skilanglaufschulen, die Unterricht und geführte Touren anbieten. Ausrüstung kann geliehen werden.

Im Gsieser Tal können sich ambitionierte Langläufer zum alljährlich stattfindenden traditionellen Volkslauf »Gsieser Tal Lauf« zum Marathon ab 30 km anmelden.

SKITOURENGEHEN

Der Vinschgau hält für Skitourengeher einige der schönsten Varianten Südtirols bereit – abseits präparierter Pisten, allein mit sich und der Natur. Anfänger starten zum Dreieinhalbstundenmarsch auf den Inneren Nockenkopf im Rojental am Reschenpass. Anspruchsvolle Aufstiege mit um die 1400 Höhenmeter erfordern mehr Kondition: Zwei empfehlenswerte Routen führen auf die Suldenspitze im Ortlergebiet oder die Köllkuppe im Martelltal, das bekannt ist für weitere lohnende Gipfelziele.

Mit Ski an den Füßen schnell bergab zu fahren ist das Herkömmliche, mit Ski lange Touren zu laufen (▶ S. 49) ist ein ganz anderes Erlebnis, das immer mehr an Beliebtheit gewinnt.

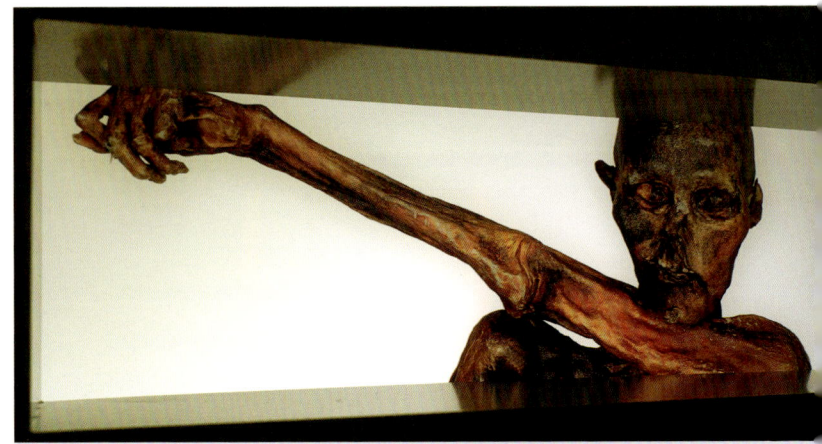

Im Fokus
Der Mann aus dem Eis –
Ötzis Akte ungelöst

Als sich das deutsche Ehepaar Erika und Helmut Simon am 19. September 1991 zu einer Wanderung zum Tisenjoch aufmachte, ahnten die beiden nicht, dass sie im Verlauf des Tages einen Fund machen würden, der die gesamte Fachwelt kopfstehen lassen wird.

Die Nürnberger verlassen beim Abstieg vom Tisenjoch den markierten Wanderweg und durchqueren ein Schneefeld. Plötzlich entdecken sie einen aus dem Eis ragenden Kopf, Schultern und Teile eines menschlichen Rückens. »Ötzi« war gefunden!

Durch das Abtauen des bislang ewigen Eises nach einem ungewöhnlich heißen Sommer hatte der Gletscher oberhalb des Niederjochferners in über 3000 m Höhe eine Mumie freigegeben, die in der ganzen Welt Wissenschaftler und interessierte Laien schier aus dem Häuschen geraten ließ. Denn diese mumifizierte Leiche, bislang durch natürliche Gefriertrocknung im Gletschereis vor der Verwesung geschützt, entpuppte sich als ein über 5000 Jahre alter Mensch. Ötzis gut erhaltene Überreste offenbarten Erkenntnisse über die Menschen in der späten Jungsteinzeit, die bis dahin nur vage Vermutungen gewesen waren. Doch bevor sich Wis-

◄ Ein freundliches Lächeln war ihm schwer abzu-
ringen: Großaufnahme vom Gletschermann Ötzi.

senschaftler zur genauen Untersuchung des Leichnams begeben konnten,
gab es erst einmal Streit: Welchem Staat gehörte der Fund? Italien? Oder
doch Österreich? Lag der Fundort der Leiche doch ziemlich genau auf der
Staatsgrenze beider Länder. Eine amtliche Neuvermessung ergab: Ötzi ist
ein waschechter Südtiroler. Und deshalb wird er bis heute auch im **Südtiroler Archäologiemuseum** 🔴2 in Bozen in einer Art Kühlzelle aufbewahrt und kann durch ein 40 x 40 cm großes Fenster von den Besuchern
betrachtet werden.

Doch nach wie vor bewegt nicht nur Wissenschaftler bis heute die Frage:
Wer war der Mann aus dem Eis, dessen Lebenszeit auf die Jahre 3350 und
3100 v. Chr. datiert wurde und der somit vor über 5000 Jahren geboren
wurde? Was machte er am Tisenjoch? Wo kam er her? Wovon ernährte er
sich? Und wie starb er?

PATHOLOGISCHE UNTERSUCHUNGSERGEBNISSE

Nach den ersten Erkenntnissen der Experten war Ötzi zum Zeitpunkt
seines Todes ungefähr 45 Jahre alt. Seine Leiche ist zum Fundzeitpunkt
nur 1,54 m groß und wiegt ca. 50 kg, doch Experten gehen von einer
durch die Gefriertrocknung natürlichen Schrumpfung der Mumie aus,
sodass der Gletschermann zu Lebzeiten sehr wahrscheinlich größer war.
Weitere Untersuchungen der Mumie lassen darauf schließen, dass Ötzi
mit seinen 45 Jahren nach damaliger Lebenszeitrechnung ein Greis war.
Er hat Verschleißerscheinungen an den Gelenken, seine Zähne sind ge-
schädigt durch Karies und Parodontose, er leidet an Darmparasiten und
muss starken Durchfall gehabt haben. Verkalkte Blutgefäße und Gallen-
steine weisen darauf hin, dass sein Cholesteringehalt im Blut sehr hoch
gewesen sein muss. Fazit: Der Mann aus dem Eis litt schon vor über
5000 Jahren unter den Folgen von Zivilisationskrankheiten des 21. Jh.
Seine Ernährung war nämlich nicht, wie ursprünglich angenommen,
hauptsächlich vegetarisch. Der hohe Cholesteringehalt deutet darauf hin,
dass Fleisch sehr oft auf dem Speiseplan stand. Außerdem leidet Ötzi
an einer Laktose-Intoleranz und seine Zahnschäden verraten, dass er
Getreidekörner mit Resten von Mahlsteinen verzehrt haben muss, die
die Zähne über das natürliche Maß hinaus abnutzten.

Von außen betrachtet weist die Mumie ungewöhnliche Merkmale auf,
denn: Ötzi ist tätowiert. Über 50 Zeichnungen finden die Wissenschaftler

an seinem Körper. Nicht durch Nadeln und Tinte wie heute, sondern durch feine Schnitte in der Haut, die anschließend mit Holzkohle eingerieben wurde. Die Tätowierungen stellen Strichbündel und Kreuze dar und verlaufen auffälligerweise entlang der heute geltenden Haupt-Akupunkturlinien des Körpers. Der Eismann hat parallele Linien im Lendenbereich, Streifen um den rechten Fußknöchel und eine Tätowierung hinter dem rechten Knie. Wurde Ötzi etwa wegen Schmerzen in den Gelenken therapeutisch behandelt? Eine über 5000 Jahre alte Akupunktur? Bislang hatten Experten angenommen, die Akupunkturmethode sei erst zwei Jahrtausende später in Asien entwickelt worden.

AUFSCHLUSSREICHE GERÄTSCHAFTEN

Bei seinem Fund war Ötzi vollständig bekleidet. Er trug eine Jacke und Beinlinge aus dunklem und hellem Schaffell, die mit Tiersehnen vernäht waren. Einen Gürtel aus Kalbsleder mit einer Tasche daran und einen bis zu den Knien hängenden Lendenschurz. Eine Mütze aus Wolfs- bzw. Hundefell bedeckt seinen Kopf und ist ebenso sorgfältig verarbeitet wie seine Schuhe. Für den Schuhschaft wurde Rindsleder vernäht, die Sohleninnenseite besteht aus wärmendem Bärenfell. Alle Teile werden durch eingezogene Lederbänder zusammengehalten. Als wärmendes Innenfutter dient trockenes Gras, das als Polster und Isolierschicht verwendet wurde. Gedrillte Grasschnüre verbinden den Außen- mit dem Innenschuh und machten ihn alpentauglich. Doch noch mehr Aufschluss auf die Lebensweise Ötzis geben die Gegenstände, die er bei seinem Tod mit sich führte. Dazu gehörten ein Birkenrindengefäß, ein Dolch mit Tasche, ein Bogenstab und ein Köcher mit Pfeilen. Und: eine vollständig erhaltene Kupferaxt, deren Beil einen Kupferanteil von 99 Prozent aufweist. Dieser Fund war schon deshalb eine Sensation, weil die Wissenschaft bisher angenommen hatte, dass die Menschheit den Rohstoff Kupfer erst ca. 1000 Jahre später zur Verarbeitung benutzte. Eine hohe Konzentration von Kupfermetallen in Ötzis Haaren und der hohe Schwermetallgehalt in seiner Lunge brachten die Experten darauf, dass er wohl ständig mit Kupferverhüttung in Kontakt kam. Ein schwieriges Unterfangen, da Kupfer bei über 1000 °C geschmolzen werden muss. Kupferbesitz wird nur den reichsten und ältesten Dorfbewohnern zugeschrieben und so dürfte Ötzi in seinem Dorf ein anerkannter und einflussreicher Bürger gewesen sein. Die Ausrüstung verrät, dass der Gletschermann offenbar geplant hatte, für einige Tage in den Bergen unterwegs zu sein. In seinem Birkenrindengefäß konnte er stundenlang glühende Asche mit sich führen und jederzeit ein lebensrettendes Feuer entfachen. Ohne Feuer in den eisigen Nächten der Alpen wäre Ötzi verloren gewesen. Außerdem hatte er Ersatzmaterialien wie Tiersehnen oder Lederriemen bei sich. Mit dem Dolch und seinem Kupferbeil war er jederzeit in der Lage, einen neuen Bogen herzustellen.

Wo wollte der Gletschermann hin? Seine Zeitgenossen lebten im Tal und betrieben bäuerliche Viehzucht. War er auf der Suche nach einer besseren Siedlungsmöglichkeit? Fragen, die wahrscheinlich nie beantwortet werden können.

Tatsache ist: Ötzi nahm ungefähr eine Stunde vor seinem Tod eine umfangreiche Mahlzeit zu sich. Die Wissenschaftler finden gut erhaltene Reste von Alpensteinbockfleisch und Pollen der Hopfenbuche in seinem Magen. Die Pollen weisen darauf hin, dass Ötzi im Frühjahr gestorben ist. Doch wie ist der Gletschermann zu Tode gekommen?

Im Jahr 2001, zehn Jahre nach dem Fund der Mumie, machen Experten eine ungeheure Entdeckung. Auf Röntgenbildern unterhalb des siebten Rippenbogens erkennen sie einen Schatten und identifizieren eine steinerne Pfeilspitze. Zusammen mit Schnittwunden an Ötzis Hand und Blut an Kleidung und Waffen, das nicht von ihm stammt, ist spätestens jetzt klar: Ötzi wurde ermordet.

STEINZEITKRIMI MIT OFFENEM ENDE

Die Welt des 21. Jh. steht vor der Frage: Wer hat den Gletschermann auf dem Gewissen? Handelt es sich um einen Raubmord? Die Fundstücke bei der Mumie, das teure Kupferbeil zum Beispiel und die restlichen Gegenstände wie Pfeile und Bogen, sprechen dagegen. Als sicher aber gilt, dass Ötzi 24 Stunden vor der Pfeilattacke in einen Nahkampf verwickelt war. Die Schnittverletzungen an der Hand und Kratzspuren am Rücken zeugen davon. Dann aber kann der Gletschermann noch ohne Schwierigkeiten seine Mahlzeit einnehmen. Offenbar ist der Angreifer wiedergekommen und hat Ötzi von hinten mit einem Pfeil erschossen.

Die Pfeilspitze dringt ins linke Schulterblatt ein und verletzt eine Arterie. Aber das ist nicht Ötzis Ende. Der wahre Grund ist ein schweres Schädelhirntrauma. Wie es entstanden ist – ob der Gletschermann nach dem Schuss nach hinten fiel und mit dem Kopf aufgeschlagen ist oder ob es einen Schlag auf den Kopf gab – darauf gibt es bis heute keine schlüssige Antwort.

Ötzi stirbt in der eisigen Kälte des Tisenjochs. Und das über 5000 Jahre alte Verbrechen auf Südtiroler Boden bleibt wohl für immer ungelöst.

FESTE FEIERN

*Törggelen, Wandern und Wintersport – das scheinen
die hauptsächlichen Vergnügen in Südtirol. Aber man feiert
auch gerne das ganze Jahr über. Es geht dabei oft um Essen und Wein,
aber auch spannende sportliche Highlights sind dabei.*

In Südtirol ist immer etwas los, ob es sich nun um Kulturevents oder
Sportveranstaltungen handelt. Von großer Bedeutung sind die Feste, die
auf bäuerliche Traditionen zurückgehen – tief im katholischen Glauben
verankert. Die **Herz-Jesu-Feuer** sind die besten Zeugnisse. Am 24. Juni
werden auf den Gipfeln der Berge große Holzfeuer in Form von Kreuzen
oder dem Zeichen »INRI« entzündet. Sie symbolisieren das einigende
Band um Südtirol; die Feuer waren 1796 erstmals im Landsturm gegen
die Franzosen ein gemeinsamer Akt des Widerstandes und Symbol der
Befreiung. Damals war Südtirol besetzt und mit dem »Herz-Jesu-Schwur«
flehte man um himmlischen Beistand.
Weltlicher ist die Tradition vom **Almabtrieb**. Wenn die Herde den Sommer gut überstanden hat, dann werden die Tiere zwischen Mitte September und Mitte Oktober geschmückt und froh zurück ins Tal getrieben.

◄ Am Stammtisch erfunden: der Oswald-
von-Wolkenstein-Ritt in Kastelruth (► S. 56).

Viele Orte feiern ihre kulinarischen Künste mit speziellen Märkten und
Veranstaltungen: das Speckfest im Villnöss, das Erdbeerfest im Martell,
das Gourmetfest im St. Paul … – eine ganze Reihe von »Küchen-Festen«,
die im Oktober mit dem **Großen Apfelfest** von Natz-Schabs enden.
Mit Soireen auf Schloss Tirol, den Gustav-Mahler-Musikwochen in
Toblach oder den Meraner Musikwochen gibt es Ohrenschmaus zu den
allgemeinen Gaumenfreuden-Festivitäten dazu.
Auch Pferde sind oft Hauptdarsteller: Der Eppaner Burgenritt und das
Haflinger-Galoppreiten machen den Auftakt im Frühjahr. Im Juni dann
folgt der **Oswald-von-Wolkenstein-Ritt** – ein Erlebnis, bei dem man einmal im Leben dabei gewesen sein sollte.

BESINNLICH ODER MIT GETÖSE DURCH DEN WINTER

Der alpine Ski-World-Cup-Zirkus gastiert in Gröden und Alta Badia. Die
Biathleten kämpfen im Hochpustertal und Toblach. Pferdeschlittenren-
nen und Schneeskulpturenfestivals sind im Winter gleich an mehreren
Orten ein unterhaltsames Ereignis. Die fünf großen **Weihnachtsmärkte**
Südtirols findet man in Bozen, Brixen, Meran, Bruneck und Sterzing.
Öffnungszeiten und Adressen der Märkte auf www.weihnachten.it.
Besinnlichkeit statt Christkindl-Remmidemmi finden Urlauber auf den
Vinschger Adventsmärkten. Ein Highlight ist der höchstgelegene Ad-
ventsmarkt der Alpen. Auf der Enzianalm im Martelltal, auf über 2000 m,
können Marteller Spezialitäten verkostet werden, dazu zeigen Handwer-
ker ihre Kunst im Klöppeln oder Drechseln.
Es gibt auch weihnachtliche Bräuche, die sich in einzelnen Tälern erhal-
ten haben und nun durch den Tourismus wieder neue Lebendigkeit erfahren. Das »**Klöckeln**« ist ein alter Adventsbrauch, der früher im ganzen
Alpenraum verbreitet war und im Sarntal noch lebendig ist. Der Name
»Klöckeln« kommt von »klocken«, was nach dem Sarner Dialekt so viel
wie »klopfen« bedeutet. Die drei Klöckelnächte sind die Donnerstag-
abende im Advent noch vor der Wintersonnenwende. Mit viel Lärm,
Getöse und Bockhorntuten ziehen Gruppen vermummter Männer von
Haus zu Haus und bitten um Gaben. Geheimnisumwittert und ziemlich
archaisch geht's auch beim »**Klosn**« in Stilfs im Vinschgau zu. Den Winter verjagt schließlich der Egetmann-Umzug und macht den Auftakt zum
lustigen Faschingstreiben.

JANUAR

Internationales Schneeskulpturen-festival, Innichen und St. Vigil

Dürers »Hände«, Asterix und Obelix oder Rehe im Wald – Teams aus der ganzen Welt kommen ins Pustertal und bildhauern im Schnee.

Ab Mitte Januar

FEBRUAR

Egetmann-Umzug, Tramin

Das Fest nur als Traminer Fasching zu bezeichnen wäre falsch. Seit dem ausgehenden Mittelalter wird der Brauch gepflegt. Der »Wilde Mann«, der »Weiße Bär« und der »Grüne Bär« tragen Masken, der Rest der Egetmänner ist mit Ruß maskiert.

Faschingsdienstag
www.egetmann.com

Scheibenschlagen, Mals

Glühende Holzscheiben, etwa Teller groß, werden in den Winterhimmel hinausgeschleudert, um so den Winter auszutreiben.

Sonntag nach Aschermittwoch

MÄRZ

Eisacktaler Kost

Zwei Wochen lang werden in vielen Gasthöfen des Eisacktals traditionelle Gerichte serviert.

www.eisacktalerkost.info

APRIL

Haflingerumzug, Meran

Am Ostermontag wird mit dem Haflinger-Galopprennen auf der Meraner Pferderennbahn die Saison eröffnet. Am Vormittag ziehen Brauchtumsgruppen durch die Innenstadt.

www.haflinger.eu

MAI

Genussfestival Südtirol, Bozen

Am letzten Wochenende im Mai gibt es viel Kultur und Tradition, dazu bieten junge oder etablierte Sterne- und Spitzenköche köstliche Speisen.

www.genussfestival.it

Oswald-von-Wolkenstein-Ritt, Völs am Schlern, Seis, Kastelruth

Bei diesem traditionellen Reiterturnier liefern sich Teams aus vielen Gemeinden in der jeweils ortsüblichen Tracht einen äußerst spannenden Wettkampf auf dem Pferd. Ein mittelalterliches Spektakulum mit Ringelstechen und Hindernisgalopp, Konzerten, mittelalterlichem Markt und Feuershows.

Fr–So Ende Mai, Anfang Juni
www.ovwritt.com

JUNI

Südtiroler Jazzfestival

Ein außergewöhnliches Musikereignis mit zahlreichen Konzerten an verschiedenen Orten in der Region.

www.suedtiroljazzfestival.com

Herz-Jesu-Feuer

Mit Feiern und Prozessionen wird des Gelöbnisses von 1796 gedacht. Auf den Berggipfeln werden überall die prächtigen Feuer entzündet.

3. Sonntag nach Pfingsten

JULI

Gustav-Mahler-Musikwochen, Toblach

Der Komponist verbrachte seinen Urlaub am liebsten in Toblach. Ihm zu Ehren veranstaltet der Ort Klassikwochen.

www.gustav-mahler.it

Südtirol Classic, Schenna

Die Südtirol Classic zählt zu Europas spannendsten Oldtimer-Rallyes. Start ist in Schenna mit täglichen Panorama-Ausfahrten. Die Hauptveranstaltung mit Zeitprüfungen ist eine Dolomiten-fahrt vom Rosengarten bis zur Seiser Alm.

2. Woche im Juli
www.suedtirolclassic.com

AUGUST

Meraner Musikwochen, Meran

Neben Klassikhighlights sind A-Cap-pella-Musik, Weltmusik und Folk im Programm.

www.meranofestival.it

SEPTEMBER

Kalterer Weintage, Kaltern

Kurz bevor die Lese startet, laden die lokalen Weinproduzenten noch einmal zum Verkosten ein – am Markt-platz gibt es auch kulinarische Köst-lichkeiten.

Anfang September

OKTOBER

Speckfest im Villnösstal

St. Magdalena lockt am ersten Okto-ber-Wochenende mit Südtiroler Speck Gourmets ins Dorf. Der »Gletscher-hons« zeigt sein meisterhaftes Können im Speck-Aufschneiden. Am Sonntag verteilen die Speckköniginnen der ver-gangenen Jahre traditionell Speck-stücke an die Besucher.

www.speckfest.it

Kuchlkastl, Völs am Schlern

Die kulinarischen Wochen, während deren in den Restaurants des Ortes Bodenständiges auf dem Speiseplan steht, sind weit über die Region hinaus bekannt. Grundlage für die Auswahl der Gerichte bilden alte Rezepte wie z. B. die »Völser Hexensuppe«.

www.voelserkuchlkastl.com

NOVEMBER

Keschtniglwoche, Feldthurns

Seit 1997 ist die Kastanienernte in Feld-thurns Anlass für ein Fest – es gibt Führungen, Besichtigungen, Konzerte und allerlei Köstlichkeiten rund um die Kastanie. Am Sonntag wird auf der Dorfstraße in großer Runde getörggelt.

1. Woche im November

DEZEMBER

Glurnser Advent

Auf diesen besinnlichen Adventsmarkt zu kommen ist wie ein Besuch in einer Zauberkugel. Händler bieten Kunst-handwerk auf dem Marktplatz und in den Laubengängen an. Es gibt Krapfen und Glühwein. Chöre und Bläser sor-gen für die Adventsmusik.

2. Adventswochenende, Fr–So 11–21 Uhr

Klosn in Stilfs

Wer meint, es sei nur viel Gebrüll um den Nikolaus, liegt falsch. Klosn ist ein Brauch zur Abwehr von Dämonen. Junge Burschen, verkleidet mit wilden Masken und lärmenden Glocken wan-dern durch die engen Gassen. Ruhig und unbeeindruckt schreitet unter-dessen Sankt Nikolaus durch den Ort. Abends versammelt sich die Festge-meinde beim »Ave-Maria-Läuten« vor der Kirche, danach beginnt ein aus-gelassenes Fest mit Musik, Speis und Trank.

Samstag vor oder nach dem 6. Dezem-ber, ab 14 Uhr

MIT ALLEN SINNEN
Südtirol spüren & erleben

Reisen – das bedeutet aufregende Gerüche und neue Geschmackserlebnisse, intensive Farben, unbekannte Klänge und unerwartete Einsichten; denn unterwegs ist Ihr Geist auf besondere Art und Weise geschärft. Also, lassen Sie sich mit unseren Empfehlungen auf das Leben vor Ort ein, fordern Sie Ihre Sinne heraus und erleben Sie Inspiration. Es wird Ihnen unter die Haut gehen!

◀ In freier Natur kocht es sich vorzüglich:
Die Foodiefactory (▶ S. 59) machts möglich.

ÜBERNACHTEN

Urlaub im Gemüsebeet   📖 H7

Ein Aufenthalt auf diesem Ferien-
bauernhof ist ein aromatisches Erlebnis! Grüne, schwarze, weiße und
gelbe Tomaten, rote Kartoffeln, violette
Karotten … Auf dem Kronlechnerhof
wachsen längst vergessene Schätze.
Bäuerin Anna-Maria Gall züchtet in

ihrem 250 qm großen Garten seltene
Gemüsesorten, mit viel Herzblut und
streng ökologisch. Sie hat alte Arten
gepflanzt, die wegen des vielen Son-
nenscheins und der guten Luft auf der
Südseite der Alpen besonders intensiv
schmecken. Zum Frühstück werden
Leckereien vom eigenen Hof serviert –
dass das Brot selbst gebacken ist, ist
eine Selbstverständlichkeit.

Kronlechnerhof | Welschnofen | Gum-
merer Str. 67 | Tel. 04 71 61 02 77 | www.
kronlechnerhof.com | €

AKTIVITÄTEN

Auf Hufen und Kufen   📖 F4

Ein sinnenfreudiges Erlebnis im Winter: auf dem Rücken eines Haflingers
durch die Winterlandschaft sausen.
Einzige Geräusche: das leise Knirschen
der Hufe im Schnee und das Schnau-
ben der gutmütigen Haflinger. Vom
kleinen Dorf Hafling oberhalb von
Meran aus kann man durch die über-
zuckerten Wälder und Wiesen des
Hochplateaus reiten. Wer nicht selbst
reiten möchte oder kann, darf einge-
hüllt in warme Decken auf dem Pferde-
schlitten das winterliche Erlebnis genießen.

Hafling | www.reiterhofpaur.com

Foodiefactory

Lifestyle mit Genuss, so lautet das
Motto der kulinarischen Veranstal-
tungsreihe im Meraner Land. Sie lädt
ein zum experimentellen Kochen.
In der Genusswerkstatt gibt es echte
kulturelle Begegnung. Zwischen mediterraner und alpiner Küche, aber auch
in zwischenmenschlicher, in sprach-
licher und in kultureller Hinsicht. Bei
der Foodiefactory tauschen sich Köche
und ihre Gäste aus, typische Zutaten
aus beiden Kulturkreisen treffen aufeinander und die Tradition flirtet mit
der modernen Interpretation von Gerichten. Das ganze Jahr über finden verschiedene Veranstaltungen mit
Werkstattcharakter an außergewöhn-
lichen Orten statt – im Restaurant
eines Haubenkochs, auf der Alm, in
der Gondel einer Seilbahn …

www.foodiefactory.it

Latemarium   📖 H7

Gucken, schnaufen, gucken, laufen, liegen, gucken … in Obereggen wurden
Themenwege geschaffen, die durch
uralte Bergwälder und saftig grüne
Wiesen zu bewirtschafteten Almhütten

führen. Das allein lässt sich freilich in Südtirol öfter haben. Wer aber im Eggental die Wanderschuhe schnürt, kann die Dolomiten von ihrer schroffsten Seite erleben. Das Naturjuwel des Latemar-Gebirgsstocks bildet einen atemberaubenden Rahmen. Man kann es kinderfreundlich gemütlich haben, da lernt man auf dem Erlebnisweg »latemar.natura« eine Menge über die Lebensräume des Hochgebirges. Oder man macht es spektakulär – weite Sicht gibt es auf dem »latemar.panorama«-Weg. Für sportlich Ambitionierte gibt es den mittelschweren »latemar. 2671m«. Genusswanderer dagegen kommen auf dem »latemar.tempo« auf ihre Kosten, auf dem zwischen Laner Alm und schattigen Wäldern Wellness-Liegen zum Rasten einladen.

Das »Latemarium«, eine über den Fels ragende Aussichtsplattform, bietet einen gigantischen Rundumblick. Es ist von Obereggen aus zu Fuß auf einer gut einstündigen Wanderung zu erreichen oder noch bequemer mit dem Sessellift Obereggen-Oberholz.

www.latemarium.com | Sessellift 9 € Hin- und Rückfahrt

Roadmovie für die Sinne

Im Sommer bei schönem Wetter auf der Große Dolomitenstraße unterwegs sein – ein Klassiker. Von Bruneck gehts auf der Staatsstraße Richtung Brixen und durch das Eisacktal weiter nach Klausen und ins Grödnertal. Am Ende des Tals geht es über das Sellajoch nach Canazei im Fassatal, dann weiter über das Pordoijoch mit fantastischer Aussicht auf den Sass Pordoi, Sass de Forca und den Piz Boé. Über den Falzarego-pass kommt man nach Cortina d'Am-pezzo und vorbei am Misurina See. Der See ist umgeben vom Felsmassiv der Drei Zinnen und weiter im Süden türmen sich Marmarole und Sorapiss. Über Toblach führt die Strecke wieder zurück nach Bruneck.

www.suedtirol-travels.com

Sinnesparcours am Kraftort Vigiljoch ⚑ F 5

Rings um den Wetterhügel am Vigiljoch wurde vor Kurzem ein Sinnesparcours angelegt. Hier kann man sozusagen eine »Wanderung mit allen Sinnen« unternehmen: Sehsinn, Hör-

sinn, Tastsinn und Riechsinn schärfen oder an der Station »Geschmackssinn« die Radonquelle verkosten. Denn hier entspringt die Bärenbad-Heilquelle, die in Form von Flaschen mit der Aufschrift »Meraner Mineralwasser« in den Handel kommt. Wer seinen Sinn für Luxus schulen möchte, für den ist das Vigilius Mountain Resort mit der spektakulären Holz-Glas-Architektur Matteo Thuns und seinem wunderbaren Rundumblick eine »Sinn-sation« am Wegesrand.

Lana | per Seilbahn zum Vigiljoch | Hotel: www.vigilius.it

WELLNESS

Heubaden ⚑ H 6

Je höher die Almen liegen, desto artenreicher ist die Flora der Wiesen. Das Dolomitenheu gilt als besonders »fett«, was mit den speziellen Böden und der UV-Strahlung zu tun hat. Blattpflanzen wie Frauenmantel, Edelraute und Arnika machen das Dolomitenheu so besonders. Es fördert die Durchblutung und beeinflusst die inneren Organe. Entweder also die professionelle Badvariante in Völs am Schlern wählen oder sich einfach auf eine Wiese legen und den Duft genießen!

Völs am Schlern | Schlernstr. 13 | www.hotelheubad.com | Mo–Sa 7–12, 15–19 Uhr | 33 € (50 Min.)

FESTE

Palabira-Tage ⚑ B 4

Nicht ganz so im Überfluss wie die Südtiroler Äpfel gibt es die Palabirne. Sie gedeiht ausschließlich an uralten, knorrigen Bäumen im Obervinschgau und steht mittlerweile sogar unter Naturschutz. Sie hat ein intensives Karamell-Aroma sowie eine entgiftende und heilende Wirkung. Erst Liebhaber erweckten sie kürzlich wieder zum Leben, in Glurns wird sie besonders gefeiert.

Glurns | Palabira-Markt oder Palabira-Tage | www.glurns.eu | Sept.

Erdbeerfest im Martelltal ⚑ C/D 5

Seit den 1960er-Jahren werden im hochalpinen Martelltal Erdbeeren angebaut. Es ist das höchste Anbaugebiet Europas, aufgrund der verschiedenen Höhenlagen reifen die Erdbeeren sehr langsam an der Sonne heran und verfügen über ein ganz besonderes Aroma. Der Ernteauftakt wird mit einem Erdbeerfest gefeiert, bei dem eine riesige Erdbeertorte und eine Erdbeerkönigin natürlich nicht fehlen.

Martelltal (erreichbar über Latsch) | www.erdbeerfest.it | letztes Wochenende im Juni

Die Idee zu Ende des 19. Jh., mit einer Straße die Bergwelt der Dolomiten zugänglicher zu machen, ermöglicht heute eine herrliche Rundfahrt auf der Großen Dolomitenstraße (▶ S. 60).

SÜDTIROL ERKUNDEN

Die prachtvollen Fresken des Brixener Kreuzgangs (▶ S. 88) erzählen Stellen aus der Bibel.

BOZEN UND UMGEBUNG

Bozen – das ist Vertrautheit und Fremdheit zugleich. Ein Mix aus alpinem Lebensgefühl und italienischem Flair, aus Obstgarten und Gebirgslandschaft. Im Westen erheben sich Schlern und Rosengarten, ihre Silhouetten sind ein Symbol für Südtirol geworden.

In den letzten Jahren hat sich Bozen unglaublich gemausert. Es wächst vom behäbigen, altväterlichen Provinzort zur zukunftsfreudigen, quirligen Stadt. Hier mischt sich das Italienische mit dem Deutschen. Wo früher ein spannungsgeladenes Verhältnis herrschte, das (Lebens-) Energie kostete und zerstörte, ist heute der Platz für Chancen der Zukunft. Die Autonomie der Region macht gerade in Bozen sichtbar, was im Miteinander positiv gestaltet werden kann. Seit die UNESCO 2009 die Dolomiten in den Stand des Weltnaturerbes erhob, geben die Stadtbewohner ihrem Ort stolz den Beinamen »das Tor zu den Dolomiten«. Die Gletschermumie »Ötzi«, die 1991 im Schnalstalgletscher freigespült wurde, ist letztlich heute ein Bozener geworden. 5300 Jahre, nachdem der Steinzeitmann vermutlich durch das damals noch unbeackerte und weitgehend unbesiedelte Tal am Zusammenfluss von Eisack, Etsch und Talfer wanderte, zieht

◀ Bozener Lauben (▶ MERIAN TopTen, S. 65)
mit Texelgruppe im Hintergrund.

er nun Tausende Besucher alljährlich ins **Archäologiemuseum** .
Kunst, Kultur und Kulinarik vereinen sich in Bozen aufs Beste.
Schlutzkrapfen und Speck, Äpfel, Wein und andere kulinarische Köstlichkeiten sind für alle gleichermaßen Anreiz: für die Reisenden von nördlich der Alpen ist es Genuss der berg- und bäuerlichen Küche, für die südlich von Südtirol stammenden Gäste ist es ein wenig Exotik im eigenen Land. Die Stadt hatte schon immer Lebensqualität, war immer reicher Handelsplatz. Mussten die Menschen früher ihre Stadt verlassen, um ihr Auskommen zu finden, eignet sie sich mehr und mehr sehr gut als Lebensmittelpunkt. Es gibt Arbeitsplätze, die Stadt prosperiert. Die Freie Universität unterrichtet in Deutsch, Italienisch und Englisch und zieht Studenten aus aller Herren Länder an.

ATTRAKTIVES UMLAND EINER INTERESSANTEN STADT

Wer einmal in Bozen war, wird sicher wiederkommen wollen. Allein, um die vielfältigen Attraktionen der Umgebung besser kennenzulernen. Das Sarntal, das noch urwüchsig und weniger touristisch erschlossen ist. Das berühmte Rosengartengebiet mit der hochattraktiven Seiser Alm und schließlich das Gebiet um den Schlern, der mit seiner markanten Silhouette das Wahrzeichen Südtirols ist.

BOZEN ⚑ G 6

Stadtplan ▶ S. 67
100 000 Einwohner

SEHENSWERTES

⭐ **Bozener Lauben**

Schmiedeeiserne Wappen oder moderne Leuchttafeln: Die Arkaden in der Laubengasse sind das Wahrzeichen der Landeshauptstadt. Im Herzen der Stadt spaziert man über rund 1000 Jahre Geschichte. Als Handelsstadt auf der Verbindungsstraße zwischen Süd- und Mitteleuropa wurde Bozen von einer selbstbewussten Kaufmannschaft geprägt. Die Trienter Bischöfe ließen im 12. Jh. die Lauben errichten und vermieteten sie in Messezeiten, dann siedelten sich Kaufleute dort fest an. Damals gab es auf der einen Seite die italienischen, auf der andren Straßenseite die deutschen Lauben. Heute spielt sich das tägliche Einkaufsleben hier ab. Edle Boutiquen und hübsche Läden, Cafés und Feinkostgeschäfte laden ein zum Flanieren und Shoppen.

Im Merkantilmuseum wird die Geschichte der Lauben ausführlich erklärt.

① Dom Maria Himmelfahrt

Der Dom zu Maria Himmelfahrt heißt im Volksmund der Stadtbewohner nur »Pfarrkirche«. Gut 500 Jahre alt ist das prächtige Bauwerk, das als wichtiges Zeugnis der Gotik im Alpenraum gilt. Er steht auf Resten einer frühchristlichen Kirche des 6. Jh. Auch das Innere zeigt Sehenswertes aus den verschiedenen Epochen der Kunstgeschichte. Wichtig für Südtirol ist das »Herz-Jesu-Bild« des Malers Carl Henrici. Die Tiroler gelobten 1796, alljährlich einen Festgottesdienst zu halten, als sie von der napoleonischen Armee bedrängt wurden.

Pfarrplatz 27 bzw. Waltherplatz | Mo–Sa 10–12, 14–17 Uhr

Gries   ▶ S. 67, westl. a 3

Heute ist es ein Stadtviertel von Bozen, bis 1925 war Gries eigenständig. Die Vergangenheit von Gries war geprägt vom Flair eines angesehenen Luftkurorts mit Villen, Parks, Gärten und Rebflächen. Es war Sommerfrischeziel für Christian Morgenstern, Gerhart Hauptmann oder Thomas Mann.

Die Guntschnapromenade ist schön anzuschauen, mit ihrer auffälligen mediterranen Flora. Zentrum ist der Grieser Platz, an den die Benediktinerabtei von Muri-Gries angrenzt. Wenige Schritte nördlich vom Grieser Platz steht die Alte Grieser Pfarrkirche, ein spätgotischer Bau aus dem beginnenden 15. Jh, der zwei außergewöhnliche Kunstschätze birgt: den Flügelaltar von Michael Pacher (1471–75) und das romanische Holzkruzifix aus dem 13. Jh. Der Pacher-Altar gilt als Kleinod unter den erhaltenen Beispielen gotischer Schnitzkunst.

Schloss Maretsch   ▶ S. 67, nördl. b 3

Die von Weinbergen umgebenen, mächtigen Schlossmauern liegen dicht an der Altstadt. Das Schloss ist heute Kongresszentrum, besichtigt werden kann es deshalb leider nur sehr selten. Doch der Blick von hier bietet eine bezaubernde Aussicht auf die Promenaden auf der einen Seite, den Rosengarten auf der anderen Seite und ist einer der sehenswertesten Aussichtspunkte der Stadt.

V. Claudia de' Medici 12 | www.maretsch.info

② Waltherplatz

Walther von der Vogelweide ist das Denkmal auf dem Waltherplatz gewidmet. Der mittelalterliche Minnesänger hätte ein Südtiroler sein können. Genaues weiß man bis heute nicht, möglicherweise ist er im bayerischen Passau geboren. Zu Beginn des 20. Jh. sammelte man für ein Denkmal des deutschen Dichters, weil man im aufkeimenden Nationalismus glaubte, in Bozen »als südlichster deutscher Stadt« so ein Symbol fürs Deutschsein zu brauchen. Nach der Machtübernahme der italienischen Faschisten 1935 wurde das Denkmal ins Abseits verbannt. 1985 dann konnte der steinerne Minnesänger wieder auf »seinen« Platz ziehen. Heute ist der Waltherplatz der größte und wichtigste der Stadt und bildet mit den umliegenden Straßen und Gassen das lebhafte Fußgängerzentrum der Altstadt.

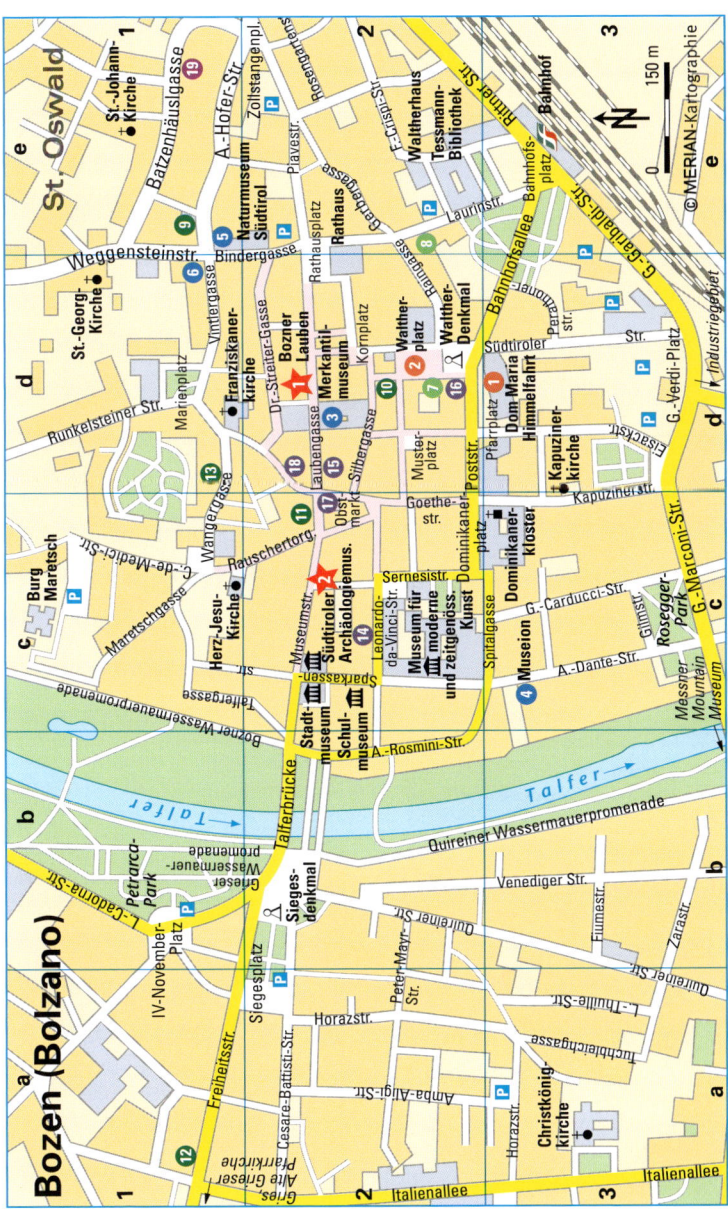

Bozen (Bolzano)

St. Oswald

© MERIAN-Kartographie

150 m

Bahnhof

St. Johann-Kirche

Batzenhäuslgasse

A.-Hofer-Str.

Zollstangenpl.

Rosengartenstr.

F.-Crispi-Str.

Walterhaus

Tessmann-Bibliothek

Rittner Str.

G.-Galilei-Str.

Industriegebiet

Weggensteinstr.

Bindergasse

Naturmuseum Südtirol

Rathaus

Rathausplatz

Gerbergasse

Bindergasse

Laurinstr.

Bahnhofsallee

Bahnhofs-platz

Parallelstr.

St.-Georg-Kirche

Vintlergasse

Franziskaner-Kirche

Bozner Lauben

Dr.-Streiter-Gasse

Merkantil-museum

Kornplatz

Walther-platz

Walther-Denkmal

Südtiroler Str.

Jauchstr.

Runkelsteiner Str.

Marienplatz

Laubengasse

Silbergasse

Muster-platz

Pfarrplatz

Dom Maria Himmelfahrt

G.-Verdi-Platz

Eisackstr.

Burg Maretsch

C.-de'-Medici-Str.

Wangergasse

Rauschertorg.

Obst-markt

Goethe-str.

Postistr.

Dominikaner-platz

Kapuziner-Kirche

Kapuzinerstr.

G.-Marconi-Str.

Maretschgasse

Herz-Jesu-Kirche

Museumstr.

Südtiroler Archäologiemus.

Sernesistr.

Leonardo-da-Vinci-Str.

Museum für moderne und zeitgenöss. Kunst

Dominikaner-Kloster

Spitalgasse

G.-Carducci-Str.

Museion

A.-Dante-Str.

Rosegger-str.

Glimstr.

Messner Mountain Museum

Stadt-museum

Schul-museum

Sparkassen-str.

A.-Rosmini-Str.

Bozner Wassermauerpromenade

Talfergasse

Talferbrücke

Talfer

Talfer

Quireiner Wassermauerpromenade

Grieser Wassermauer-promenade

Petrarca-Park

L.-Cadorna-Str.

Sieges-denkmal

Venediger Str.

Quireiner Str.

Flumstr.

Zarastr.

IV-November-Platz

Siegesplatz

Freiheitsstr.

Cesare-Battisti-Str.

Peter-Mayr-Str.

Horazstr.

Quireiner Str.

L.-Thuille-Str.

Buchbleichgasse

Grieser Pfarrkirche

Alte

Gries,

Amba-Alagi-Str.

Horazstr.

Christkönig-Kirche

Italienallee

Italienallee

19

9

5

6

13

18

11

17

15

3

1

10

7

16

2

8

4

14

2

12

1

MUSEEN UND GALERIEN

MUSEEN

❸ Merkantilmuseum

Der barocke Kaufmannspalast wurde im Jahr 1635 von Claudia de' Medici, der Landesfürstin von Tirol, errichtet. Die Fürstin entstammte der berühmten Florentiner Familie und heiratete ins österreichische erzherzogliche Haus. Früh Witwe geworden, übernahm sie die Regentschaft, expandierte und sorgte dafür, dass Bozens Kaufleute gesichert ihren Handel treiben konnten. Das Museum zeugt vom jahrhundertelangen blühenden Handelsleben der Stadt, unter anderem durch den prunkvollen Ehrensaal, das Kanzlerzimmer mit all seinen Originaleinrichtungen, die Dokumentensammlung, die Stoffmusterkollektionen, Münzen, Bilder und Teppiche. Sehenswert ist auch der Innenhof, der von der Laubengasse aus erreichbar ist (Eingang neben dem Geschäft der Südtiroler Werkstätten).

Laubengasse 39 bzw. Silbergasse 6 | www.bolzano.net/deutsch/merkantil museum.html | Mo–Sa 10–12.30 Uhr, nachmittags nach Anmeldung | Eintritt 4 €, erm. 2 €

»Messner Mountain Museum« Firmian im Schloss Sigmundskron

▶ S. 67, südl. a 1

Die Burg wurde im Spätmittelalter unter Kaiser Maximilian als Trutzburg gegen die venezianischen Gegner gebaut. Danach verfiel das Schloss, wurde dann im letzten Jahrhundert aber wieder von Bedeutung. Für die Geschichte der Autonomen Region Südirol ist es ein wichtiges Symbol, weil 1957 hier die große Kundgebung »Los

Die Brücke über die Talfer auf der Südseite des Museions (▶ S. 69) ist ein wesentlicher Bestandteil des Museumsgebäudes. Der Komplex wurde von Berliner Architekten konzipiert.

von Trient« startete, die Anstoß für die Bestrebungen nach Unabhängigkeit war und letztlich zur heutigen Autonomie führte.

Im herausragenden Museumsprojekt des Bergsteigers Reinhold Messner nimmt Schloss Sigmundskron sicherlich die Hauptrolle ein. Es thematisiert auf seinem Parcours über Wege, Treppen und Türme die Auseinandersetzung zwischen Mensch und Berg. Hier begegnet man Kunst, Installationen und Reliquien, ebenso der Geschichte des Bergsteigens und des alpinen Tourismus unserer Tage. Der Parcours wird jedes Jahr von einer Sonderausstellung ergänzt.

Sigmundskronerstr. 53 | www.messner-mountain-museum.it | 1. So im März bis 3. So im Nov., 10–18, letzter Einlass 17 Uhr, Do geschl. | Eintritt 9 €, Kinder 3 €

④ Museion

Allein die Architektur des Museion ist sehenswert. Das Gebäude hat eine transparente Fassade, die Stadt und Grün mit einer Brücke verbinden. Zur Nacht wird die Fassade zur leuchtenden Projektionsfläche für künstlerische Projektarbeiten.

Auf insgesamt sieben Ebenen wird zeitgenössische Kunst gezeigt. Das Erdgeschoss des Museion ist Treffpunkt und Informationszentrum für zeitgenössische Kultur in Bozen. Dort finden Podiumsdiskussionen und Symposien statt oder Buchvorstellungen und Weinverkostungen. Das Museion versteht sich als sehr lebendiges Museum und Kunstwerkstatt in einem.

Dantestr. 6 | www.museion.it | Di, Mi, Fr–So 10–18, Do 10–22 Uhr | Eintritt 6 €, erm. 3,50, bis 18 Jahre frei

⑤ Naturmuseum Südtirol

Hauptattraktion ist das Meerwasseraquarium und die Darstellung der Entstehung der Dolomiten aus dem Ozean. Die Dauerausstellung zeigt die biologische und geologische Entwicklung des Landes durch Rekonstruktionen, multimediale und interaktive Stationen.

Bindergasse 1 | www.naturmuseum.it | Di–So 10–18 Uhr | Eintritt 5 €, erm. 3,70 €, Kinder frei

⭐ Südtiroler Archäologiemuseum

Seit 1998 ist hier Ötzi zu sehen, der im Gletscher gefundene Steinzeitmann, samt Originalkleidung, Ausrüstungsgegenständen und dem einzigen erhaltenen urgeschichtlichen Beil. Das Museum dokumentiert die örtliche Geschichte von der Alt- über die Mittelsteinzeit bis zur karolingischen Zeit mit der Reproduktion der Fresken der Kirche von Mals. Rekonstruktionen und interaktive Multimediastationen machen die Ausstellung sensationell.

Museumstr. 43 | www.iceman.it | Di–So 10–18 Uhr, Juli, Aug. und Dez. tgl. | Eintritt 9 €, erm. 7 €, Kinder frei

GALERIEN

⑥ Foto Forum Galerie

Ausstellungen zur Kommunikation und künstlerischen Fotografie. Das Themenspektrum ist weit. Mal präsentiert eine Ausstellung Reiseerinnerungen mit Bildern, die zwischen 1920 und 1940 entstanden sind, mal eine Ausstellung mit Plakaten, Fotos und anderen Dokumenten zum Filmschaffen Mario Adorfs.

Weggensteinstr. 3 | www.foto-forum.it | Di–Fr 15–19, Sa 10–12 Uhr

ÜBERNACHTEN

7 Hotel Greif

Designhotel – 33 zeitgenössische Künstler aus Deutschland, Österreich, der Schweiz, Nord- und Mittelitalien sowie Japan sind die Meister der Kunst, denen der Besitzer Franz Staffler die Aufgabe erteilte, die Zimmer des Hotels neu zu erfinden. Sehens- und bewohnenswert!

Waltherplatz | Tel. 04 71 31 80 00 | www.greif.it | €€€€

Hotel Hanny ▶ S. 67, nördl. d 1

Familiär – Bequeme, ruhige Doppelzimmer, eingebettet in Weinberge und mit einer außerordentlichen Aussicht auf den Bozener Talkessel. 15 Gehminuten ist die Altstadt entfernt, die bequem über die Wassermauerpromenade entlang der Talfer erreichbar ist.

St. Peter 4 | Tel. 04 71 97 34 98 | www.hotelhanny.it | €€–€€€

8 Parkhotel Laurin

Unbestrittene Nr. 1 – Dieses Grandhotel liegt inmitten eines üppigen Parks. Salons und Mobiliar sind echter Jugendstil. Hier gibt es jeglichen Komfort und Luxus, den man sich wünschen mag. Und ein hervorragendes Restaurant.

Die Laurin Bar gehört mittlerweile zum Kulturgut der Bozener, sie ist Treffpunkt für Nachtschwärmer und Musikgenießer, wie etwa bei den legendären Jazzkonzerten jeden Freitagabend. Einzigartig ist auch das Design der Bar: Die Fresken wurden vom bekannten Jugendstilmaler Bruno Goldschmitt 1911 geschaffen.

Laurinstr. 4 | Tel. 04 71 31 10 00 | www.laurin.it | €€€–€€€€

ESSEN UND TRINKEN

RESTAURANTS

9 Batzen-Häusl

Über 600 Jahre Tradition – Ein Batzen, das waren vier Kreuzer. So viel kostete eine Maß, das war etwas mehr als ein Liter Wein. 1404, als das Haus entstand, waren die Wortwahl und die Währung eben noch anders. Begonnen hatte alles als Buschenschank. Dann wechselte auch das Getränk. Heute ist es ein zünftiges Wirtshaus mit Biermanufaktur.

Andreas-Hofer-Str. 30 | Tel. 04 71 05 09 50 | www.batzen.it

Restaurant Haselburg ▶ S. 67, westl. a 1

Ganz weit oben – Die Haselburg ist eine Halbruine über dem Bozener Stadtteil Haslach. Sie wurde Ende des 12. Jh. von den Herren von Haselberg errichtet. Hier gibt es traditionelle Gerichte mit frischen Ideen, es werden hauptsächlich saisonale und einheimische Produkte verwendet. Die Haselburg ist für ihren besonderen Zweigelt bekannt, der in der Bozener Szene immer beliebter wird. Die Skybar auf der Dachterrasse bietet einen spektakulären Blick über Bozen.

🕐 Ein Besuch der Skybar ist dank der tollen Aussicht besonders am Abend ein bezauberndes Erlebnis!

V. Castel Flavon 48 | Tel. 04 71 40 21 30 | www.haselburg.it | Di–Sa 12–14, 19–22.30, So 12–14 Uhr

CAFÉS

10 Bar im Hotel Città

Nobel und zentral – Auch wenn man das Città nicht als Unterkunft gewählt hat – man muss zumindest einmal im dazugehörigen Café gesessen haben.

Denn hier trifft man sie alle: die Damen aus der Bozener Gesellschaft beim Champagner nach dem Einkaufsbummel, den Geschäftsmann, der zwischen zwei Telefonaten einen Espresso macchiato kippt …

Der elliptische Spiegelsaal ist ein Ort mit entspannter Atmosphäre, wie sie eigentlich typisch für Wiener Cafés ist. Jeden Tag stehen über 70 Zeitungen in zehn verschiedenen Sprachen zur Verfügung.

Waltherplatz 21 | Tel. 04 71 97 52 21 | www.hotelcitta.info | €€€

11 Café Hofer

Älteste Zuckerbäckerei Südtirols – Seit 170 Jahren widmet sich Familie Hofer deliziösen Konditorei-Erzeugnissen. Wiener Mehlspeisen, Südtiroler Apfelstrudel, französische Macarons, Bozener Zelten … hier wird Leckeres hergestellt.

Museumsstr. 4 | www.konditoreihofer. com | Tel. 04 71 97 73 84 | Mo–Fr 7.30– 19.30, Sa 8–18 Uhr

12 Eiscafé Avalon

Italienweite Spitzenklasse – »Eiswerkstatt« nennt sich die Gelateria. Das, was hier zubereitet wird, ist mehr als köstlich. Der Eismacher Paolo Coletto weiß genau, woher die Zutaten stammen. Erdbeeren und Aprikosen aus dem Vinschgau, Heidelbeeren aus dem Pustertal, Haselnüsse aus dem Piemont. Außerdem gibt es besondere Kreationen, mit Rosenöl oder Ziegenmilch. In der Bestenliste gehört Avalon zu den Top 5 Italiens.

Freiheitsstr. 44 | Tel. 04 71 35 41 27 | www. officinadelgeloavalon.eu

Der richtige Südtiroler Apfelstrudel wird, wie hier im berühmten Café Hofer (▶ S. 71), mit Mürbteig hergestellt. Warm serviert mit Vanillesauce kann sich ihm wohl kaum jemand entziehen.

⑬ Pasticceria Karin

Himmel für Schleckermäuler – Marzipanherzentorten, Veilchentorten, Südtiroler Strudel – alles, was irgendwie gebacken werden kann, gibt es in der kleinen Konditorei. Ganz besonders sind die Kastanienherzen – die gibt es allerdings nur im Herbst, wenn die »Keschten« reif sind.

Wangergasse 47 | Tel. 04 71 97 87 22 | Mo–Fr 8–12.30, 15–19, Sa 8–13 Uhr

BUSCHENSCHANK

Steidlerhof ▶ S. 67, westl. a 1

Urig – An den sanften Hügeln von St. Magdalena thront der historische Steidlerhof. Hier wird der Weinanbau seit Generationen betrieben. Im Steidlerhof gibt es einen Buschenschank, der einlädt zum gemütlichen Beisammensitzen. Wann dieser geöffnet ist,

sollte man vorher aber am besten telefonisch erfragen.

Für Törggelen-Gäste gibt es auch Ferienwohnungen.

Obermagdalena 1 | Tel. 04 71 97 31 96 | www.steidlerhof.bz

EINKAUFEN

GESCHENKE

⑭ Carla Brunetti

Starker Schmuck in Ethno- und Retrostil kommt aus dem Atelier der Bozener Designerin. Bozen ist für sie der Ort, in dem deutsche, italienische und ladinische Kultur zusammenleben. Dies ist ein wichtiger Bestandteil von Brunettis Design, da sie die verschiedenen kulturellen Einflüsse der Region miteinander verknüpft. Auf jeden Fall ein Hingucker. Und man kann es sich auch noch leisten.

Wo der Champagner zu Hause ist: Das Luxuskaufhaus Thaler (▶ S. 73) präsentiert im 1. Stock die Welt des glamourösen Schaumweins, der an der Champagner Bar verkostet werden darf.

Leonardo-da-Vinci-Str. 3 | www.carla brunetti.it | Mo–Fr 9–12, 15–19, Sa 9.30–12.30 Uhr

KOSMETIK

⑮ Kosmetik Thaler

In edlem Ambiente entfaltet sich auf sieben Ebenen die exklusive Erlebniswelt der Schönheit, Kosmetik und Düfte, der Accessoires und Wohnkultur. Im Traditionshaus Thaler wird der Traum der Schönheit seit 1763 gelebt. Schönheit bedeutet hier auch Schönes für den Alltag: Kultige Einzelstücke und coole Taschen sind aus LKW-Planen, Autogurten, Fahrradschläuchen und sonstigen Materialien gefertigt. Und dann gibt es eine ganze Etage nur für Champagner: 185 Schaumweine von 55 ausgesuchten Kellereien in all ihren Facetten werden präsentiert.

Laubengasse 69 | www.thaler.bz.it | Mo–Fr 9–19, Sa 9–18 Uhr

KULINARISCHES

⑯ Loacker Moccaria ▶ S. 40

MÄRKTE

Manuart Kunsthandwerksmarkt

Wer gerne handwerklich gefertigte Produkte kauft oder sich von der förmlich in der Luft liegenden Kreativität inspirieren lässt, der ist genau richtig auf diesem Künstlermarkt, auf dem Waren aus allen nur denkbaren Materialien präsentiert werden.

Kornplatz | www.rassegnamercato artistico.com/manuart | jedes 1. Wochenende im Monat, 9–17 Uhr

⑰ Obstmarkt

Kunstvoll ist hier das Obst und Gemüse an den Ständen aufgetürmt. Der Obstmarkt oder Obstplatz ist eine breite Straße mit schönen Altbauten, die nach dem Abriss auf der Stadtmauer errichtet wurden. Je nach Jahreszeit werden nicht nur Obst, Gemüse, Käse, Wurst und Speck, sondern auch Brot, Blumen, Trockenfrüchte und gebratene Kastanien angeboten. Da läuft einem schon beim Einkaufen das Wasser im Mund zusammen.

Obstpl. | Mo–Fr 7–19, Sa 7–13 Uhr

MODE

⑱ Palais Moiré

Am Obstplatz öffnet sich eine Modewelt für die Diva in jeder Frau. Marmorboden, pompöse Leuchter, ein saalartiger Geschäftsraum – nicht nur die Mode ist hier sehenswert. Die edlen Stücke von bekannten Marken sind teilweise ziemlich verrückt designt.

Obstplatz 9 | www.moire-fashion.com | Mo–Sa 9–18 Uhr

Zilla ▶ S. 67, südwestl. a 3

Mybagismycastle – Sylvia Pichlers Motto spricht Bände. Die Taschendesignerin nutzt Materialien wie Putztücher, Luftfilter oder Latex. Irgendwie anders eben.

Edisonstr. 15 | www.zilla.it

SERVICE

AUSKUNFT

Verkehrsamt der Stadt Bozen

Reiseführer, Weingutführer, Kletterführer – die Website des Verkehrsamtes Bozen bietet eine Menge hervorragender mobiler Special-Interest-Führer via App. Download kostenlos unter www.bolzano-bozen.it/de/apps.htm

Waltherplatz 8 | www.bolzano-bozen.it | Mo–Fr 9–19, Sa 9.30–18 Uhr

FAHRRADVERLEIH

⑲ Bikeshop Engl

Wartung und Verleih von Fahrrädern.
Cavourstr. 20 | www.zweirad-engl.it |
Mo–Fr 8.30–12.15, 15–19, Sa 8.30–12.30 Uhr

Wollen Sie's wagen?

*Kohlern kommt von »colle«, Hügel.
Doch was so sanft klingt, ist in Wahr-
heit Bozens Hausberg, zu dem man
900 Höhenmeter hinauflaufen muss –
da ist man ganz schön außer Atem.
Oder aber man fährt mit der Seilbahn. Von Bozen aus führt die älteste
Seilbahn des Alpenraums hinauf, die
vor über 100 Jahren ein Bozener Gastwirt für seine Gäste erbauen ließ.
Der Kohlerer Aussichtsturm mit
120 Stufen ist es wert, erobert zu werden – wenn man schwindelfrei ist und
nicht die luftigen Stufen scheut. Man
überschaut von dort das ganze südliche Südtirol! Das Gasthaus Kohlern
ist übrigens ein guter Startpunkt
für zahlreiche Wanderungen.*
Gasthof Kohlern: Kohlern 11 | Tel.
04 71 32 99 78 | www.kohlern.
com | Di–So 11–18 Uhr
Kohlerer Seilbahn: www.kohlerer
bahn.it | tgl. halbstündl. 8–19 Uhr,
Fahrtdauer ca. 5 Min. | einfache
Fahrt 4 €, Hin- und Rückfahrt 6 €,
Kinder frei

Südtirol Rad Verleih ▶ S. 67, südwestl. a 3

Südtirolweiter Verleih, auch Einweg-
nutzung möglich.
Marco-Polo-Str., direkt am Bahnhof
Bozen Süd-Messe | www.suedtirol-rad.
com | tgl. 10–12.15, 13–19 Uhr

ÖFFENTLICHER NAHVERKEHR

Bolzano Bozen Card vereint zwei
Angebote: die unbegrenzte Fahrt mit
allen öffentlichen Verkehrsmitteln an
drei aufeinanderfolgenden Tagen sowie
jeweils einen Eintritt in neun Museen
in Bozen und rund 80 Museen und
Sammlungen in ganz Südtirol.
Erwachsene 28 €, Kinder 16 €

Ziele in der Umgebung

◎ **RITTEN**  G 5/6

Zwischen den Flüssen Eisack und Talfer erstreckt sich ein sonniges Hochplateau. »Wer Tirol mit einem Blick will
übersehen, der besteige diese Höhen«,
schrieb schon ein Gast um 1800. Das
schönste Panorama eröffnet sich hier
vom Peitlerkofel über die Geißler-
spitzen hin zum Schlern, weiter über
den Rosengarten zum Latemar bis zum
Schwarz- und Weißhorn.
Ein Ausflug auf das Rittner Horn ist ein
bleibendes Erlebnis. Erreichbar ist der
2260 m hohe Gipfel nach der Auffahrt
mit der Seilbahn Ritten von Bozen aus.
Talstation: Bozen | Rittnerstr. 12 | 6.30–
21 Uhr, Fahrtdauer 12 Min. | einfache
Fahrt 6 €, Hin- und Rückfahrt 10 €, Kinder frei
15 km nordöstl. von Bozen

SEHENSWERTES

Erdpyramiden

Von der Bergstation der Ritten-Seil-
bahn in Oberbozen führt ein alter Kar-
renweg als Teil eines der ca. 60 »Kaiser-
wege« aus rätischer und römischer Zeit
über den Ritten. Es geht bereits nach
kurzer Zeit steil bergab über Kieselstei-
ne zum Katzenbachtal, wo die schönsten der berühmten Rittner Erdpyramiden stehen.

Die Erdsäulen wachsen bis zu einer Höhe von 30 m aus dem Boden. Sie entstanden aus späteiszeitlichem Moränenlehm, der sowohl von dem großen Eisacktaler Hauptgletscher als auch von lokalen Nebengletschern hier aufgeschüttet und zurückgelassen wurde. In trockenem Zustand ist dieser Rittner Moränenlehm steinhart. Wenn es regnet, beginnt der Lehm zu fließen. Man sollte geeignetes Schuhwerk tragen. Der Weg ist sehr gut ausgeschildert.
www.ritten.com

MUSEEN UND GALERIEN

Plattner Bienenhof

Der Name des historischen Bauernhofs, urkundlich erstmals 1406 erwähnt, rührt daher, dass ein großer Porphyrfelsen, eine Felsplatte, dem Haus als Fundament dient. Diese Hofform wurde selten, seit mit der großen Pestepidemie im Jahre 1636–1638 viele Höfe abgebrannt wurden, als die Bauern merkten, dass ein zu enges Zusammenleben von Mensch und Tier der Verbreitung der Pest Vorschub leistete. Vielfältig und eindrucksvoll ist das dazugehörige Imkereimuseum.
Oberbozen/Ritten | Wolfsgruben 15 | www.museo-plattner.it | Ostern–Okt., tgl. 10–18 Uhr

EINKAUFEN

Kohl – Obsthof Troidner

Für Schleckermäuler ist es absolut nötig, hierhinzukommen: Auf etwa 900 m N.N. entsteht einer der besten Apfelsäfte der Region. Obwohl der Hof abgelegen liegt, ist er unter Saftfreunden bekannt. Denn die Bergapfelsäfte sind wahres Labsal und zu Recht oft ausgezeichnet mit Medaillen. Im Genussladen können die himmlischen Säfte degustiert und nebenbei kann in der kleinen Ausstellung allerhand Interessantes rund um den Apfel erfahren werden.
Unterinn am Ritten | Hauptstr. 35 | www.kohl.bz.it | Mo–Sa 8–18 Uhr

SERVICE

AUSKUNFT

Touristinformation Ritten

Ritten | Dorfstr. 5 | www.ritten.com

◉ SCHLOSS RUNKELSTEIN

Das Schloss, gelegen auf einem herrlichen Aussichtsfelsen, wird auch die Bilderburg genannt. Nicht nur, weil es als Kulisse für diverse Kinofilme herhielt, sondern vor allem, weil hier die schönsten Fresken im Alpenraum erhalten sind. Die Bauherren ließen die Wände mit Geschichten aus der Literatur ausmalen, wie Tristan und Isolde oder dem Ritter Garrel.
Das Schloss ist zu Fuß, mit dem Linienbus, dem BoBus oder mit einem kostenlosen Shuttle-Bus (ab März) vom Waltherplatz aus erreichbar.
St.-Anton-Str. 15 | www.runkelstein.info | Di–So 10–17 | Eintritt 8 €, erm. 5,50 €
3 km nördl. von Bozen

SARNTAL G 5

Dieses Tal ist eines der ursprünglicheren in Südtirol. Bis in die 1950er-Jahre war es gar nur mit dem Maultier zu erreichen. Viehwirtschaft prägt das Tal. Auch wenn die Zeiten neu sind, die Tradition lebt hier noch wirklich und nicht nur für Touristen. Bauernhäuser sind prächtig und innen kunstvoll ausgemalt. Der Hof Mair am Grafen z. B.

stammt von 1400, hat bemalte Fenster und Friese, zeigt Inschriften mit gotischen Buchstaben. Größter Ort ist Sarnthein, der in einer Senke voller Wälder und Weiden liegt. Die Pfarrkirche Maria Himmelfahrt ist 1211 erstmals erwähnt, aber man fand bei Ausgrabungen Reste bereits aus romanischer Zeit.

SEHENSWERTES

Burg Castel Reinegg

Auf einem Hügel oberhalb Sarnthein befindet sich Burg Reinegg. 1540 fand hier der letzte Hexenprozess statt, der für die Frauen auf dem Scheiterhaufen endete. Der Glaube, dass der Schlern der Sitz aller Hexen ist, liegt dem Umtreiben zugrunde. Gruselige Sagen gibt es bis heute. Die Burg selbst ist nicht zu besichtigen, sie ist in Privatbesitz.

Stoanerne Mandl

Einer der faszinierendsten Orte, mit unzähligen Sagen umwoben: Die Stoanernen Mandl stammen vielleicht aus keltischer Zeit und waren ein Kultplatz. Vielleicht haben auch Hexen die Mandl geschaffen. Der Legende nach sollen hier mittelalterliche Hexentreffen stattgefunden haben. Schenkt man überlieferten Gerichtsprotokollen aus dem Jahr 1540 Glauben, sind zwischen den Steinfiguren Hexentänze und Teufelsfeiern aufgeführt worden. Egal, was es war, der Ort wirkt irgendwie mystischzauberhaft und bietet vor allem eine fantastische Aussicht. Der Aufstieg ist ohne größere Umstände zu meistern. Vom Auener Hof führt der Weg Nr. 2 zur Auener Alm und zum Auenjoch. Dort geht es auf dem Pfad Nr. 5 weiter zum Ziel | Wegzeit einfach ca. 1,5 Std.

Auf dem Gipfelplateau des Schöneck, der »Großen Reisch«, trifft man auf über 100 teilweise mannshohe Türme aus Stein, die sogenannten Stoanernen Mandln (▶ S. 76).

Sagenweg 👣

Von Drei weißen Raben oder dem goldenen Kegelspiel – beim Sagenweg hoch über dem Dörflein Aberstückl handelt es sich um eine einmalige Erlebniswanderung vom Wippingerhof über den abenteuerlichen Weg der Sagbachschlucht bis hin zur Durr-Alm. Eltern und Kinder dürfen sich in Form eines Quiz mit neun Sagen auseinandersetzen. Die Sagenweg-Broschüre mit dem Quiz gibt es beim Einstieg am Wippingerhof oder im Tourismusbüro.

Aberstückl | reine Gehzeit: 45 Min., Höhenunterschied: 70 Hm

MUSEEN UND GALERIEN

Rohrerhaus

In diesem zum Museum umgebauten alten Bauernhaus mit alter Räucherküche und Brotofen lässt sich entdecken, wie einfach das Leben einmal war, obwohl es einst ein reicher Hof gewesen ist. Der Rohrerhof, erstmals erwähnt um 1288, galt früher als einer der größten Höfe des Tales. Befand er sich einst noch am Ortsrand, so steht er heute mitten in den Wohnsiedlungen von Sarnthein.

Sarnthein | Runggenerstr. 10 | www. rohrerhaus.it | Do 15–18, 20–22, Fr–So 15–18 Uhr

ÜBERNACHTEN

Garni Reischnhitt im Alpenwellness Eschgfeller ▸ S. 24

ESSEN UND TRINKEN

Restaurant Terra im Auener Hof

Ganz weit oben – Alles, was hier auf den Tisch kommt, ist hausgemacht. Die Küche des Gourmetchefs Heinrich Schneider ist modern und von subtiler Raffinesse. Die passenden Weine empfiehlt Sommelière Gisela Schneider, Schwester des Chefs. Besonders anspruchsvolle Gäste können den exklusiven Chiefs Table vormerken, der erste Tisch direkt vor dem Eingang zur Küche, an dem sie vom Chef persönlich bedient werden.

Ein Blickfang ist der begehbare Winecube, der an der Decke im Restaurant schwebt. Mundgeblasene Gläser, handgemachte Teller, alles ist mit Passion gemacht. Und das Sahnehäubchen: das atemberaubende Panorama der Dolomiten.

Auen 21 | Tel. 04 71 62 30 55 | www. auenerhof.it | Mo–Sa 19–21 Uhr | €€€–€€€€

Zum Hirschen

Seit Langem bewährt – Der Gasthof stammt aus dem 15. Jh., die getäfelte Stube ist sehenswert. Die Küche schmackhaft und traditionell.

Sarnthein | Reinegg-Weg 8 | Tel. 0 94 71 62 31 16 | €€

EINKAUFEN

Sarner Gschick

Fünf junge Handwerker – ein Drechsler, ein Weber, ein Schnitzer, ein Federkielsticker und ein Goldschmied – haben sich zusammengeschlossen, um heimische Waren aus örtlichen Rohstoffen anzubieten. Die Handwerker zeigen ihre Arbeit direkt an der Drehbank und am Spinnrad und fabrizieren Produkte wie alte Schlitten, Kraxen, Holzschüsseln und bestickte Brieftaschen. Die mit Federkiel kunstvoll bestickten Sarner Geldtaschen und Trachtengürtel sind weit über das Tal hinaus bekannt. Jeden Freitag im Juni, Juli und August ist Schautag.

Unterschiedliche Werkstätten in Sarnthein | www.sarner-gschick.com

Schokoladenmanufaktur Oberhöller

Naschenswert! Latschenkiefernadel-schokolade? Schüttelbrotschokolade? Anton Oberhöller, mehrfach prämierter Konditormeister, lebt für die Schokoladenherstellung. Die Zutaten stammen vor allem aus seiner Heimat Südtirol, wie etwa Schüttelbrot, Apfel und Latsche, die dann per Hand in die Schokolade eingearbeitet werden.

Sarnthein | Runggenerstr. | www.antonoberhoeller.it

SERVICE

AUSKUNFT

Tourismusverein

Sarntheim | Europastr. 15/Kirchplatz | www.sarntal.com

AKTIVITÄTEN

Große Hufeisentour

Rund um Sarnthein lassen Almwiesen und gemütliche Steige auch weniger ambitionierten Wanderern ihr Vergnügen. Die Umrundung des Sarntals auf der »Großen Hufeisentour« ist bergsteigerisch ein schlichtes Unterfangen. Kondition braucht man aber, es dauert etwa eine Woche – im Tourismusbüro gibt es dazu eine Hüttenliste für Übernachtungen.

SCHLERNGEBIET H/J 6

Der Naturpark Schlern-Rosengarten umfasst etwas über 6000 ha. Die drei Gemeinden Kastelruth, Völs am Schlern und Seis grenzen daran. Mit-

telpunkt des Naturparks ist der Gebirgsstock des Schlern. Ab Waldrand oberhalb von Seis und dem oberen Teil der Seiser Alm gibt es keine Erschließung, nur einige Schutz- und Almhütten. Das ganze Gebiet ist reich an Wasser und einer vielfältigen Flora und Fauna. Rehwild und Gämsen gibt es, aber auch das Schneehuhn, Murmeltiere, Hermeline und sogar den Steinadler. An den Naturpark grenzt das Landschaftsschutzgebiet der Seiser Alm.

Die Törggelebrücke galt einst als das Tor zum Schlerngebiet. 200 Jahre alt ist die vor wenigen Jahren sanierte Brücke, »1804« steht auf einem Balken. Als einstige Hauptverkehrsader waren die Einwohner hauptsächlich über sie mit der Außenwelt verbunden. Direkt neben der Brücke befand sich die Haltestelle der Brenner-Eisenbahnlinie. Holz aus dem Schlerngebiet und Gäste auf Sommerfrische wurden hierhertransportiert. Der Betrieb wurde in den 1970er-Jahren eingestellt. Wer heute in das Schlerngebiet fährt, der kann unter drei Hauptverkehrsadern wählen. Von Waidbruck oder von Blumau führt jeweils eine sehr gut ausgebaute Straße in das Gebiet am Fuße der Seiser Alm. Aber auch vom Grödnertal kann man über den Panider Sattel das Schlerngebiet mit dem Auto bequem erreichen.

ÜBERNACHTEN

Tierser Alpl

Bei den Murmeltieren – Die Schutzhütte liegt auf 2440 m inmitten des Naturschutzparks Schlern. Auf dem Weg vom Schlern zu Lang- und Plattkofel, von der Seiser Alm zum Rosen-

Günstig gelegen zwischen Schlern und Plattkofel, Seiser Alm und Rosengarten bietet die Tierser Alpl (▶ S. 78) in Mehrbettzimmern vielen Wanderern eine gemütliche Unterkunft.

garten, immer kommt man hier vorbei. Von der Seiser Alm bzw. Compatsch aus ist sie über die Mahlknechthütte gut zu erreichen. Um die Mahlknechthütte tummeln sich gern ganze Murmeltierherden. Oben gibt es deftige Hirtenmakkaroni – und zwar dann, wenn man ankommt. »Wannst oben bist, gibt's z'essen«, so der stete Spruch der sehr freundlichen Wirtsleute. Von hier aus startet man in die Klettersteige Maximilian und Laurenzi.

Kastelruth | Plojerweg 17 | Tel. 04 71 70 74 60 (Tal), 04 71 72 79 58 (Berg) | www. tierseralpl.com | Mitte Juni–Mitte Okt.

EINKAUFEN

MÄRKTE

Die Bauernmärkte in Kastelruth, Seis und Völs am Schlern bieten Gutes und Frisches direkt vom Bauernhof an: Obst und Gemüse, Kräuter, Freilandeier, Käse, Brot, Honig, Säfte und Sirupe – und einiges mehr. Gäste und Einheimische können allerlei Leckerbissen aus der bäuerlichen Küche kosten.

– Kastelruth | Dorfplatz | Fr ab 8 Uhr

– Seis | Oswald-von-Wolkenstein-Pl. | Di ab 8 Uhr

– Völs am Schlern | Dorfplatz | Sa ab 8 Uhr

KASTELRUTH H5
6500 Einwohner

Selbst Menschen, die volkstümliche Musik pauschal als volksdümmliche Musik verabscheuen: Den Namen des Ortes kennt man vom Volksmusik-Duo »Kastelruther Spatzen«. Kastelruth ist der größte Ort im Schlerngebiet und wirbt mit einem lebendigen Dorfleben, schmucken Häusern, dem dritthöchsten Kirchturm Südtirols und viel Charme. Ursprung des Dorfes sei bereits langobardisch-römisch, die Burg Kastelruth wurde wohl um 1200 errichtet.

Der Kastelruther-Spatzen-Laden ist für viele allerdings der anziehendste Punkt im Ort: Andenken, T-Shirts, CDs – für harte Fans ist hier einfach alles zu haben.

26 km nordöstl. von Bozen

MUSEEN UND GALERIEN

Bauernmuseum im Tschötscherhof

Der Ortsteil St. Oswald liegt wunderschön auf einer fruchtbaren Hochebene, die sich über den schroffen Abhängen zum Eisacktal ausbreitet. Am Tschötscherhof hat Michl Jaider ein nettes Museum geschaffen. Als er von seinem Vater den Hof mit dem anliegenden Gasthaus übernahm, war bereits die neue Zeit angebrochen. Traktoren ersetzten nun die Ochsenfuhrwerke, Mähmaschinen die handgeführten Sensen, die Kornfelder wichen der einträglicheren Milchwirtschaft. Natürlich war das »alte Zeug« nun im Weg. Im so entstandenen Museum ist es nun bestens aufgehoben.

St. Oswald 19 | www.tschoetscherhof. com | März–Nov. Do–Di 8–22 Uhr | Eintritt frei – Spende erbeten

Eine ganze Wand voll traditionellem Werkzeug für Holz- und Tischlerarbeiten ist im Bauernmuseum des Tschötscherhofs (▶ S. 80) zu entdecken – alles Originale vergangener Zeiten.

Schulmuseum Tagusens

Es war einmal ein einsamer Ort hoch in den Bergen. Die Kinder in dem einsamen Ort kannten sich, allein die Lehrperson wechselte Jahr für Jahr. Einrichtung und Lehrgegenstände wurden weniger abgenutzt als anderswo und blieben auf diese Weise erhalten. So werden wunderliche Sachen im kleinen, aber feinen Schulmuseum ausgestellt.

Tagusens 2, Alte Schule | www. seiser-alm.it/de/highlights/museen-ausstellungen/schulmuseum-tagusens. html | Ostern–Allerheiligen Mo, Mi, Fr 10–16 Uhr

ÜBERNACHTEN

Goldenes Rössl

Klein, aber fein – Das kleine Hotel ist seit 1326 auf dem Dorfplatz von Kastelruth. Die persönliche Note und Platz für höchstens 40 Gäste ist seine größte Stärke.

Krausplatz | Tel. 04 71 70 63 37 | www. cavalino.it | €€

Hof zu Fall

Urlaub auf dem Bauernhof – Im kleinen Weiler St. Valentin liegt der malerische und sonnige Bauernhof. Hier am Fuße des Schlern betreiben die Hofleute Landwirtschaft und vermieten Ferienwohnungen. Seit 2011 gehört auch eine eigene Käserei dazu – den Käse lohnt es sich unbedingt zu kosten!

St. Valentin 16/1 | Tel. 32 84 56 17 35 | www.hofzufall.com

ESSEN UND TRINKEN

Lafogler Hof

Knödel für jeden Geschmack – Im Ortsteil St. Oswald liegt dieser wahrlich traditionsreiche Bauernhof, dessen Grundmauern über 700 Jahre alt sind. Er liegt auf 750 m in äußerst ruhiger Lage. Am schönsten aber ist es beim Törggelen im dazugehörigen Buschenschank, wo Wein aus hauseigenen Trauben, hofeigene Produkte und selbst gemachte Säfte angeboten werden. Spezialität des Buschenschanks sind verschiedene Knödel, wie Kräuterknödel, Speckknödel, Leberknödel, Buchweizenknödel, Zwetschgen- und Marillenknödel sowie Schlutzkrapfen. Freilich gibt es hier auch Ferienwohnungen und eine eigene Almhütte auf der Seiser Alm, zu der man gemütlich hinaufwandern kann.

St. Oswald 15 | Tel. 04 71 70 66 24 | www. lafogl.com | Ostern–Ende Nov. | Mo geschl.

SERVICE

AUSKUNFT

Tourismusverein Schlern Kastelruth

Krausplatz 1 | Tel. 04 71 70 63 33 | www. kastelruth.com

SEIS AM SCHLERN H 5

1700 Einwohner

Das sonnige Bergdorf liegt, auf 1000 m Höhe, am Fuße des mächtigen Schlern. Umgeben von zahlreichen Wiesen und Wäldern ist der traditionsreiche Fremdenverkehrsort Ausgangspunkt der Panoramabahn zur Seiser Alm. Der Geologensteig, der bei den Heilquellen von Bad Ratzes im Schatten des Schlern auf die Seiser Alm hochsteigt, ist eine beliebte Wanderroute. Wer sich für Kultur interessiert, kann einige Kirchen und Burgen besichtigen.

🕐 Für kulinarische Genüsse sorgt das Mitte September stattfindende Strudel-

Mit ganzen 56 qkm – so viel wie 8000 Fußballfelder zusammen! – ist die Seiser Alm (▶ S. 83), die hier von Lang- und Plattkofel überragt wird, Europas größte Hochalm.

fest. An diesem Tag (genaues Datum bei der Touristinfo zu erfragen) steht Seis ganz im Zeichen des berühmten Südtiroler Strudels und präsentiert diesen in allen erdenklichen Variationen.
23 km nordöstl. von Bozen

SEHENSWERTES

Burg Hauenstein

Die Burg stammt aus dem 12. Jh. und liegt auf 1273 m, im Wald bei Seis am Schlern. Berühmtester Besitzer war der Minnesänger Oswald von Wolkenstein (1376–1445). Doch eigentlich ist er eher der erste Hausbesetzer, lange bevor es

den Begriff gab. Er erbte zu einem Drittel die Burg von seinem Großvater, da er aber die anderen Miterben nicht auszahlen konnte, besetzte er einfach die Burg. Schließlich hatte er gerade geheiratet und brauchte ein Heim. Es gab einen langjährigen Kampf, am Ende erhielt er sogar noch eine Entschädigung und es entstand das bekannte »Hauensteinlied« des Minnesängers. Im 17. Jh. verfiel die Burg jedoch zusehends. Heute befindet sich die Burgruine im Besitz der Diözese Bozen-Brixen. Bei Grabungen in den Jahren 1976–1977 wurden Überreste von Fresken, Bronzeschwerter und andere Gegenstände aus dem Mittelalter gefunden.

Die Burg ist von Seis aus in ca. 30 Min. leicht zu Fuß zu erreichen.

SEISER ALM J 6

Berühmt ist sie, und das zu Recht. Die Hochalm ist bestimmt eine der schönsten Landschaften Europas. Das sanfte, wellige Plateau mit vielen ausgedehnten Weiden und Wiesen wird von Schlern und den Rosszähnen überragt. Eine Wanderung von hier auf den Schlern gehört zu den Klassikern unter den Wanderwegen in Südtirol. Zum Greifen nah die Dolomiten – Rosengarten, Lang- und Plattkofel. Wanderwege durch Feuchtwiesen und Moore sind angenehm zu gehen. Schwaigen, so nennen sich hier die Almhütten, laden zur Brotzeit ein. Über Jahrhunderte wurde genau geregelt, wie die Bauern das Gebiet bewirtschaften durften. Die touristische Erschließung der Seiser Alm ist für das einmalige Naturgebiet ein Problem, das nicht nur eingefleischte Naturschützer aufregt. Auch wenn die Hochalm autofreie Zone ist, so wird für die fast 50 Gastbetriebe das Straßennetz ausgebaut.

Die Hochalm ist von St. Ulrich in Gröden oder von Seis am Schlern per Seilbahn zu erreichen. Auf der Seiser Alm gilt absolutes Autoverbot. Gäste, die hier wohnen, müssen mit dem Hotel die Anfahrtsmöglichkeit vorab klären. Die Hotelsiedlung Compatsch an der Bergstation der Seilbahn von Seis ist ein sehr touristischer, eher hässlicher Ort mit z. T. stillgelegten Parkplatzflächen, Banken und Imbissstuben am Westende der Seiser Alm. Sonst gibt es auf der Seiser Alm keine Siedlungen. Wer oben auf der Seiser Alm Ferien machen möchte, muss mit Compatsch leben. Es eignet sich vor allem für Wintersportfans, dann verwandelt sich die Hochalm in einen großen Wintersportpark für Langläufer, Schneeschuhgeher, Rodler und Skifahrer.

Seiseralmbahn | www.seiseralmbahn. it | tgl. 8–18 Uhr | einfache Fahrt 10 €, Berg/Tal 15 €, Kinder 6 € bzw. 8 €; es gibt Combitickets sowie Tickets für Fahrräder und Hunde (Maulkorbpflicht!)

34 km östl. von Bozen

ÜBERNACHTEN

Alpina Dolomites Lodge

Verwöhnt auf höchstem Niveau – Sehr edles, schönes und harmonisch in die sensible Umwelt eingepasstes Hotel. Höchste Kompetenz in den Bereichen Wellness, Gesundheit, Fitness und Beauty. Ein facettenreiches Angebot für Sportbegeisterte, Entspannungssuchende und Freunde von Freizeitaktivitäten – für alle Jahreszeiten.

Compatsch 62/3 | Tel. 04 71 79 60 04 | www.alpinadolomites.it | €€€€

Gasthof Frommer

Piste in greifbarer Nähe – Das Haus befindet sich an der Piste zum Spitzbühel. Schlichte, einfache Zimmer und Bushaltestelle direkt vor dem Haus.

Compatsch 4 | Tel. 04 71 72 79 17 | www.albergofrommer.com | €€

VÖLS AM SCHLERN H 6

3450 Einwohner

Abseits der Durchgangsstraße liegt das kleine, burgartige Dorf. Das Gemeindegebiet von Völs erstreckt sich von 315 m bis hinauf auf 2564 m N. N. und bietet mit Weinbergen und Almwiesen eine bunte Vegetation. Das Dorf selbst liegt auf 880 m am Fuß des Schlern und unweit der Seiser Alm. Es zeichnet sich durch sein mildes Klima und seine Tradition um das Heubad aus. Seit über 100 Jahren ist Völs am Schlern deshalb als Kurort beliebtes Reiseziel. Der Völser Weiher, ein Natursee mit erstaunlich warmem Wasser, zählt laut der italienischen Umweltorganisation Legambiente zu den saubersten und schönsten Badeseen Italiens.

16 km östl. von Bozen

SEHENSWERTES

Schloss Prösels

Die Renaissance-Schlossanlage ist bereits um 1200 erwähnt. Sie ist heute im Privatbesitz eines Kuratoriums, wurde neu renoviert und wird für Konzerte genutzt. Besonders sehenswert sind die Waffensammlung, die Pfeilerstube sowie die Burgkapelle zur hl. Anna. Vom Pulverturm der Residenz gibt es eine wunderbare Aussicht auf den Schlern.

www.schloss-proesels.it | Führungen Mai–Okt. So–Fr 10–16 Uhr | Eintritt 8 €, Kinder 4 €

ÜBERNACHTEN

Edelansitz Zimmerlehen 👫

Altehrwürdiges Gemäuer – Einst bischöfliches Zinslehen, ist der Zimmerlehenhof nun seit ca. 100 Jahren in Privatbesitz. Das architektonische Juwel wurde in den letzten Jahren sorgfältig renoviert und liegt sehr ruhig am Rande des Naturparks Schlern. Die vier unterschiedlich großen Ferienwohnungen sind zauberhaft ausgestattet und gut im alten Gemäuer integriert; für Kinder gibt es ein Spielzimmer

sowie einen Spielplatz im einladenden Innenhof.

Kuehbachweg 15 | Tel. 04 71 72 50 53 | www.zimmerlehen.it | €€

Heubad Biohotel

Wellness der besonderen Art – In Obervöls liegt dieses hübsche Hotel mit altbewährtem Heubad, mit dem die Hoteliersfamilie seit 1903 Erfahrung hat. Zu Beginn des 20. Jh. galt das Heubad als natürliche Kuranwendung bei Rheuma, Hüft- und Rückenschmerzen, Fettleibigkeit und allerlei anderer Zipperlein. Heute ist es nicht mehr Kuranwendung, aber als Wellness-Erlebnis eine gute Erfahrung. Die Hotelküche ist eine Symbiose aus Tiroler und mediterranen Gerichten. Die Zimmer sind bequem. Es gibt auch wirklich schöne, große Einzelzimmer zur Gartenseite, sie verfügen über eine kleine Dachterrasse.

Schlernstr. 13 | Tel. 04 71 72 50 20 | www.hotelheubad.com | €€–€€€

Hofer Alpl 🏔 H 6

Heimelig – Mitten im Naturpark Schlern-Rosengarten liegt dieses Hotel mit atemberaubender Aussicht auf die einzigartige Bergwelt. Es rentiert sich, hier nicht nur als Wanderer eine Rast einzulegen, sondern zu übernachten und mehrere Tagestouren zu unternehmen. Die Fichten- und Kiefernholzzimmer sind neu und gemütlich, man schläft auf kuscheligen Daunen mit rot-weiß kariertem Bezug oder Bergheusäcken. Das Frühstück ist der Wahnsinn, die Wirtsleut einfach lieb.

Ums 56 | Tel. 04 71 72 52 88 | www.hoferalpl.it | Mitte April–Anfang Nov. | €€

Das Kirchlein St. Konstantin in Völs am Schlern (▶ S. 83) aus dem 13. Jh. ist umgeben von sanften Hügeln, der schroff aufsteigende Schlern im Hintergrund wirkt so besonders kontrastreich.

EINKAUFEN

Goldschmiede Wallnöfer

Der Opal steht für Lebensfreude und Kreativität. Für diesen Stein, der durch sein schillerndes Farbenspiel besticht, eine Vorliebe. Aber die Familie verarbeitet auch andere Steine, auch selbst mitgebrachte, zu individuellen Schmuckstücken.

Dorfstr. 11 | www.goldschmiede-wallnoefer.com

Himbeeren vom Partschillerhof

Seit über 20 Jahren werden hier hauptsächlich Himbeeren angebaut; nach und nach kam weiteres Beerenobst, wie Johannisbeeren und Kiwi, hinzu. Seit 1997 wird der Hof biologisch bewirtschaftet.

Himbeersirup, -saft und -gelee werden gerne gekauft, aber vor allem der leicht scharfe Himbeersenf ist einfach der Wahnsinn!

Völserried 17 | www.partschillerhof.it

SERVICE

AUSKUNFT

Informationsbüro Völs am Schlern

Boznerstr. 4 | www.voels-am-schlern.com

BRIXEN UND EISACKTAL

Sterzing, Klausen und Ratschings – das am Brenner beginnende Eisacktal birgt viele attraktive Orte, auch die schöne Bischofsstadt Brixen gehört dazu. Auch landschaftlich ist zwischen Kastanienhainen und vergletscherten Dreitausendern viel Abwechslung geboten.

Der Eisack entspringt oben am Brenner, in 1990 m Höhe. »L'Isarco«, wie er auf Italienisch genannt wird, ist der zweitgrößte Fluss Südtirols. Das Eisacktal bildet zusammen mit dem Etschtal quasi das Gerüst Südtirols. Der Fluss mündet nach ca. 96 km südlich von Bozen in die Etsch. Zunächst fließt der Eisack durch das südliche Wipptal, vorbei an Sterzing, Brixen und Klausen. Sein Wasser wird für die Stromgewinnung aufgestaut. Etwas weiter flussabwärts, bei Klausen, sind noch drei typische bedachte Brücken zu sehen: die Törggelebrücke, die Atzwanger Brücke und die Steger Brücke.

Die Landschaft des Eisacktales ist voller Reize und spannender Gegensätze: Liebliches Gebirge mit sanften Weinbergen und Kastanienhainen wechselt sich ab mit bizarren Felstürmen und den vergletscherten Dreitausendern des Zillertaler und Stubaier Hauptkamms. Das Eisacktal war

◄ Die 1901 errichtete Jahrtausendsäule symbolisiert das 1000-jährige Bestehen Brixens.

Brixen und Eisacktal

Meran und Burggrafenamt

Schlanders und Vinschgau

Bruneck und Pustertal

Bozen und Umgebung

Unterland und Überetsch

schon immer ein Durchzugsgebiet und auch ein wichtiger Handelsweg und damit auch den Machtgelüsten unterschiedlicher Herren ausgeliefert. Römische Heere und Napoleons Truppen passierten das strategisch geschickt gelegene Tal genauso wie Pilger und Kreuzfahrer. Über den Eisack wurden somit nicht nur Waren geliefert, sondern auch Ideen und Kultur ausgetauscht.

GUT ERSCHLOSSENES STRASSENNETZ

Brixen ist bis heute ein wichtiges künstlerisches Zentrum Südtirols. Die Holzschnitzer des Grödnertals sind weltberühmt, das Tal gehört sicher zu den touristischen Highlights. Heute führen durchs Eisacktal die Brenner-Eisenbahnstrecke und die Brennerautobahn, hinunter nach Bozen. Von dieser Verkehrshauptschlagader aus führt ein gut ausgebautes Straßennetz ins Grödnertal, ins Ratschingstal und ins Villnösstal – früher durch ihre geografische Lage alle sehr isoliert. Sterzing und das umliegende Wipptal, wie der obere Teil des Eisacktals auch genannt wird, ist noch immer ein weniger berühmtes Ferienziel.

BRIXEN
⚑ J 4

Stadtplan ▶ S. 89
21 200 Einwohner

Brixen ist über 1000 Jahre alt und nimmt für sich in Anspruch, die älteste Stadt Tirols zu sein. Sie war Reisestation der Kaiser und jahrhundertelang eine einflussreiche, prunkvolle Bischofsstadt. Schon weit vor unserer Zeitrechnung wurde hier gesiedelt, das beweisen immer wieder Ausgrabungsfunde. Seit die Universitäten Bozen und Padua eine Zweigstelle in Brixen eröffneten, wird aus der behäbigen alten Stadt ein junger, lebhafter Ort mit abwechslungsreichem Alltag in der mittelalterlichen Altstadt, in den Laubengängen und netten Gässchen. Wer seinen Wanderurlaub in Brixen verbringt, hat alle Höhenstufen Südtirols um sich versammelt. Auf 500 m in der Talsohle, umgeben von Südtiroler Kulturlandschaft, wandert man zwischen Obstbäumen und Weinreben. Das Eisacktaler Mittelgebirge lockt mit vor allem im Herbst bezaubernden Kastanienhainen auf dem Kastanienweg oder anderen genussreichen Törggelewanderwegen. In Höhen ab 2000 m breiten sich Hochalmen wie die Rodenecker Alm aus sowie die sanften Kuppen der Plose. Man gewinnt auf Aussichtsplattformen besten Blick auf die schroffen Zinnen der Dolomiten.

SEHENSWERTES

1 Altstadt

Stufels ist der ursprüngliche Kern von Brixen. Bei Ausgrabungen wurden immer wieder Gefäße und Werkzeuge aus der Steinzeit gefunden. Die meisten Häuser in Stufels sind aufgrund ihres Alters und ihrer architektonischen Eigenheiten denkmalgeschützt. Jenseits des Eisacks liegt der Domplatz. Die beiden Türme der Domkirche Mariä Himmelfahrt sind das Wahrzeichen der Stadt. Ein beeindruckender Kunstschatz Südtirols ist der Kreuzgang. Er ist ein romanisches Bauwerk aus dem 14. Jh., die Gewölbe zieren gotische Wandmalereien mit Motiven aus dem Alten und Neuen Testament.

2 Fürstbischöfliche Hofburg

Aus der 1265 errichteten Wasserburg wurde im 16. Jh. eine der schmuckvollsten Renaissancebauten Tirols. Bis 1972 war die Hofburg der Sitz der Brixener Fürstbischöfe. Ein prächtiger Innenhof mit geschlossenen Barockfassaden im Osten und Westen, einem alten Burgtor und einem Marmorportal beeindrucken. Heute sind das Diözesanmuseum, das Krippenmuseum und das Diözesanarchiv darin untergebracht.

Hofburgplatz 2 | www.hofburg.it | Mitte März–Okt Di–So 10–17 Uhr, Ende Nov.–6. Jan. (nur Krippenmuseum) tgl. 14–17 Uhr; 24./25. Dez. geschl. | Eintritt 7 €, erm. 5 €

Kloster Neustift ▶ S. 89, nördl. a1

Im Jahr 1140 wurde der selige Hartmann, Propst des Augustiner Chorherrenstiftes Klosterneuburg bei Wien, zum Bischof von Brixen gewählt. Er war ein schlauer Mann, fürchtete den Widerstand der Stadt und gründete darum das Augustiner Chorherrenstift. Seit 1142 besteht es, idyllisch in den eigenen Weinbergen 3 km nördlich von Brixen gelegen. Der Grundstock der heutigen Anlage entstand nach einem Brand 1190 und wurde im 15. Jh. befestigt. Ab 1735 wurden die wichtigsten Gebäude barockisiert.

Die Klosteranlage gilt als die größte von ganz Tirol und ist sehr gut erhalten. Ein Besuch ist wie ein Spaziergang durch die wichtigsten Epochen der Kunstgeschichte. Führungen durch Stiftskirche, Kreuzgang, Pinakothek und Bibliothek geben Einblick in die spannende und bewegte Geschichte dieses Klosters. Der Besuch des erst kürzlich restaurierten Stiftsgartens gilt als Geheimtipp. Wirtschaftlich unabhängig machte das Kloster die Landwirtschaft und die Stiftskellerei. Die verschiedenen Produkte können im Stiftskeller verkostet und im Klosterladen erworben werden.

Vahrn | Stiftstr. 1 | www.kloster-neustift. it | Klosterbereich normalerweise immer offen; Führungen Mo–Sa 10–16, Nov.–April Sa nur bis 13 Uhr | Eintritt 6 €, erm. 3 €; Weinverkostung im Stiftskeller Mo–Sa 10–19 Uhr | Klosterladen Mo–Sa 9.15–18 Uhr

MUSEEN UND GALERIEN

3 Pharmaziemuseum

Hier geht es um den Fortschritt und Wandel der Arzneikunde in über 400 Jahren Pharmaziegeschichte. In vier Räumen werden besondere Ausstellungsstücke rund um die Arzneimittelherstellung gezeigt: Tablettenpressen, Zäpfchenformen, Pillenrechen und sonstige Gerätschaften aus der Geschichte der Pharmazie. So manch »Aha«-Erlebnis ist garantiert!

Adlerbrückengasse 4 | www.pharmazie museum.it | Sept.–Juni Di–Mi 14–18, Sa 11–16, Juli–Aug. Mo–Fr 14–18, Sa 11–16 Uhr | Eintritt 3,50 €

ÜBERNACHTEN

4 Goldener Adler

Gediegenes Stadthotel – Das erste Brixener Hotel wurde vor über 500 Jahren an der Adlerbrücke errichtet. Vieles ist über die Jahrhunderte erhalten geblieben, mehr noch ist an die heutige

© MERIAN-Kartographie

Zeit angepasst und mit modernem Zeitgeist inspiriert. Antiquitäten, alte Deckenvertäfelung, die Zimmer zum Teil mit Kochnische. Schöner Wellness-Bereich.

Adlerbrückengasse 9 | Tel. 04 72 20 06 21 | www.goldener-adler.com | 30 Zimmer | €€€–€€€€

5 Hotel Elephant ▶ S. 24

6 Hotel Pupp

Kleiner Luxus – Das Designhotel wurde erst 2011 mitten im Herzen der Stadt eröffnet. Jede der Juniorsuiten ist individuell gestaltet. Zimmer mit Whirlpool und Terrasse, zum Frühstück gibt es kleine Köstlichkeiten aus der eigenen Konditorei.

Altenmarktgasse 36 | Tel. 04 72 26 83 55 | www.small-luxury.it | 11 Suiten | €€€

ESSEN UND TRINKEN

RESTAURANTS

Brückenwirt ▶ S. 89, nördl. a 1

Vor den Klostertoren – Der Brückenwirt verdankt seinen Namen dem Eisack, der neben dem Haus vorbeifließt. Die historische Brücke zeugt von der Bedeutung des Hauses als Zollstation. Die Alttiroler Stube mit ihrem Kachelofen ist ein Juwel. Besonders zu empfehlen sind die Tiroler Vorspeisen.

Neustift | Stiftstr. 2 | Tel. 04 72 83 66 92 | www.hotel-brueckenwirt.com | €€

7 Fink

Nicht nur für Schleckermäuler – Seit über 100 Jahren eine bewährte Adresse der Südtiroler Küche, vor allem die eigene Konditorei verführt.

Kleine Lauben 4 | Tel. 04 72 83 48 83 | www.restaurant-fink.it | Do–Mo

In der Bibliothek des Klosters Neustift (▶ S. 88) werden rund 96 000 Bände aufbewahrt – ein wahrer Bücherschatz, der während der Säkularisation seiner wertvollsten Werke beraubt wurde.

8–23 (Café) bzw. 11–22 Uhr (warme Küche), Di abends und Mi geschl. │ €€

Huberhof ▶ S. 28

8 Künstlerstübele Finsterwirt

Brixener Institution – Im weinumrankten Innenhof speist es sich zauberhaft und der Chef Hermann Mayr zählt schon seit Langem zu den besten Köchen Südtirols. Hervorragende Weinauswahl.
Domgasse 3 │ Tel. 04 72 83 53 43 │ www. finsterwirt.com │ Di–Sa 11.45–14.15, 18.45–21.15 Uhr │ €€€

EINKAUFEN

9 Franzelli Feinkost

Lorenzo Franzelli hat seinen Laden mit Konfitüren, Saucen, Ölen, Trentiner und Südtiroler Weinen sowie Grappa vollgestellt. Es macht Spaß, durch die erlesene Auswahl zu stöbern und kleine neue kulinarische Schätze zu entdecken, z. B. den sehr seltenen Latschenkieferhonig aus dem Sarntal.
Bahnhofsstr. 4

SERVICE

AUSKUNFT

Tourismusbüro Brixen

Hier gibt es die Brixencard, die viele Eintritte und Tickets reduziert ermöglicht.
Regensburger Allee 9 │ www.brixen.org

AKTIVITÄTEN

Angelteich Untersee

Im Fischteich Untersee in Vahrn können auch ohne Fischereilizenz Regenbogenforellen, Barsche und Rotaugen gefischt werden. Tageskarten berechtigen zum Fang von bis zu sieben

Fischen. Auf dem Gelände befindet sich zudem eine kleine Aufzucht für marmorierte Forellen.
Angelruten und Köder sind in der Imbissstube erhältlich.
Vahrn │ Brennerstr. 125 │ März–Nov. tägl. 8.30–22 Uhr

Ziele in der Umgebung

◎ **BRENNERPASS**  H 1

44 km nördl. von Brixen

EINKAUFEN

Designer Outlet Brennero ▶ S. 39

◎ **KLAUSEN** H 4/5

5200 Einwohner

Das malerische Städtchen zieht sich lang gestreckt zwischen dem Burgfelsen von Säben und dem Eisack hin. Schon in vorchristlicher Zeit war der Säbener Berg von Klausen ein bedeutender Siedlungsplatz. Hier finden sich Gräber sowohl aus rätischer als auch germanischer Zeit.

Seit jeher hat Klausen Künstler und Dichter in seinen Bann gezogen, hier wurde gemalt, beschrieben und besungen. Schöne Fassaden reihen sich aneinander, schmal und bunt, überragt von gotischen Kirchen.

Traditionsreiche Gasthäuser haben hier schon vor Jahrhunderten berühmte Gäste beherbergt, führte doch lange Zeit die Straße vom Brenner in Richtung Süden mitten durch die Ortschaft. Auch Albrecht Dürer weilte bei seiner Italienreise 1494 in Klausen und skizzierte den Ort. Diese Skizze verarbeitete er später in seinem Kupferstich »Nemesis«, in dem die Panoramaansicht Klausen als Hintergrund dient.
12 km südl. von Brixen

SEHENSWERTES

Kloster Säben   H 4

Kloster Säben ist einer der ältesten Wallfahrtsorte ganz Tirols. Seit 1687 ist das Kloster eine Abtei für Benediktinerinnen. Die Schwestern leben in strenger Klausur, widmen sich dem Chorgebet und der häuslichen Arbeit, kümmern sich aber auch um Pilger. Auf dem Säbener Berg befinden sich vier Kirchen, die Heilig-Kreuz-Kirche, die Marienkapelle, die Klosterkirche und die Liebfrauenkirche, deren acht Marienleben-Bilder im Deckengemälde besonders sehenswert sind.

Säben ist nur zu Fuß erreichbar, für die letzten 100 m bergauf braucht man einigermaßen gute Kondition. Das Kloster selbst ist nicht zu besichtigen.

www.kgv-klausen.it | Führungen über Tourismusverein Klausen

ÜBERNACHTEN

Ansitz zum Steinbock

Geschichte, Kunst und Romantik – Als »Stainbock Wirtstavern« schon um 1750 bekannt, galt dieses romantische Haus mit seinen schlichten aber sehr edel wirkenden holzgetäfelten Stuben aus dem 16. Jh. schon jeher als ein Treffpunkt von Historie und Kunst. Andreas Hofer versammelte hier seine tapferen Mannen zu einer letzten Schlacht gegen die Franzosen. Viele Malereien und Reliquien aus jener Zeit sind heute noch erhalten.

Villanders | F.-v.-Defreggergasse 14 | Tel. 04 72 84 31 11 | www.zumsteinbock. com | €€€

Feldthurnerhof

Rundum verwöhnt – Wer sich hier niederlässt, genießt mit allen Sinnen: Das familiengeführte Hotel besitzt einen tollen Wellness-Bereich mit Pool, Biosauna und Kräuterdampfbad, die Küche ist hervorragend und von den Zimmern wie von der Sonnenterrasse aus bezaubert der direkte Blick auf die Geisler Spitzen.

Feldthurns | Guln 1 | Tel. 04 72 85 53 33 | www.feldthurnerhof.com | €€

ESSEN UND TRINKEN

Restaurant Turmwirt

Hervorragende Weinkarte – Im ehemaligen Geschichtsschreiberhaus ist seit Mitte des 19. Jh. ein veritables Gasthaus mit uriger Gaststube untergebracht. Eisacktaler Schlutzkrapfen oder Rote-Bete-Knödel mit Krensauce stehen auf der Speisekarte.

Gufidaun 50 | Tel. 04 72 84 40 01 | www. turmwirt-gufidaun.com | Fr–Di 12–14, 18–20.30 Uhr

Spaziergang durch Kastanienwälder   1

Ein Spaziergang durch die mächtigen Kastanienwälder erfüllt mit Kraft und guter Energie. Der Eisacktaler Keschtnweg ist in mehrere Abschnitte eingeteilt – der romantischste führt von Barbian bis über das Rittner Hochplateau und an St. Verena vorbei, von wo aus ein herrlicher Blick garantiert ist (▶ S. 12).

SERVICE

AUSKUNFT

Tourismusverein Klausen, Barbian, Feldthurns und Villanders

Marktplatz 1 | www.klausen.it

PLOSE J 4

Brixens Hausberg gibt Aussichtsgarantie auf gleich zwei Panoramahöhepunkte: auf das UNESCO-Weltnaturerbe Dolomiten und auf die schroffen Gipfel der Zillertaler und Sarntaler Alpen. Die Plose ist besonders wandlungsfähig. Im Sommer ist es ein angenehmer Wanderberg, der auch zum Mountainbiken einlädt, im Winter ein modernes Skigebiet. Mit 11 km gibt es hier die längste Talabfahrt Südtirols, die Trametsch. Besondern schön sind die gemütlichen Schutzhütten sowie Winterwanderwege.

10 km südöstl. von Brixen

ÜBERNACHTEN

Plosehütte

Ein gut markiertes Wegenetz erstreckt sich auf der Plose, auf dem Gipfel liegt die Plosehütte. Im Sommer ist sie besonders bei Wanderern des Dolomiten-Höhenwegs Nr. 2 beliebt, welcher in mehreren Etappen nach Feltre führt. Direkt am Weg gelegen, nutzen viele Wanderer die Übernachtungsmöglichkeit auf der Hütte. Übernachtung ist möglich im Lager und im Bettenzimmer und es wird Halbpension angeboten. Anmeldung erwünscht!

St. Andrä | www.plosehuette.com | €

STERZING G 2

6694 Einwohner

Mittelalterliche Erker und altehrwürdige Gemäuer geben dem Städtchen im oberen Eisacktal ein ganz besonderes Flair. Der historische Stadtkern gilt als eine der schönsten Einkaufsstraßen in ganz Europa. Aufgrund der Lage zwischen den Gebirgspässen Jaufen und Brenner sowie dem Penser Joch war Sterzing seit alters eine wichtige Handelsstadt. Silberfunde im Pflerscher- und Ridnauntal brachten schon früh Reichtum. Heute ist Sterzing wirtschaftliches Oberzentrum. Für Reisende ist sowohl der Winter als auch der Sommer verlockend. Zahlreiche Pisten und Loipen gibt es hier, für Bergsteiger bietet die Gletscherwelt der Zillertaler Alpen mit ihrem gut 3500 m hohen Hochfeiler sowohl einfache als auch anspruchsvolle Touren. Auch für passionierte Mountainbiker ist die Umgebung von Sterzing ein ideales Gebiet: Auf alten Militär- und Forststraßen können abwechslungsreiche Touren unternommen werden.

30 km nördl. von Brixen

SEHENSWERTES

Burg Reifenstein

Auf einem Felsenhügel südwestlich von Sterzing ragt die Burg hoch auf, mit richtiger Zugbrücke, Zinnen und Wehrgängen, Schießscharten und -fenstern. Über den tiefen Graben zwischen der Vor- und der Hauptburg führt heute noch eine historische Brücke. Mit Fallgitter, Folterkammer und Kellerverlies handelt es sich hier um eine waschechte Ritterburg. Besichtigung im Rahmen einer Führung.

Freienfeld | Führungen April–Okt. So–Fr 10.30, 14, 15 Uhr

Rathaus

Das stattliche Sterzinger Rathaus wurde in den Jahren 1468–1473 erbaut. Der markante Eckerker wurde 1524 eingefügt. Der gotische Ratssaal mit einfachem Wandgetäfel und Balkendecke gilt als der schönste in ganz Tirol. Das Rathaus verfügt über eine bemerkenswerte Kunstsammlung und kann auch besichtigt werden.

Neustadt 21 | www.sterzing.com | Mo–Do 8.15–12.30, 16–17, Fr 8.15–12.30; Innenhof Mo–Fr 8–18 Uhr

MUSEEN UND GALERIEN

Deutschhaus und Multschermuseum

Das im Jahr 1241 gegründete Hospiz wurde 1254 dem Deutschen Orden übergeben. Der Turm der dreiflügeligen Anlage stammt aus dem 14. Jh., der Westflügel mit Treppengiebel wurde im 15. Jh. errichtet. Das im Osttrakt gelegene Multschermuseum zeigt Teile des im 15. Jh. durch den Ulmer Meister Hans Multscher für die Pfarrkirche von Sterzing geschaffenen Altars mit den vier berühmten Altartafeln, die Szenen aus dem Marienleben sowie der Passion Christi zeigen. Dieser Altar wird als eines der Meisterwerke jener Epoche betrachtet. Auch das Stadtmuseum ist hier untergebracht.

Deutschhausstr. 11 | www.stiftung-deutschhaus.it | April–Okt. Di–Sa 9.30–12.30, 14–18 Uhr

ÜBERNACHTEN

Gratznhäusl beim Hotel Gassenhof

Rückzugsort – Es war einmal ein Holzhaus mit Kornkasten, der erstmals 1375 erwähnt wurde. Der steht noch immer im Ridnauntal, wenig entfernt vom Hotel Gassenhof. Das Haus wäre verfallen – jetzt hat die Gastgeberfamilie des Gassenhofs das vernachlässigte Kleinod neben ihrem Hotel gekauft und zu neuem Leben erweckt. Schnaps und Speck, Marmeladen und Honig

In der Gilfenklamm (▶ S. 95) führen Holztreppen und -brücken über tosende Wasserfälle. Bis zu 15 m tief hat sich hier das Wasser in den relativ weichen Marmor gebohrt.

können in den Stuben des Gratznhäusls verkostet und erstanden werden.

Im Obergeschoss des kulinarischen Refugiums sind exklusive Zimmer aus Naturholz, Stein und Glas entstanden. Ausgestattet mit einer Infrarotkabine und zum Teil mit einem originalen Holzofen sind diese ein außergewöhnlicher Rückzugsort. Natürlich dürfen der Wellness-Bereich des Hotels sowie alle weiteren Hoteleinrichtungen mitbenutzt werden. Im Weinkeller des Hotels liegen über 400 erstklassige Weine aus aller Welt und warten darauf, aufgemacht zu werden.

Ridnaun | Untere Gasse Nr. 13 | www. gassenhof.com | €€–€€€

Ralserhof

Ferien auf dem Bauernhof – Im Jahr 2004 wurde der Hof nach historischen Vorlagen neu erbaut und mit vier gemütlichen Ferienwohnungen ausgestattet. Markantes Wahrzeichen ist die kleine Kapelle direkt neben dem Wohngebäude aus dem 17. Jh. Wer mag, darf am Hof auch bei der Arbeit helfen. Im Winter ist es nicht weit zur Rodelbahn am Rosskopf.

Raminges 14 | Tel. 04 72 76 45 81 | www. ralserhof-sterzing.com | €€

ESSEN UND TRINKEN

Arbor ▶ S. 28

Pretzhof

Unvergleichlich gut – In einer stillen Ecke, am Eingang des bei Sterzing mündenden Pfitschertales, liegt der Weiler Tulfer und hoch oben liegt der Pretzhof. Er wird heute in neunter Generation von Familie Mair bewirtschaftet und ist einer der wenigen Erb-

höfe Südtirols. Im Wirtshaus wartet beste Küche auf den Gast.

Wiesen/Pfitsch | Tulfer 259 | Tel. 04 72 76 44 55 | www.pretzhof.com | €€€

SERVICE

AUSKUNFT

Tourismusverein Sterzing

Stadtplatz 3 | www.sterzing.com

AKTIVITÄTEN

Gilfenklamm und Ratschingstal

Das Ratschingstal westlich von Sterzing ist ein idyllisches Hochtal. Die malerische Naturlandschaft mit ihren ebenen Talsohlen, den leichten Hängen und liebevoll gepflegten Dörfern und Bauernhöfen ist bereits für sich allein höchst sehenswert.

Die Gilfenklamm ist eine erwanderbare Attraktion. Vom Dorf Stange führt ein beschilderter Weg am Bach Tal einwärts zum Mauthäuschen. Für die Wegepflege wird hier eine Gebühr erhoben. Am Eingang in die eigentliche Schlucht steigt der Weg an und führt zu einer ersten Aussichtsbrücke. In schwindelerregender Höhe geht es hoch über dem tosenden Bach durch die Gilfenklamm hinauf bis zu ihrem Ende und dann wieder im Waldbereich teilweise eben weiter zum Weiler und Gasthaus Jaufensteg an der Ratschinger Straße. Gehzeit einfach ca. eine Stunde.

Info im Touristbüro Ratschings: Gasteig | Jaufenstr. 1 | www.ratschings.info

◎ VILLNÖSSTAL

Das Tal zweigt zwischen Brixen und Klausen nach Osten ab. Auf der vorgelagerten Kuppe oberhalb des Tales thront Gufidaun mit der Burg Summersberg aus dem Jahr 1270. Die Straße unten im Tal führt zunächst durch eine tiefe Schlucht. Nach St. Peter öffnet sich das Tal; es wird breit und im Hintergrund erheben sich die weißen Kalkfelsen der Dolomiten: die Aferer Geisler im Nordosten und die Geislerspitzen im Südosten. St. Peter ist der Hauptort des Tales. Die letzte größere Ortschaft heißt St. Magdalena.

Hier im Vilnösstal verbrachte auch Reinhold Messner seine Kindheit und Jugend und erlernte seine ersten Kletterkünste, am Sass Rigais.

18 km südl. von Brixen

MUSEEN UND GALERIEN

Mineralienmuseum Teis

Die Sammlung des Mineraliensuchers Paul Fischnaller beinhaltet neben den berühmten Teiser Kugeln viele zauberhaften Bergkristalle und andere Mineralien aus den alpinen Klüften. Fischnaller bietet einmal wöchentlich Wanderungen an, bei denen man selbst nach Teiser Kugeln suchen darf.

Villnöss | Teiser Str. 12 | www.mineralienmuseum-teis.it | Ostern–Allerheiligen Di–Fr 10–12, 14–16, Sa, So 14–17 Uhr | Eintritt 5 €, Kinder 2 €

SERVICE

AUSKUNFT

Tourismusverein Villnösser Tal

Villnöss | St. Peter 11 | www.villnoess.com

GRÖDNERTAL   H/J 5

Berühmt ist das Grödnertal wegen seiner Lage, seiner Geschichte, seiner Möglichkeiten im Wintersport, seiner Berge, seiner Holzschnitzer, seiner Schönheit, aber auch wegen seiner Promis. Gröden gehört zum Skikarussell Sella Ronda. St. Ulrich, St. Christina und Wolkenstein – das sind die drei herausragenden Dörfer inmitten der berühmten Berglandschaft der Dolomiten. Während die Gebiete im Sommer zu Wander- und Alpintouren einladen, verzaubern sich die Almwiesen im Winter zu traumhaften Skipisten.

Gröden war bis vor 100 Jahren ein abgeschiedenes, schwer zugängliches Hochtal, und da die Winter lang waren, mussten sich seine Einwohner eine sinnvolle Beschäftigung suchen – so entstand hier die berühmte Holzschnitzerei. Seit etwa 1600 haben die Holzschnitzer des Tals die Winterabende damit verbracht, Haushaltsgerät und Herrgottsschnitzereien zu fertigen und im Frühjahr zu verkaufen. Aus dieser einstigen Not hat sich im Laufe der Zeit ein Kunsthandwerk entwickelt, dessen Produkte heute weit über die Grenzen hinaus bekannt sind.

ST. CHRISTINA J 5

1900 Einwohner

Der Ort, auf 1428 m Höhe gelegen, befindet sich im Herzen des Grödnertals. Hier befinden sich die Talstationen der Umlaufbahn Col Raiser und Monte Pana, die hinauf in die zauberhafte Bergwelt der Geisler und des Langkofels führen, die den Ort begrenzen. Auch die weltbekannte FIS-Weltcup-Piste Saslong ist hier zu finden. Außerdem verkehrt hier der Gardena Ronda Express.

Für Kulturinteressierte gibt es in St. Christina einiges zu entdecken. Dazu gehören die Pfarrkirche – ältestes Gotteshaus des Tals – und die Fischburg, ein Sommer- und Jagdschloss im Stil der Renaissance, ebenso wie die

Sonnenuhr auf dem Hochplateau Monte Pana. Außerdem steht hier die größte holzgeschnitzte Krippe der Welt. Künstler aus St. Christina haben die Krippenfiguren gänzlich mit der Hand geschnitzt. Diese wunderschöne und enorme Krippe ist das ganze Jahr lang im Sportcenter Iman (Dursanstr.) ausgestellt.

🕐 In der Vorweihnachtszeit ist der Besuch der Krippe, die dann vor der Pfarrkirche aufgebaut ist, natürlich besonders stimmungsvoll.

34 km südöstl. von Brixen

ÜBERNACHTEN

Hotel Diamant

Perfekte Lage – Nach einem anstrengenden Wander- oder Skitag sorgen anregende Bäder, Saunagänge und entspannende Massagen dafür, dass man wieder leuchtet. Außerdem gibt es gutes Essen und den passenden Wein.

Skasa Str. 1 | Tel. 04 71 79 67 80 | www. hoteldiamant.it | €€–€€€

Winterfreuden am Lagazuoi

Von Kolfuschg aus lässt es sich im Winter bequem ins Skikarussell um die Sella Ronda einsteigen. Freilich übertritt man dann schon die Grenze ins Veneto – aber es rentiert sich. Denn am allerallerallerschönsten ist es im Winter, den Lagazuoi hinabzuschwingen. An den Wänden klirren die Eiszapfen, dazwischen Einkehrschwung in uriger Hütte und am Ende wird man per Pferdekutsche wieder nach Kolfuschg gezogen. Herrlich (▶ S. 12).

Pension Ciamp

Familiär – Das Haus befindet sich in sonniger und ruhiger Lage am Südhang von St. Christina, mit wunderschönem Ausblick auf die Langkofelgruppe, nur wenige Gehminuten vom Ortszentrum.

Es gibt einen kostenlosen Shuttle-Service zu den Aufstiegsanlagen der Sella Ronda.

Val Str. 5 | Tel. 04 71 79 21 03 | www. ciamp.com | €–€€

SERVICE

AUSKUNFT

Gröden Marketing

Dursanstr. 80 | www.valgardena.it

ST. ULRICH 🏔 J 5

4560 Einwohner

Auf 1236 m Höhe liegt der Hauptort des Grödnertals, der vermutlich antike Ursprünge hat und über viele Jahrhunderte Handelsplatz gewesen ist. Von hier führen Seilbahnen zur Seceda und auf die Seiser Alm.

Abgesehen von seiner guten Ausgangslage für Sportbegeisterte besitzt der Ort schöne Boutiquen und Souvenirläden in den malerischen Gassen.

30 km südöstl. von Brixen

MUSEEN UND GALERIEN

MUSEEN

Museum Gröden/Museum Gherdëina

Das Museum in der »Cesa di Ladins«, dem Haus der Ladinischen Sprache und Kultur, besitzt zahlreiche Grödner Holzschnitzereien vom 17.–20. Jh. sowie eine beeindruckende Sammlung alten Grödner Holzspielzeugs. Bekannt ist das Museum auch wegen des

Archivs für den Nachlass der Film- und Bergsteigerlegende Luis Trenker, der aus dem Grödnertal stammt.

Rezia Str. 83 | www.museumgherdeina. it | Mo–Fr 10–12, 14–18 Uhr | Eintritt 7 €, erm. 4,50 €, Kinder frei

GALERIEN
Kunstgalerie Unika

Vor 20 Jahren haben sich ca. 40 Grödner Künstler und Kunsthandwerker zur Vermarktung ihrer handwerklich gefertigten Einzelstücke zusammengeschlossen – »Unika« war geboren. In der Kunstgalerie am Ortseingang zeigen sie auf 500 qm ihre Werke, alles echte Unikate. Es finden täglich Schnitzvorführungen und andere abwechslungsreiche Veranstaltungen statt.

Arnaria Str. 9 | Typak-Center | www. unika.org | Mo–Sa 10–12, 14–19 Uhr | Eintritt frei

ÜBERNACHTEN
Adler Dolomiti 👫

Beeindruckende Pool-Landschaft! – Einst ein einfacher Gasthof, trifft man hier heute auf ein Luxus- und Wellness-Resort, das einen märchenhaften Urlaub garantiert. Zimmer und Küche stehen dem Wellness-Bereich um nichts nach. Mit Kinderbetreuung.

Rezia Str. 7 | Tel. 04 71 77 50 01 | www. adler-dolomiti.com | €€€–€€€€

ESSEN UND TRINKEN
RESTAURANTS
Seceda Curona Hütte

Dolomitenidylle – Auf 2175 m Höhe oberhalb St. Ulrich liegt die beliebte Almhütte. Im Winter ist die Curona Hütte direkt an der Seceda Skipiste, der »Longia«, nach St. Ulrich/Fumes gelegen. Im Sommer ist sie von der Seceda Bergstation in einer knappen halben Stunde und von der Bergstation der Col Raiser Bahn in einer Stunde zu Fuß zu erreichen.

Genuss ist bei typisch Südtiroler Küche und selbst gemachten Kuchen garantiert.

Seceda im Grödnertal | Tel. 03 39 52 08 704 | www.curona.it | tgl. von früh bis spät geöffnet | €

Uridl

Italien-mediterran-tirolerisch – In der urigen Bauernstube und im kleinen Künstlerstüberl wird man herzlich bedient. Das Gebäude aus dem 17. Jh. befindet sich im historischen Ortsteil von St. Christina und ist eines der ältesten Gasthöfe des Tales.

Chemun Str. 43 | Tel. 04 71 79 32 15 | www.uridl.it | €€

CAFÉS UND BÄCKEREIEN
Konditorei Perathoner

Es strudelt! – Vor dem Dorfeingang, unten am Bach, liegt ruhig die Konditorei mit hübscher Terrasse. Der Radweg führt direkt daran vorbei und auch für Wanderer ist sie perfekt gelegen. Nebenan rauscht das Wasser, aus der Backstube strömt der unverkennbar gute Duft frischer Backwaren. Schnell einen Apfelstrudel bestellen und die warme Sonne genießen!

Str. Mulin da Coi 21 | Tel. 04 71 79 05 35 | www.strudel.bz | Mo–Sa 8–12.30, So 8–12, Mitte Juni–Sept. Mo–Sa auch nachmittags 15–19.30 Uhr | €

EINKAUFEN
Holzschnitzerei Moroder ▶ S. 40

Kunstschnitzer Conrad Moroder (▶ S. 40) gehört zu den 14 Meisterbetrieben, die unter der Marke »Gardena Art« garantiert handgeschnitzte Kunstwerke aus dem Grödnertal anbieten.

WOLKENSTEIN   J/K 5

2700 Einwohner

Der bedeutendste Wintersportort in Gröden liegt auf 1564 m Höhe. Der Naturpark Puez Geisler, die Berge Stevia, Chedul und die Tschierspitzen rundherum sind echte Naturhighlights. Abgesehen von den wunderbaren Skigebieten gibt es unzählige Wander- und Klettermöglichkeiten. Und natürlich hat auch Wolkenstein Historie zu bieten: Die Pfarrkirche Maria Hilf, die Bergopfer-Gedächtniskapelle und die kleine Sylvesterkapelle im Langental.

38 km südöstl. von Brixen

ESSEN UND TRINKEN
Comici Hütte

Schicke Kräuter – Die am Langkofel auf 2154 m Höhe gelegene Hütte lässt Feinschmecker- und Bergsteigerherzen höher schlagen. Die Produkte wie Fisch und Wein kommen direkt aus der eigenen Landwirtschaft. Man kann auf der Naturonda zur Hütte wandern, entlang welcher auf Infotafeln Fauna und Flora der Dolomiten erläutert und so manches Geheimnis der heimischen Alpenkräuter gelüftet wird.

Plan de Gralba 24 | Tel. 04 71 79 41 21 | www.rifugiocomici.com | tgl. 9–18 Uhr

BRUNECK UND PUSTERTAL

Sport- und Freizeitmöglichkeiten gibt es im Pustertal in Hülle und Fülle, dank der landschaftlichen Unterschiede ist für jeden etwas dabei. Und Bruneck, Hauptort des Tals, macht mit seiner großen kulturellen Vielfalt das touristische Angebot wunderbar komplett.

Der Osten Südtirols ist geprägt durch das Pustertal und die Stadt Bruneck, die geografisch, wirtschaftlich und kulturell das Zentrum des Tals darstellt. Einige Historiker aus dem 18. Jh. kamen zu der Annahme, das Wort Pustertal leite sich aus dem slawischen Wort »pust« für öde, unfruchtbar ab. Andere Experten dieser Zeit wiederum verwerfen diese Annahme mit dem Hinweis, bei der Besiedlung Südtirols seien die Slawen niemals so weit gekommen.

Eigentlich ist es gleich, wer dem Tal jetzt seinen Namen gegeben hat, denn eins ist es bestimmt nicht – öde und unfruchtbar. Im Gegenteil: Sanfte Wiesenhügel schwingen sich im Unteren Pustertal über weite Landschaften, nur unterbrochen durch spitze Kirchtürme, kleine Scheunen auf den saftigen Weiden und darauf die typisch eisgrauen Kühe, das Südtiroler Grauvieh.

◄ Die Häuser entlang Brunecks Stadtgasse haben ganz unterschiedliche Giebel.

Im Oberen Pustertal begrenzen im Süden die schroffen Sextner Dolomiten den Blick, darunter die berühmten Drei Zinnen und der beliebte Berg mit dem flachen kahlen »Schädel«, der Kronplatz. Beide laden Wanderer und Kletterer zu mitunter durchaus anspruchsvollen Touren ein und zumindest bei der Drei-Zinnen-Tour muss schon mal die ein oder andere fast ein Meter hohe Felsstufe überklettert werden. Die Große Zinne misst immerhin 2999 m und gehört damit schon zu den Großen Nordwänden der Alpen.

BERGE FÜR FAMILIEN UND PROFIKLETTERER

Der Kronplatz ist mit seinen 2275 m ein wesentlich sanfterer und gerundeter Berg, der winters wie sommers mit vielen Seilbahnen auch Familien zu leichten Wanderungen, zum Rodeln und zum Skifahren einlädt. Auf seinem Gipfel ertönt jeden Mittag um Punkt 12 Uhr die Concordia 2000 – eine mächtige Glocke, die im Sommer 2003 zum 25-jährigen Bestehen des Ski- und Wandergebietes aufgestellt wurde. Der Kronplatz ist natürlich auch der Hausberg der Stadt Bruneck, die zu seinen Füßen liegt.

BRUNECK ⚑ L 3

Stadtplan ▶ S. 103
15 823 Einwohner

Bruneck ist der Hauptort des Pustertals und wahrlich ein Städtchen zum Verlieben. Im Jahr 1256 wurde Bruneck zum ersten Mal urkundlich erwähnt, entsprechend spätmittelalterlich ist das Stadtbild. Gegründet wurde Bruneck von Bischof Bruno von Kirchberg, der der damaligen Ansiedlung seinen Namen gab. Damit ist sie die einzige Stadt Südtirols, die leicht abgewandelt den Namen ihres Gründers trägt; sein Bildnis ist im Florianitor zu sehen.
Die Brunecker Altstadt wird malerisch von der Rienz umflossen, vier historische Stadttore führen in den Ort hinein. Das Ragentor, das Ursulinentor, das Rienztor und das bereits erwähnte Florianitor sind wunderschön mit reichhaltigen Fresken verziert.
Die Häuser sind größtenteils hoch gebaute, ehemalige Patrizierhäuser, bunt bemalt und mit verschiedenartigen Giebeln und Zinnen verziert. Oben befinden sich Wohnungen und unten haben Gastronomen und Geschäftsleute Restaurants, Cafés und kleine Läden eröffnet. Ein Einkaufsbummel in der fünftgrößten Stadt Südtirols ist ein Vergnügen. Abends laden gemütliche Wirtshäuser in den schmalen Gassen zum Vesperschmaus ein.

🕐 Wenn von Ende November bis
6. Januar die Altstadt von den Lichter-
ketten des Christkindlmarkts beleuchtet
wird und Duft von Glühmost durch die
Gassen zieht, ist Bruneck zweifellos
gleich noch mal so schön.

SEHENSWERTES

❶ Pfarrkirche

Mitten in der Stadt erheben sich zwei
prächtige Kirchtürme mit einem Mit-
telgiebel. Sie gehören zur Pfarrkirche, erbaut im 19. Jh. im romanischen
Stil. In der Giebelmitte befindet sich
die 4 m hohe Statue der Jungfrau Maria
Immaculata des Meraner Bildhauers
Franz Pendl. Innen kann man das
wertvolle Kruzifix vom Südtiroler
Künstler Michael Pacher betrachten,
der im ganzen Land in den Kirchen
gotische Meisterwerke hinterließ. In
der Pfarrkirche steht auch die größte
Orgel Südtirols, die Mathis-Orgel.

❷ Schloss Bruneck

Wann immer man sich auf den Plätzen
von Bruneck umdreht, fällt einem hoch
über der Stadt thronend das Schloss
ins Auge, umgeben von einer trutzigen
hellen Wehrmauer mit Wachturm,
zahlreichen Zinnen und Schießscharten, bestens erhalten – als ob es noch
immer über Wohl und Wehe ihrer Bürger unten im Tal wachen müsste.
Bischof Bruno von Kirchberg ließ um
1250 zunächst nur das Schlossgebäude
zum Schutz vor Raubrittern errichten,
also noch vor Baubeginn der Stadt
Bruneck. Der Kirchenmann hatte allen
Grund, sich gegen Feinde abzusichern:
Nach dem Tod des letzten Staufer-
kaisers, Kaiser Friedrich II., begann-
nen mächtige Territorialfürsten, den

Bischöfen, die in Schlössern und Burgen residierten, das Leben schwer zu
machen. Man trachtete nach ihrem
Besitz und nahm diesen per Überfall
gewaltsam an sich.
Die bischöflichen Nachfolger Brunos
umgaben Schloss Bruneck deshalb im
14. Jh. mit der Wehrmauer. In den folgenden Jahrhunderten wurde die Burg
immer mehr ausgebaut und befestigt.
Wahrscheinlich deshalb konnte das
Schloss von Feinden, welcher Art auch
immer, in dieser unruhigen Zeit niemals eingenommen werden.
Um 1900 herum wurde das Gebäude
weitgehend renoviert. Nach einigem
Besitzerwechsel wurde es von der Stif-
tung Südtiroler Sparkasse gekauft und
der Gemeinde Bruneck zur Nutzung
überlassen. Diese wiederum übertrug
es dem Extrembergsteiger Reinhold
Messner, der dort im Juli 2011 sein
fünftes Bergmuseum, das MMM Ripa,
eröffnete.

❸ Spitalkirche

Eine weitere sehenswerte Kirche ist
die Spitalkirche, auch Hl.-Geist-Kirche
genannt, die Mitte des 14. Jh. gebaut
wurde. Die Barockkirche verzaubert
durch ihren ausschließlich weißen und
goldenen Innenraum. Am Hauptaltar
fasziniert die barocke Taufe-Christi-
Darstellung vom Südtiroler Maler
Franz Unterberger aus dem 18. Jh.
Stuckstraße

MUSEEN UND GALERIEN

❹ Messner Mountain Museum »MMM Ripa«

Der Extrembergsteiger hat sein fünftes
Bergmuseum den verschiedenen Bergvölkern auf der Erde gewidmet. Das

Wort »Ri« bedeutet Berg, »Pa« bedeutet der Mensch, daher der Name des Museums. Messner selbst lebte zehn Jahre mit einigen Bergvölkern und lernte sie kennen. Hier möchte er dem Museumsbesucher unter anderem die Lebensumgebung der Sherpas, Indios, Tibeter, Mongolen oder der Hunza in Pakistan nahebringen. Insgesamt werden 25 Bergvölker vorgestellt.

Schlossweg 2 | www.messner-mountain-museum.it | 2. So im Mai–1. Nov. 10–18, 26. Dez.–25. April 12–18 Uhr, letzter Einlass 17 Uhr, Di geschl. | Eintritt 8 €, erm. 6 €, Kinder 3 €

5 Stadtmuseum für Grafik

1995 vom Museumsverein Bruneck in den ehemaligen Postställen eröffnet, liegt es zentral mitten in der Stadt. Ge-

zeigt werden in fünf bis sieben Ausstellungen jährlich regionale, nationale und internationale Kunst in Grafik, Malerei, Bildhauerei und Fotografie. Außerdem hat das Museum die Bestände des ehemaligen Brunecker Heimatmuseums übernommen und zeigt u. a. den spätgotischen Flügelaltar von Simon und Veit von Taisten, Werke des Altarbaumeisters, Malers und Bildhauers Michael Pacher, seinem vermutlichen Verwandten Friedrich Pacher sowie Paul Troger und von Uttenheim. Neben den Ausstellungen finden in der hauseigenen Grafikwerkstatt Kurse und Workshops für Kinder und Erwachsene statt.

Bruder Willram Str. 1a │ www.stadtmuseum-bruneck.it │ Sept.–Juni Di–Fr 15–18, Sa, So 10–12 Uhr, Juli, Aug. Di–So 10–12, 15–18 Uhr │ Eintritt 2,50 €, Kinder frei

Südtiroler Landesmuseum für Völkerkunde 👫 ▶ S. 103, südl. a 1

Nur etwa 30 Gehminuten von Bruneck entfernt, im Nebenörtchen Dietenheim, ist das Südtiroler Landesmuseum für Völkerkunde. Mittelpunkt des Museums ist das Herrenhaus der Familie von Sternbach, das Ende des 17. Jh. erbaut wurde. Der Gutshof zeigt die alte Gesindestube, eine Pfeifen-, Trachten- und Zithersammlung, alte Küchenutensilien und den Hausaltar in der Kapelle der Familie. In den Wirtschaftsgebäuden werden alte landwirtschaftliche Geräte sowie die Arbeitsstätten eines Schusters, des Gerbers und des Zimmermanns ausgestellt. Auf dem Gelände des Freilichtmuseums sind Gegenstände aus dem Alltag der Bauern, der Handwerker und der Tagelöhner vom 15.–19. Jh. zu sehen. Im

Gesindestube des barocken Ansitzes Mair am Hof, der um 1700 von der Familie von Sternbach, einem Tiroler Adelsgeschlecht, erbaut wurde und heute Teil des Landesmuseums (▶ S. 104) ist.

neuen Bienenhaus ist eine interessante Ausstellung rund um die Imkerei und Bienenprodukte zu sehen, für Kinder gibt es einen Rätselparcours. Im Freigelände werden richtige Haus- und Nutztiere gehalten – für Kinder eine schöne Attraktion.

Dietenheim | Herzog-Diet-Str. 24 | www.volkskundemuseum.it | Ostermontag–Okt. Di–Sa 10–17, So und feiertags 14–18 Uhr | Eintritt 6 €, erm. 4,50 €, Familienkarte 12 €

ÜBERNACHTEN

Berggasthof Häusler ▶ S. 103, nördl. a 1

Unkomplizierte Gastlichkeit – Fünf Autominuten von Bruneck entfernt befindet sich dieses hoch am Berg gelegene, einladende Hotel mit fantastischem Blick auf Pustertal, Kronplatz und Dolomiten.

St. Lorenzen | Ellen 12 | Tel. 04 74 40 32 28 | www.berggasthof-haeusler. com | €–€€

6 Hotel Andreas Hofer

Tradition und Eleganz – Vier-Sterne-Hotel mit wunderschönem Garten und Naturstein-Pool. Tolle Saunalandschaft. Traditionelle und moderne Küche in angenehmer Atmosphäre.

Tauferertr. 1 | Tel. 04 74/55 14 69 | www. andreashofer.it | €€€–€€€€

Pension Pepi ▶ S. 103, nördl. a 1

Herzlicher Empfang – Oberhalb von Bruneck gelegen ist dieses kleine Haus mit viel persönlicher Note der ideale Ausgangspunkt für zahlreiche Wanderungen. Hausgemachte Spezialitäten, Biofleischgerichte.

Luns 14 | Tel. 04 74 40 13 27 | www. pensionpepi.it | ♿ | €–€€

ESSEN UND TRINKEN

Gasthof Sonne ▶ S. 103, nördl. a 1

Einfach und gut – Der ganz in der Nähe von Bruneck gelegene Gasthof wurde 1557 eröffnet und ist seit 1845 in fünfter Generation im Besitz der Wirtsfamilie Pichler. Einfache Tiroler Wirtshausküche, die auch bei den Einheimischen sehr beliebt ist. Auch Zimmer mit Frühstück oder Halbpension.

St. Lorenzen | J. Renzler Str. 24 | Tel. 04 74 47 60 55 | www.gasthof-sonne.it | €–€€

Osteria de Plazores ▶ S. 103, nördl. a 1

Ungewöhnliche Küche – In dem liebevoll restaurierten, alten gotischen Bauernhaus aus dem 13. Jh. tischt Köchin und Besitzerin Uli Ties ladinische Gerichte nach dem Bauernkalender auf. Im Sommer wird im schönen Garten gespeist. 20 Automin. von Bruneck entfernt. Auch Ferienwohnungen.

Marebbe-Enneberg (St. Vigil) | V. Plazores | Tel. 04 74 50 61 68 | www.plazores. com | €–€€

7 Weißes Lamm

Ältestes Gasthaus der Stadt – Das Traditionsgasthaus liegt versteckt hinter dem Kapuzinerplatz, im ersten Stock eines Bürgerhauses. Typische Südtiroler Küche mit Gerstlsuppe, Schlutzkrapfen und Knödel in wunderschönem Gastraum mit Kachelofen, den schon Volksheld Andreas Hofer aufsuchte.

V. Stuck 5 | Tel. 04 74 41 13 50 | www. weisseslamm.biz | Mo–Sa 10.30–14, 18–1 Uhr | €€–€€€

EINKAUFEN

Tuchfabrik Moessmer ▶ S. 41

SERVICE
AUSKUNFT

Bruneck Kronplatz Tourismus
Rathausplatz 7 | www.bruneck.com

Ziele in der Umgebung
 MÜHLBACH
24 km westl. von Bruneck

ESSEN UND TRINKEN
Wirtshaus Ansitz Strasshof ▶ S. 29

◎ **VINTL**
19 km westl. von Bruneck

EINKAUFEN
Feinkäserei Capriz ▶ S. 40

GSIESER TAL M 3
2287 Einwohner

Am östlichen Rand des Pustertals liegt seitlich das Gsieser Tal. Die Gsieser Gemeinde, das sind kleine Dörfer und Gehöfte, die auf einer Höhe zwischen 1200 und 1600 m Höhe verstreut liegen, inmitten saftiger grüner Wiesen. Dahinter erheben sich dunkelgrüne Bergwälder. Am Horizont begrenzen die Villgrater Berge den Blick, im Westen sieht man die Rote Wand, mit 2818 m die höchste Erhebung. Im Norden bildet der Villgrater Kamm die Staatsgrenze zu Österreich. Zu den größeren Siedlungen zählen die Dörfer Innerpichl, Außerpichl und Unterplanken; Hauptort ist St. Martin. Ihren Lebensunterhalt bestreiten die Bewohner als Bergbauern und im Tourismus, aber oftmals reicht das nicht für den Lebensunterhalt. Jeden Morgen verlassen mehr als die Hälfte der Gsieser ihr Tal, um außerhalb der Gemeinde noch einer Beschäftigung nachzugehen.

Viele Bergbauern bewirtschaften ihre Almen sommers wie winters und sind damit ein willkommenes Ziel für müde Wanderer und Skilangläufer. So führt der Almweg 2000 an einigen schönen alten Hütten entlang und bietet einen tollen Ausblick ins Tal. Der Almauf- und -abtrieb des Milchviehs im Frühjahr bzw. Herbst zieht jedes Jahr zahlreiche Feriengäste an.

MUSEEN UND GALERIEN
Bauernhofmuseum Voadohuibn
Der kleine Berghof in St. Magdalena hat alte Bauernwerkzeuge, Arbeitsgeräte und andere Schätze zusammengetragen und zeigt diese auf 200 qm in einem eigenen kleinen Museum. Besucher können sich an einem alten Spinnrad versuchen und anschließend in der alten Stube typische Südtiroler Gerichte wie Tirschtlan, Schlutzkropfn und Gerschtesuppe probieren. Aus selbst angebauten Kräutern stellen die Besitzer Teemischungen, Salben, Säfte und Kräuterkissen her, die auf dem Hof verkauft werden.
Die Besitzerfamilie vermietet auch Apartments für zwei bis fünf Gäste.
St. Magdalena | Bergerstr. 41 | Tel. 04 74 94 80 65 | www.voadohuibn.com

ÜBERNACHTEN
Hotel Hell
Rustikale Gemütlichkeit – Mitten im Kern des Dörfchens Welsberg gelegen bietet dieses familiäre Hotel neben ruhigen Zimmern ein hauseigenes Restaurant und eine eigene Metzgerei, was man am reich gedeckten Frühstückstisch bemerken wird.
Welsberg | Hauptplatz 3 | Tel. 04 74 94 41 26 | www.hotelhell.info | €–€€

Hotel Waldruhe

Schicker Wellness-Bereich – Schöner stattlicher Berggasthof aus Holz, dessen Zimmer alle einen Blick auf die Gsiesener Bergwelt haben. Schönes Hallenbad. Im Winter werden geführte Schneeschuhwanderungen angeboten.

St. Martin | Preindl 1 | Tel. 04 74 97 84 03 | www.waldruhe.com | €€

ESSEN UND TRINKEN

Turmhotel Gschwendt

Wunderschönes Ambiente – Vom Frühstück bis zum Abendessen werden Erzeugnisse kleiner lokaler Betriebe serviert. Schmackhafte mediterrane und alpenländische Küche

Es werden auch schöne Zimmer vermietet.

Pichl | Außerpichl 7a | Tel. 04 74/ 74 70 10 | www.hotel-gschwendt.it | €€

Sagen lesen in sagenhaft schöner Landschaft

Hören, träumen, abschalten – in Südtirol braucht man keinen Harry Potter, hier gibt es eine Fülle an geheimnisvollen Legenden. Einfach Dolomitensagen als Buch in den Rucksack und dazu einen Edelvernatsch einpacken und irgendwo, wo es gerad schön ist, nach Trollen und Bergkönigen Ausschau halten (▶ S. 13).

SERVICE

AUSKUNFT

Tourismusverein Gsieser Tal-Welsberg-Taisten

St. Martin 10a | www.gsieser-tal.com | Mo–Fr 8.30–12, 15–18, Sa 8.30–12 Uhr

Etwa 22 km lang ist das Gsieser Tal (▶ S. 106), eines der naturbelassensten Urlaubsgebiete in Südtirol. Im Norden wird es durch die Villgrater Berge zu Österreich hin abgegrenzt.

PRAGSER TAL ◢ M 4

656 Einwohner

Südlich des Gsieser Tales erstreckt sich das nur knapp 90 qkm große Pragser Tal mit der Gemeinde Prags. Das Tal ist im Gegensatz zu den Wiesentälern rund um Gsies eine wilde Naturschönheit. Die Einwohner leben verstreut auf Gehöften zum größten Teil im 1980 gegründeten Naturpark Fanes-Sennes-Prags. Umschlossen wird das kleine Tal durch die schroffen majestätischen Pragser Dolomiten, in denen die Hohe Gaisl mit 3140 m den höchsten Punkt bildet. In den typischen karstigen Rinnen finden Wanderer und Mountainbiker ihr sportliches Eldorado. Hier gehen auch zwei Dolomiten-Fernwanderwege mitten hindurch und oft genug beginnt der Wanderweg schon direkt vor der Haustür einer Unterkunft in der Pragser Gemeinde.

Ein Großteil der Waldfläche unterhalb der Baumgrenze besteht aus Fichtenwäldern, in denen Auerhahn, Baummarder und Fuchs leben. In höheren Lagen über 2000 m findet man auch noch Alpenschneehasen und Schneehühner. Hier gedeihen auch Pflanzen wie Edelweiß, Teufelskralle, Drachenmaul und Dolomitenschafgarbe.

Der Pragser Wildsee gehört ebenfalls zum Naturpark, er wird auch die »Perle der Dolomitenseen« genannt. Eingebettet in Felsen hat man dort gute Chancen auf das Beobachten von Steinwild und Gämsen, die hier ungestört leben. Der 37 ha große und 36 m tiefe blaugrün-türkis schimmernde See ist seit 2009 UNESCO-Weltkulturerbe.

Als mächtige Kulisse ragt der Seekofel an der Südseite des Pragser Wildsees (▶ S. 108) empor. Hier soll der ladinischen Legende nach auch das Tor zum Reich des Fanes gewesen sein.

Südlich, zwischen dem 2839 m hohen Dürrenstein und der Hohen Gaisl, befindet sich auf 2000 m Höhe die einzigartige Plätzwiese. Ein Hochplateau, das mit seinem überwältigenden Ausblick auf die umliegenden Berge wie dem Monte Cristallo, Drei Zinnen oder Tofana fasziniert. Die Plätzwiese ist außerdem auch Ausgangspunkt für eine Wanderung auf den Gipfel des Dürrensteins.

ÜBERNACHTEN

Hotel Pragser Hof

Familienfreundlich – Gelegen auf 1400 m Höhe in ruhiger Lage mit toller Aussicht auf die Berge. Schönes Spielzimmer für die kleinen Gäste. Fahrrad-, Schlitten- und Schneeschuhverleih. Neuer Wellness-Bereich ab Dezember 2014.

Prags | St. Veit 35 | Tel. 04 74 74 86 24 | www.pragserhof.com | €€

Hotel Trenker

In wilder Natur – Gemütliches Hotel mit kleinem, aber feinem Wellness-Bereich. Der Pragser Wildsee ist fußläufig erreichbar.

Prags | St. Veit 13 | Tel. 04 74 74 86 29 | www.trenker.it | €€–€€€

ESSEN UND TRINKEN

Gasthof Tuscherhof

Traditionelle Küche – Hier genießt man Südtiroler Speisen und hausgemachter Kuchen. Das Haus liegt eine Gehstunde vom Pragser Wildsee entfernt, Wander- und Skitouren sind direkt von Haus ab möglich. Auch Zimmer mit Halbpension.

Prags | Außerprags 7 | Tel. 04 74 74 86 28 | www.tuscherhof.it | €

TAUFERER AHRNTAL ⚜ L2

5935 Einwohner

Umrahmt von 80 Dreitausender-Bergen erstreckt sich das über 630 qm große Tal im äußersten Südosten Tirols. Auch die »sonnige Südseite der Zillertaler Alpen« genannt, gehören zu dem Gebiet die Orte Gais bei Bruneck, die Gemeinden Sand in Taufers, Ahrntal, Prettnau sowie die Orte Luttach, St. Johann, Steinhaus, St. Jakob und St. Peter.

Es ist ein schmales Tal mit mächtigen Bergen um sich herum und viel dunkelgrünem Bergwald bis zur Baumgrenze. Der Fluss Ahr schlängelt sich durch das Tal und gibt ihm seinen Namen. Im äußersten Nordosten befindet sich mit 31 500 ha der Naturpark Rieserferner-Ahrn, der größte Naturpark Südtirols. Er ist aus geologischer Sicht deshalb interessant, weil hier die afrikanische und die europäische Kontinentalplatte aufeinandertreffen. Weil beide Kontinente vor Millionen von Jahren hier aneinanderprallten, falteten sich die Alpen auf.

Der Naturpark Rieserferner-Ahrn grenzt unmittelbar an den Naturpark Hohe Tauern auf der österreichischen Seite. Die Nähe zur österreichischen Grenze bei Salzburg zieht viele Gäste aus ganz Europa an. Mit 5400 Gästebetten und über 430 000 Übernachtungen im Jahr ist das Tauferer Ahrntal einer der wichtigsten Tourismusstandorte Südtirols. Fast jeder Einwohner hier lebt von den Gästen, die sommers wie winters anreisen. Wanderer, Mountainbiker und Skifahrer finden hier eine Reihe von guten bis sehr guten Hotels und Sporthotels, die sich ganz auf ihre Klientel eingestellt haben.

SEHENSWERTES

Burg Taufers ⚑ L 2

Sie liegt am Eingang des Ahrntals und wird bereits im 11. Jh. urkundlich zusammen mit der Herrschaft Taufers erwähnt. Im Laufe der Jahrhunderte entstand eine ausgedehnte Burganlage mit vielen Wohn- und Amtsräumen, Wehrtürmen und einer Zugbrücken-konstruktion. Durch zahlreiche Einstürze im Laufe der Zeit beschädigt, wurden Anfang des 20. Jh. viele Mauern und Räume wieder hergestellt.

Im Jahr 2012 erneuerte man die äußere Zugangsbrücke und hob einen Hausgraben erneut aus, um die Rekonstruktion der Burg zu vervollständigen. Heute weist das Anwesen wieder ein geschlossenes Erscheinungsbild auf.

Der Innenhof, der Eiskeller und der Wehrturm können ohne Führung besichtigt werden. Im Inneren der Burg findet der Besucher 64 Räume, von denen rund zwei Dutzend getäfelt sind und im Rahmen einer Führung besichtigt werden können, so etwa die Fürstenzimmer, die Schlafgemächer mit ihren baldachinartigen Betten, die große Bibliothek mit ihrem Reiter-Kachelofen, die Rüstkammer, der Gerichtssaal, das Verlies und die Folterkammer. Bei der Restauration der Burg wurden in der Burgkapelle wunderschöne Fresken des Südtiroler Künstlers Friedrich Pacher aus dem 15. Jh. wiederhergestellt. Am Altar ist auch ein besonderes Kruzifix zu sehen.

Die Burg ist von Sand in Taufers aus in wenigen Minuten zu Fuß oder per Auto zu erreichen; im Innenhof befindet sich eine stilvolle Ritterschänke, die zu regionalen kleinen Gerichten einlädt. Schöne Törggeleadresse!

Sand in Taufers | www.burgeninstitut. com; www.ritterschaenke.com | variierende Öffnungszeiten; Schänke Juni–Sept. tgl. 10–18 Uhr, Okt.-Nov. Fr und Sa Törggeleabend (reservieren!) | Eintritt 5 €, erm. 3 €; mit Führung 9 €, erm. 6 €

Reinbachfälle ⚑ L 2

In der Nähe von Sand in Taufers ergießt sich der Reinbach mit viel Getöse die Felswände hinunter und ist damit ein wirklich eindrucksvolles Naturszenario. Im Ortsteil Winkel findet man die spektakulärsten Wasserfälle. Der obere und der mittlere Wasserfall sind ca. 50 m hoch, während der unterste mit 10 m die niedrigste Fallstufe aufweist.

Am besten geht man zu Fuß von Winkel oder von Tobel aus. Entlang dieses Weges befinden sich Stationen, die dem hl. Franziskus gewidmet sind.

Sand in Taufers

ÜBERNACHTEN

Hotel Alpenpalace Deluxe Hotel Spa Resort

Für höchste Ansprüche – Mit fünf Sternen zählt es zu den besten Hotels in Südtirol. Ob elegante Luxussuite, eigene Sauna oder den eigenen Kachelofen im Zimmer, ein Wellness-Bereich, der keinen Wunsch offenlässt – wer im Ahrntal den höchsten Komfort sucht, ist hier genau richtig.

St. Johann | Gisse 83 | Tel. 04 74 67 02 30 | www.alpenpalace.com | € € € €

Hotel Alte Mühle

Klein, aber fein – Traditioneller Familienbetrieb mit der besonderen Note. Neben den »normalen« Zimmern gibt es auch Familiensuiten. Eleganter Well-

Würdevoll steht Burg Taufers (▶ S. 110) hoch über dem Eingang zum Ahrntal und blickt auf diesen hinab, als wolle sie ihn stets gut im Auge behalten.

ness-Bereich mit Hallenbad und Beautybehandlungen. Hausgemachtes Brot, Kuchen, Marmeladen, Bioprodukte. Gerichte für Laktose- und Glutenallergiker sowie Vegetarier.

Sand in Taufers | St. Moritzen 1–2 | Tel. 04 74 67 80 77 | www.alte-muehle.it | 29 Zimmer | €€€

ESSEN UND TRINKEN

Kofler zwischen den Wänden ▶ S. 29

Bergchalet Reinerhof

Kleinod am Ortsrand – Direkt am Berg auf 1600 m Höhe, mitten im Naturpark Rieserferner-Ahrn, trifft man auf traditionelle Südtiroler Küche mit hausgemachten Produkten. Familiäres und gemütliches Haus zum Wohlfühlen. Auch schöne Zimmer zur Vermietung.

Rein in Taufers | Rein 64 | Tel. 04 74 67 25 22 | €–€€

SERVICE

AUSKUNFT

Tourismusinformation Tauferer Ahrntal

Sand in Taufers | Josef-Jungmann-Str. 8 | www.gsieser-tal.com

MERAN UND BURGGRAFENAMT

*Das Meraner Land ist zauberhaft und angenehm –
die Stadt selbst ein einzigartiges Juwel, wo sich Bergwelt
und mediterranes Flair so gekonnt vermischen,
dass es manchmal fast unwirklich wirkt.*

»Schöneres wie Meran ist kaum zu denken«, schwärmte der Schriftsteller Stefan Zweig. Damals, 1910, gehörte Meran noch ins Gebiet der Habsburger-Monarchie und war für die Wiener Gesellschaft der Belle Époque ein Lustgarten für die Sommerfrische. Heute noch zeigt sich in Meran die Grandezza an prächtigen Fassaden von Grandhotels oder alten Villen. Südtirols Baukultur ist geprägt von der wechselvollen Geschichte des Landes. Aber man ist in und um Meran heute mutig und bereit, im Stadtbild neue, manchmal futuristische Architektur zu wagen. Die **Therme Meran** ⭐ oder das Freibad von Schenna sind hier Beispiele, auch das Luxushotel am Vigiljoch. Oft sind Kellereien architektonische Vorreiter, wenn es darum geht, alte Weinkeller und neue Lagerstätten gewagt zu verbinden. Architekten wie Matteo Thun oder Werner Tscholl prägen diese neue, oft recht spektakulär wirkende Architektur.

◀ Botanisches Kunstwerk: Gärten von Schloss Trauttmansdorff (▶ MERIAN TopTen, S. 113).

Meran hat schon immer Urlauber angezogen. In der berühmten Laubengasse tummeln sich gerade am Samstagvormittag die Gäste und erstehen Speck und Leckereien, aber auch Schuhe sind sehr gefragt. Dann entspannt man sich beim »Macchiato mit Brioche« und lässt die anderen vorbeiflanieren. Ein vielfältiges kulturelles Angebot lockt die Besucher in die Stadt.

WO DER NORDEN DEN SÜDEN TRIFFT

Doch bei aller Begeisterung für die Stadt – Meran ohne sein Umland wäre nichts. Am Fuße des Naturparks Texelgruppe mit seinen über 3000 m hohen Bergen gelegen ist das Meraner Becken bekannt für sein mildes Klima und seine einzigartige alpin-mediterrane Vegetation. Meran-Besucher wohnen eher außerhalb, in Schenna, Dorf Tirol oder Lana, und beziehen hier Quartier in einem der malerischen Edelsitze.

MERAN ☞ F 4
Stadtplan ▶ Klappe hinten
37 800 Einwohner

Auf den Anhöhen zwischen Passer und Etsch hat dank des guten Klimas wohl schon vor ca. 5300 Jahren Volk gelebt. Es kamen die Räter, dann die Römer und auf diese folgten die Bajuwaren. Der Name Meran leitet sich vermutlich von einem alten Wort für »Mure« ab. Die Schuttkegel sind heute die hübschen Hügel, über die sich Meran zieht.

Im frühen Mittelalter war Meran kurze Zeit Hauptstadt von Tirol. Die letzte Erbin der Tiroler Grafen übergab das Land dann den Habsburgern. Diese wiederum nutzten es vor allem im 19. Jh. als reizvolles Ziel zum Kuren, gerade in den Wintermonaten. Kaiserin

Elisabeth von Österreich verbrachte in den 1870er-Jahren hier zwei Winter – und der Adel und die Adabeis kamen hinterher. Nach dem Ersten Weltkrieg fiel Südtirol an Italien. Im Zweiten Weltkrieg war Meran Lazarettstadt und blieb so weitgehend von Zerstörung verschont. Mittelalterlicher Kern, stolze Bürgerhäuser oder prächtige Kurgebäude blieben erhalten. Eine ruhige und hübsche Stadt, die in den letzten Jahren noch mehr aufblühte und sich auf die Zukunft ausrichtete.

SEHENSWERTES

⭐ **Gärten von Schloss Trauttmansdorff mit Touriseum**
▶ Klappe hinten, südöstl. f 1

Der Paradiesgarten war eventuell hier – jedenfalls dürfte er so ähnlich ausgesehen haben. Mildes Klima sorgt für üppiges Wachstum von heimischen und südländischen Pflanzen und es gibt viele botanische Raritäten zu entdecken. Mehr als 80 Gartenlandschaften sind hier angelegt. In einem Höhlensystem ist eine botanische Unterwelt eingerichtet. Das Schloss war einmal Feriensitz für Kaiserin Elisabeth von Österreich. Heute beherbergt es das Touriseum. Es ist das erste Museum des Alpenraums, das sich umfassend und ausschließlich der Geschichte des Tourismus widmet. 200 Jahre Tourismusgeschichte werden aus der Sicht der Reisenden wie der Bereisten erzählt. Mechanische Theater, detailgetreue Modelle, Filme, Töne: Das Touriseum ist alles andere als ein verstaubtes Museum mit langatmigen Texten.

Von der Kurpromenade in Meran bis zum Schloss sind es ca. 45 Min. Fußmarsch, der sehr angenehm durch alte Villenviertel von Obernais führt. Der Weg ist als »Sissi-Weg« ausgeschildert.

St-Valentin-Str. 51A | Bus: ab Bhf. Meran Linie 4 oder 1B | www.trauttmansdorff.it; www.touriseum.it | April–Okt. 9–19, 1.–15. Nov. 9–17 Uhr

❶ Kur-, Winter und Gilfpromenade

In der früheren Zeit des Kur-Tourismus entstand dieser Weg zum Freiluft-Lustwandeln; heute ist er einer der schönsten Spazierwege Norditaliens. Er teilt sich in verschiedene Abschnitte, sehenswert sind alte Bauten, wie die Wandelhalle an der Winterpromenade.

🕐 Wenn im Frühjahr nördlich der Alpen noch winterliches Grau regiert, kann man hier zwischen den blühenden Kirschbäumen bereits in das fröhliche Frühlingsbunt eintauchen.

❷ Landesfürstliche Burg

Die Burg ist eigentlich ein Stadtschloss, das sich der Tiroler Landesfürst Sigmund der Münzreiche um 1460 erbauen hat lassen. Er war offenbar clever und potent: Zum einen leistete er sich eine eigene Münzstätte, zum anderen soll er über 50 illegitime Kinder gezeugt haben. Die Burg zeigt, wie »schöner Wohnen« im Spätmittelalter ging.

Galileistr. | www.gemeinde.meran.bz.it/ de/landesfuerstliche-burg.asp | Di–Sa 11–17, So, feiertags 10–13 Uhr

❸ Spitalkirche Heilig Geist

Von außen unscheinbar, innen jedoch eine imposante Kirche, die um 1300 von den Grafen von Tirol erbaut wurde. Das spätgotische Eingangsportal ist kunsthistorisch besonders zu werten. Die Kirche wurde samt dem 1271 gegründeten Spital 1419 durch Hochwasser zerstört und bis 1483 wieder aufgebaut, beeinflusst durch die Barbarakapelle Meran und die Spitalkirche in Landshut. Im Inneren beeindrucken die Kanzel aus Sandstein aus dem 15. Jh., das Kruzifix (um 1270) und die Kreuzigungsgruppe (um 1450).

Romstr. 1

❹ Tappeiner Weg

Rund 5 km lang ist die Promenade und führt hoch über die Stadt. Glatt polierte Felsen, Kakteen, Zypressen, Palmen und Olivenbäume säumen sie. Seinen Namen hat der Weg von einem Kurarzt, Franz Tappeiner, der ihn im vorletzten Jahrhundert bauen ließ. Der Blick über Meran ist wunderbar und das Schlendern über der Stadt ein Vergnügen.

Startpunkt: Burgplatz

Merans Winterpromenade, sonnig und windgeschützt, wie sie ist, ist ideal für einen Spaziergang in der kalten Jahreszeit; blumenumwachsen ist sie im Sommer aber noch viel schöner.

⭐ Therme Meran

Sie ist ein Werk des Architekten Matteo Thun. Als die Therme 2005 neu eröffnet wurde, war sie das Architekturereignis der gesamten Alpenregion. 25 In- und Outdoor-Pools, diverse Saunen und Bäder – z. B. Apfelsprudelbäder (nein, nicht Apfelstrudel …) – viel Schönes wird hier geboten für die, die drinnen planschen wollen. Nach der Sauna wartet Abkühlung der besonderen Art im Schneeraum.

Das Gebäude liegt inmitten einer mediterranen Parklandschaft. Der Park ist teilweise frei zugänglich.

Thermenplatz 9 | www.thermemeran. it | tgl. 9–22 Uhr, Sauna Mo–Fr 13–22 Uhr, Sa, So und feiertags 9–22 Uhr | Eintritt Therme (3 Std.) 13,50 €, Therme und Sauna 20 €, Kinder 9,50 €; Tageskarte 18,50 € bzw. 25 €, Kinder 11,50 €

MUSEEN UND GALERIEN

⑤ Frauenmuseum

In einem ehemaligen Frauenkloster gibt es das erste Frauenmuseum – das auch Männer besichtigen dürfen! Ausgestellt wird alles, was das Bild der Frau in den letzten 200 Jahren geprägt hat: einerseits schöne Kleider und Accessoires, andererseits die Geschichte der Frauenbilder und -rollen in unserer Gesellschaft.

Meinhardstr. 2 | www.museia.it | Mo–Fr 10–17, Sa 10–12.30 Uhr | Eintritt 4,50 €

⑥ Kunst Meran

Im Haus der Sparkasse befindet sich eine wahre Architektur- und Kunstoase. Alpine Architektur, Architektur für den Tourismus oder auch Architekturtourismus in den Alpen: von der einfachen Pension bis zum gediegenen

Hotel, von der Seilbahnstation bis zur Schutzhütte. Künstler und Kunstausstellungen wechseln.

Lauben 163 | www.kunstmeranoarte. com | Di–So 10–18 Uhr

ÜBERNACHTEN

Castel Rundegg ▶ Klappe hinten, östl. f1

Moderner Genussurlaub – Schloss Rundegg war schon immer ein Sitz für Wellness und Anti-Aging. Der Erbauer des Hauses lehrte bereits Mitte des 18 Jh. »die Kunst, bis ins hohe Alter jugendlich und stark zu bleiben«. Wohl erfolgreich, denn er wurde 104 Jahre alt und seine Witwe gebar noch nach seinem Ableben ein Kind! Es ist die einzige Indiskretion, die man auf Rundegg erfährt; in den herrschaftlichen Räumen lässt es sich diskret und angenehm urlauben.

Schennastr. 21 | Tel. 04 73 23 41 00 | www.rundegg.com | 30 Zimmer | €€€€

⑦ Gasthof Rainer

Einfach und gut – Mittendrin in der Laubengasse liegt der schöne Gasthof mit gemütlichen Zimmern. In lauen Sommernächten sitzt man angenehm im Gastgarten des Restaurants.

Lauben 266 | Tel. 04 73 23 61 49 | www. gasthof-rainer.it | €€

⑧ Ottmanngut

Suite & Breakfast – Das Altmeraner Gästehaus bietet ganz besondere Zimmer: z.B. das rote Salettl oder die Mizzi-Martha-Suite. Denn hier nächtigten im vorigen Jh. schon die beiden Soubretten Mitzi und Martha. Es gibt viel Hübsches: einen lichten Speisesaal, einen erholsamen Garten mit Wein-

berg, geschichtsträchtige Orangerie und kleine Bibliothek.

Verdistr. 18 | Tel. 04 73 44 96 56 | www. ottmanngut.it | 9 Zimmer | €€€

ESSEN UND TRINKEN

⑨ Restaurant Saxifraga Stub'n

Rustikal mit Liebe – Auf der Terrasse, hoch über Meran, kann man das einmalige Panorama von der Texelgruppe bis zu den Dolomiten bewundern. Hausgemachte Nudeln, Brot und Kuchen und bei allem sehr viel Passion.

Zenobergstr. 33 (direkt am Tappeiner Weg) | Tel. 04 73 23 92 49 | www. saxifraga.it | März–Anfang Nov. Mi–Mo 10–17.30 Uhr, im Sommer Mi, Fr, Sa auch abends

Knottnkino

Oberhalb von Meran hat der Künstler Franz Messner auf dem Rotsteinkogel 30 Kinosessel aufgebaut, die zur »Panoramashow« einladen. Ein guter Vernatsch und eine kuschelige Decke machen das felsige Open-Air-Kino perfekt (▶ S. 13).

EINKAUFEN

⑩ Pur Südtirol

So nennt sich eine Initiative und Vermarktungsgemeinschaft, die Südtiroler Qualitätsprodukte, nicht nur, aber auch Bioware, fördert. Pur Südtirol nennt sich auch der große Laden links vom Kurhaus, wo man an den Ständen leckere Südtiroler Produkte zum Kauf angeboten bekommt, einiges auch zur Verkostung.

Freiheitsstr. 35 | www.pursuedtirol.it | Mo–Sa 9.30–20 Uhr

Bauernmärkte

Hier findet man alles, was die ländliche Umgebung an Frischem und Feinem zu bieten hat.

– Galileistr. | Sa 8–12 Uhr
– Meinhardstr. | jeden Mi 8–12 Uhr

SERVICE

AUSKUNFT

Meran Touristinfo

Freiheitsstr. 45 | www.meran.eu

Ziele in der Umgebung

 ALGUND E 4

4500 Einwohner

Der gepflegte Ort liegt inmitten von wunderschönen Weinbergen und Obstgärten, direkt in der Nachbarschaft zu Meran. Hier findet man das gemütliche Leben. Wanderwege führen um den Ort, der zu Füßen der Texelgruppe liegt. Die Vinschgerbahn hält direkt an der Talstation der neuen Bergbahn. Die Kabinen der neu renovierten, knapp 2,5 km langen Seilbahn führen hinauf zum idyllischen Weiler Aschbach, besonders im Sommer und im Frühherbst ein beliebter Naherholungsort mit zahlreichen Wander- und Bikepfaden.

2 km nordwestl. von Meran

ÜBERNACHTEN

Schloss Plars

Romantisch-stilvoll – Ansitz mit Arkadenfester, Zinnen und Türmchen. Hübsche Zimmer und Ferienwohnungen im Schloss, das die Aussicht auf Weinhügel und Pinienwege freigibt. Dazu aller Komfort, Freibad und – noch besser: Weingut mit gutem Wein.

Mitterplars 25 | Tel. 04 73 44 84 72 | www.schlossplars.com | €€–€€€

ESSEN UND TRINKEN

Oberlechner

Richtig gut! – In Vellau, direkt neben der Kirche, gibt es eine gemütliche Gastwirtschaft, vom Haus aus hat man einen perfekten Blick auf die Dolomiten und die Ortlergruppe, zu Füßen liegt Meran. Der Familienbetrieb bietet gute Hausmannskost, dazu eigenen Wein, Apfel- und Hollersaft. Man kann von Algund mit dem Sessellift hinauf fahren oder in einer Stunde hinauf wandern.

Vellau 7 | Tel. 04 73 44 83 50 | www. gasthofoberlechner.com | Mi geschl.; Mitte Jan.–März Betriebsferien

SERVICE

AUSKUNFT

Tourismusbüro Algund

Algund bietet bereits ab einer Übernachtung die vielseitige MeranCard Algund Plus. Inhaber der Gästecard reisen damit gratis quer durch ganz Südtirol, mit allen öffentlichen und vielen privaten Verkehrsmitteln. Zudem gehören die wichtigsten Sessellifte, Seil- und Bergbahnen rund um Algund mit zum cleveren Gratis-Kartenverbund.

Hans-Gamper-Platz 3 | www.algund. com | Mitte März–Okt. Mo–Fr 8.30–18.30, Sa 9–17, So 9.15–11.30; Nov.–Mitte März Mo–Fr 9–12, 14–18 Uhr

 **BURGSTALL** F 5

10 km südl. von Meran

EINKAUFEN

Kösti Kastanienbaumschule

Vor allem den Keschten wird in dem kleinen Kastanien-, Apfel- und Weinbaubetrieb gehuldigt. 200 Kastanien-

bäume gibt es. Hier erfährt man viel über diesen sensiblen und doch kräftigen Baum. Natürlich können hier auch kleine Bäumchen gekauft werden.
Kirchweg 41 | www.koesti.it | Kastanienverkauf Okt.–Mitte Nov.

◎ DORF TIROL 🍂 F 4
6 km nördl. von Meran

SEHENSWERTES
Schloss Tirol mit Landesmuseum

Schloss Tirol in Dorf Tirol – das ist die Keimzelle vom Land Tirol. Das Stammschloss der Grafen von Tirol gab dem ganzen Land seinen Namen. Die Burg wurde um 1100 erbaut. Im 13. Jh. wurde sie ausgebaut. Die letzte des Geschlechts war Gräfin Margarete von Tirol, genannt Margarete »Maultasch«. Ihr Leben ist hollywoodreif! Sie wurde jung verheiratet, es gab einen Rosenkrieg, in den sich der Papst einmischte, und letztendlich eine Scheidung mit Bannspruch. Schließlich vertrieb sie ihren aggressiven Ehemann und übergab zuletzt Tirol an die Habsburger-Verwandten. Sehr zum Ärger der bayerischen Herzöge, die auch Anspruch drauf erhoben.

Lion Feuchtwanger hat ihr in seinem Roman »Die hässliche Herzogin« ein gelungenes literarisches Denkmal gesetzt. Im Landesmuseum, das im Schloss untergebracht ist, wird ihr Leben historisch gewürdigt. Außerdem zeigt es die Geschichte des Landes bis ins 20. Jh. und führt in den Palas und die Burgkapelle sowie ins Hochzeitszimmer der Gräfin.
Schlossweg 24 | www.schlosstirol.it | März–Juli, Sept.–Dez. Di–So, 10–17, Aug. 10–18 Uhr | Eintritt 7 €

◎ LANA 🍂 F 5
11 km südl. von Meran

EINKAUFEN
Kunstdrechslerei Windegger

Auf Hof Lahngut hat sich der Herr des Hauses eine Drechslerei eingerichtet. Aus knorrigem Apfelholz und anderen Holzarten stellt er Schalen, Teller, Schmuck und Pfeffermühlen her. Die Maserungen des Holzes machen seine Objekte spannend wie ein Kunstwerk.
Lahnstr. 9 | www.kunstdrechslerei.it

◎ PARTSCHINS 🍂 E 4
8 km westl. von Meran

EINKAUFEN
Hofbrennerei Gaudenz

Es war Gaudenz von Partschins, der 1348 den Ansitz Gaudententurm erbaute. Christine Schönweger errichtete hier die Hofbrennerei und benannte sie nach Gaudenz, vom Lateinischen: sich freuen, genießen. Was man bei den vielfältigen Obstbränden und Grappas hier auf jeden Fall tun wird.
Gaudententurmstr. 7 | www. hofbrennerei.com | Ostern–Allerheiligen, Mo–Fr 17–19 Uhr

◎ SCHENNA 🍂 F 4
2870 Einwohner

Es war einmal ein kleines Bergdorf, am Hang des Bergkammes der Hirzer Spitze und dem Eingang zum Passeiertal. Sonnenverwöhnt ist der Flecken – und inzwischen das Ferienrefugium schlechthin. Es gibt angeblich doppelt so viele Betten wie Einwohner und allein das Gemeindegebiet umfasst rund 200 km bestens markierte Wanderwege in allen Höhenlagen.

Die obere Burgkapelle von Schloss Tirol (▶ S. 118) birgt einen prachtvollen Flügelaltar aus dem Jahr 1370 bzw. zumindest dessen Kopie; das Original ist im Museum in Innsbruck.

Schloss Schenna erhebt sich über dem Dorf, es wurde 1844 vom beim Volk beliebten Erzherzog Johann erworben. Er liegt im Mausoleum begraben.
6 km nordöstl. von Meran

ÜBERNACHTEN

Baumgartner's Blumenhotel

Sonnig sinnlich – Von dem nach dem Feng-Shui-Prinzip eingerichteten Hotel genießt man eine malerische Aussicht auf Meran. Wellness der Extraklasse: entspannende Massagen, Sauna, Hamam, Hallenbad und schöner Pool mit Feng-Shui-Relax-Garten.

Verdinserstr. 11 | Tel. 04 73 94 57 67 | www.blumenhotel.it | €€€

Gutenberg 👫

Toller Garten – Ganz oben im Ort liegt dieses freundliche Familienhotel, von dem aus man direkt zu einer Wanderung auf Waalwegen oder auch ins Hochgebirge starten kann. Zurück entspannt man sich im einladenden Garten oder im schönen Wellness-Bereich. Hervorragendes Essen und wirklich gute Kinderbetreuung.

Ilfingerstr. 14 | Tel. 04 73 94 59 50 | www. gutenberg.schenna.com | €€€

Gutshof Moser

Alles Apfel – Erst 2011 eröffnet liegt der Obsthof idyllisch inmitten von zahlreichen Apfelbäumen, die zugleich das Motto der vier modern ausgestatteten, stylisch eingerichteten Ferienwohnungen vorgeben. Der Naturschwimmteich im Garten sorgt für Erfrischung; Streichelzoo für Kinder.

St. Georgenstr. 41/b | Tel. 04 73 94 59 37 | www.gutshof-moser.com | €

Oberegger Hof ▶ S. 24

ESSEN UND TRINKEN

Thurnerhof

Köstlich einfach – Gaststätte mit bodenständigen und heimisch-traditionellen Speisen. Dort, wo früher Speck geselcht wurde und Bäuerinnen für ihre Familien mit sparsamen Mitteln kräftigendes Essen zubereitet haben, kann man sich heute bedienen lassen und genießen.

Verdinserstr. 26 | Tel. 04 73 94 57 02 | www.thurnerhof-schenna.com | Mo geschl.

EINKAUFEN

Speckladele

Gepökelt, geräuchert, getrocknet, gegart – eine riesige Auswahl an verschiedenen Specksorten bietet das Speckladele. Riechenswert!

Vorlandweg 22 | www.speckladele. com | Mo–Fr 7–12, 15–18.30, Sa 7–12 Uhr

SERVICE

AUSKUNFT

Tourismusverein Schenna

Erzherzog-Johann-Platz 1/D | www.schenna.com

Mit dem Auto ist die Timmelsjoch-Hochalpenstraße nur von Juni bis Oktober befahrbar, im Winter darf man sich hier auf eine Wanderung vom Passeiertal (▶ S. 121) ins Ötztal freuen.

Schenna – Interaktiv und up to date

Wer seine Ausflüge in und rund um Schenna schon vor der Abreise planen möchte, installiert sich kostenlos die Schenna-3D-Reality-Map auf den heimischen Computer. In der interaktiven Karte sind alle Wander- und Mountainbikestrecken, aber auch sämtliche Bergbahnen und Unterkünfte punktgenau erfasst und leicht zu finden.
www.schenna.com

◎ TSCHERMS  F5

6 km südl. von Meran

SEHENSWERTES
Erlebnis Kränzelhof

Auf dem Weg von der Gaulschlucht zum Falschauerdelta lohnt es sich, bei einem echten Kraftplatz innezuhalten. Hier liegt der 650 Jahre alte, gotische Ansitz Kränzelhof. Die mittelalterliche Hofanlage inmitten von Weinreben ist heute ein Gesamtkunstwerk aus Garten, Weingut und Kunsthaus. Im Irrgarten aus zehn verschiedenen Rebsorten stellen Künstler ihre Skulpturen aus. Es gibt sechs weitere Gärten und ein Bodenlabyrinth. Von Mitte Mai bis Mitte September wird unter freiem Himmel meditiert, inspiriert von üppigem Gartengrün. In Vollmondnächten bringen Besucher mit Meditationsübungen Körper, Geist und Seele ins Gleichgewicht. Wer will, kann natürlich auch ganz für sich durch den Garten flanieren und in sich gehen. Und weil erst Essen und Trinken Leib und Seele zusammenhält, ist das Restaurant »Miil« in der denkmalgeschützten Mühle des Herrenhauses ein besonderer Genuss-Hotspot. Hier kocht Othmar Raich z. B. Hirschtatar auf »Waldboden«, Zandercarpaccio mit Apfel-Meerrettich und Spitzwegerich, Selleriesalat mit Wiesenspinat und am Schluss: Fichtennadelhonigeis auf Waldbeeren mit Waldklee.
Tscherms | Gampenstr. 1 | Tel. 04 73 56 37 33 | www.kraenzelhof.it | Ende März–Anfang Nov. tgl. 9.30–19, Restaurant Di–Sa 12–14, 18.30–21.30 Uhr

◎ VÖRAN F5

20 km südl. von Meran

AKTIVITÄTEN
Schüttelbrot selbst gemacht

»Geschüttelt, nicht gerührt« ist der witzige Titel – nein, nicht für einen Martini-, sondern für einen Schüttelbrot-Workshop. Denn der Teig wird eben geschüttelt, bevor er flach wie eine Flunder ausgerollt wird, damit die dünnen Fladen entstehen. Kümmel, Fenchel, Anis und Schabzigerklee kommen als Gewürze in den Roggenteig. Alles Weitere ist das Geheimnis des jeweiligen Bäckers und von Tal zu Tal verschieden – aber man kann sich nun erstmals auch als Gast dem Backen des Südtiroler Nationalbrots annähern.
Treffpunkt: Bäckerei Schrot & Korn | Vöran | Vöraner Str. 80
Infos: Tourismusverein Hafling – Vöran – Meran 2000 | www.hafling-meran 2000.eu | Teilnahme kostenlos

PASSEIERTAL

Nördlich von Meran liegt dieses Tal voller Gegensätze. Hier wachsen Edelweiß und Palmen, hier wird gleichzeitig Golf gespielt und Ski gefahren. Der berühmteste Sohn des Tals ist wohl der legendäre Südtiroler Freiheitskämpfer Andreas Hofer. Der Mythos der aufrechten Freiheitsliebenden schwebt noch heute über dem Tal.

Die Passer hat sich durch das V-förmige Tal geschnitten. An ihren Seiten liegen die Orte St. Martin und St. Leonhard. Von hier aus führen zwei wichtige Pässe über die Alpen: das Timmelsjoch ins Ötztal und der Jaufenpass nach Sterzing. Von Hinterpasseier gelangt man über Wanderwege ins Schnalstal.

SEHENSWERTES

Bunker Mooseum

Ein Bunker-Rohbau aus den 1940er-Jahren beherbergt diese vielfältige museumsartige Einrichtung. In den ehemaligen Lagerkammern ist viel zur Siedlungsgeschichte des Passeiertals präsentiert; im Gläsernen Turm bekommt man Ein- und Ausblicke in den Naturpark Texelgruppe. Im Freibereich des Bunkers trifft man auf Steinböcke und eine Voliere mit einheimischen Vögeln.

Moos in Passeier | Dorf 29a | www. bunker-mooseum.it | April–Okt. Di–So 10–18 Uhr

Schildhöfe

Unter den charakteristischen niederen, aus Holz gebauten Bauernhäusern im Passeiertal fallen einige burgartige Gebäude besonders auf. Sie stehen auf sicheren Hügeln und sind im ganzen Vorderpasseier zu finden – die Schildhöfe. Diese Höfe sind Adelssitze, die dem niederen Adel in Tirol ab dem 14. Jh. zuzuordnen sind. Die Besitzer wurden von der Steuer befreit; als Gegenleistung waren sie verpflichtet, innerhalb Tirols zu dienen in Waffen und zu Pferd. In der Umgebung von St. Martin befinden sich sieben Schildhöfe, die von außen zu besichtigen sind: Gereuth, Baumkirch, Kalm, Granstein, Haupold, Saltaus und Steinhaus. Besonders sehenswert sind der burgähnliche Schildhof Steinhaus oberhalb von St. Martin und der zinnengeschmückte Schildhof Saltauserhof, heute ein Hotel, in Saltaus.

MUSEEN UND GALERIEN

Museum Passeier

Im Nebengebäude des Sandwirts in St. Leonhard ist das Museum untergebracht. Eine Dauerausstellung widmet sich Andreas Hofer. 1767 wurde er hier geboren und war später gewählter Abgeordneter des Passeiertals im Tiroler Landtag. Im »Frieden von Schönbrunn« wurde Österreich zur Abtretung vieler Gebiete, darunter Tirol, gezwungen. Die Tiroler fühlten sich durch diesen Friedensvertrag von Kaiser und Vaterland verraten und probten den Widerstand. Dieser scheiterte im November 1809. Hofer musste flüchten, wurde gegen ein Kopfgeld verraten und hingerichtet.

St. Leonhard | Passeirerstr. 72 | www. museum.passeier.it | 15. März–2. Nov. Di–So und feiertags 10–18 Uhr; Aug., Sept. tägl. | Eintritt 8 €

ESSEN UND TRINKEN

Hilberkeller

Leckere Desserts – Gemütlich im historischen Kellergewölbe oder im sonnigen Garten genießt man hier beste Südtiroler Hausmannskost und Grillspezialitäten vom Spieß.

Kuens | Kuenserstr. 23 | www. hilberkeller.eu | April–Okt. Mo, Mi–Fr 16–24, Sa, So 11–24 Uhr, Nov.–Dez. Mo–Mi geschl. | € €

Im Freigelände des Museums Passeier (▶ S. 122) befindet sich ein sog. Haufenhof – neben Wohnhaus und Scheune gibt es viele Nebengebäude, darunter auch diesen Kornkasten.

EINKAUFEN

Bauernmarkt beim Martinerhof

Das Brauhotel Martinerhof veranstaltet einmal im Monat einen kleinen, aber feinen und sehr beliebten Bauernmarkt, bei dem schönes Südtiroler Kunsthandwerk und leckere Spezialitäten von Bauern der Region angeboten werden.

St. Martin | Jaufenstr. 15 | 1. Sa im Monat, 9–14 Uhr

Haller's Spinnradl

Hier wird aus selbst verarbeiteter heimischer Schafwolle produziert: Neben Wollflies und Strickgarn, Decken und Teppichen bereiten vor allem die Sarner Jacken, Walk-Westen und Strickjacken wahre Einkaufsfreuden. Nicht ganz billig, aber wunderschön, original und sehr wertig.

St. Leonhard | Kohlstatt 64 | www.spinnradl.it | Mo–Fr 8–12, 15–18.30, Sa 8–12 Uhr

SERVICE

AUSKUNFT

Tourismusverein Passeiertal

St. Leonhard | Passeirerstr. 40 | www.passeiertal.it

SCHLANDERS UND VINSCHGAU

Zwischen Gletscher und Golden Delicious,
von Schneeweiß bis Apfelweiß – der Vinschgau ist
ein einziger Gegensatz in sich und bietet eine Vielfalt,
die in nur einem Urlaub nicht zu erfahren ist.

Ganz im Westen Südtirols liegt der Vinschgau, die Val Venosta. Das Tal ist eine der wenigen Ost-West-Verbindungen der Alpen. Von Meran im Süden bis hinauf zur österreichischen Grenze am Reschenpass sind es rund 80 km. Schon die Römer führten hier die Via Claudia Augusta hindurch und schufen so mit dem Weg über den Reschenpass eine Alternativroute zum Brenner.

Der Vinschgau ist eine Kulturregion. Eine Naturregion. Ein gesegnetes Tal. Da gibt es die Hochebenen rund um den Reschensee, es gibt den Ortler, immerhin Südtirols höchster Berg mit 3905 m N.N., es gibt mit Glurns die kleinste Stadt der Alpen und den berühmten Marmorbruch. Wandern an den alten **Waalwegen** ⭐ ist ein seelisches Sahneschnittchen und die Einkehr bei einer ordentlichen Marend im Buschenschank dann das deftig-schmackhafte Erlebnis dazu. Ambitionierte Bergsteiger wer-

◀ Mehr als 200 000 Tonnen Äpfel werden im Vinschgau jährlich geerntet.

Brixen und Eisacktal

Meran und Burggrafenamt

Bruneck und Pustertal

Schlanders und Vinschgau

Bozen und Umgebung

Unterland und Überetsch

den hier genauso glücklich wie Radfahrer oder Kulturbegeisterte. Ein besonderes Erlebnis ist die Zeit im Schnee im Oberen Vinschgau. Auf Brettern, Kufen oder zu Fuß, Wintersport in dieser Region findet abseits von Trubel und Skizirkus statt. Schneeschuhwanderer finden vor Ort zahlreiche Routen in allen Schwierigkeitsgraden. Langläufern bietet Südtirols ursprünglicher Westen bestens präparierte Loipen für alle Könnensstufen. Sie führen entlang des zugefrorenen Reschensees, schlängeln sich zu Füßen des Ortlers, verlaufen quer durchs beschauliche Martelltal und reichen sogar bis nach Nauders in Österreich sowie in die Val Müstair in der Schweiz. Das Interregio-Projekt »Nordic Terra Raetica« der EU sorgt für beständigen, grenzüberschreitenden Ausbau und Pflege der Wintersportgebiete.

ÄPFEL – DAS GOLD DER REGION

Gelebt hat man im Vinschgau schon immer vom Obstanbau, richtig landwirtschaftlich ausgebaut wurde er im 19. Jh. Es liegt an dem milden Klima und dem optimalen Boden, die Birnen und Äpfel saftig und »gschmackig« machen, wie sie hier sagen. Noch immer spricht man von Apfelgärten, doch der ganze Untere Vinschgau scheint eine einzige Plantage. Etwa 250 000 Tonnen Äpfel werden pro Jahr geerntet, der Vinschgau ist so eines der größten Apfelanbaugebiete Europas.

Überhaupt das Klima: Der Vinschgau liegt zentral in den Alpen, die hohen Bergkämme, die das Tal umgeben, mildern Wettereinflüsse stark ab. Es gibt hier weniger Niederschlag und mehr Sonnenschein, angeblich sei das Klima vergleichbar zu Teilen Siziliens. Die Trockenheit führte dazu, dass sich die Alten das Waalesystem für die Bewässerung erdachten, denn Wasser gibt es: Aus den rauen Seitentälern rauschen Gebirgsbäche, die letztlich die Etsch speisen. Sie entspringt am Sattel des Reschenscheidecks, durchfließt den Reschensee und bahnt sich ihren Weg gen Süden.

Der Obervinschgau verläuft von Reschen bis Laas, der Untervinschgau von Laas bis Staben. Größter Ort im Vinschgau ist Schlanders. Wer hier übernachtet, kann zentral in alle Richtungen starten. Am besten mit der Vinschgerbahn, die nach 15 Jahren Stilllegung wieder ihren Dienst tut und Wanderer bequem und ohne Stau talauf und talab bringt.

SCHLANDERS

🚩 C5

6000 Einwohner

Der Hauptort des Vinschgaus liegt eingebettet von den Ötztaler Alpen am Fuß der Laaser Berge. Er ist umgeben von den typischen Vinschger Obstgärten.

Schlanders ist das wirtschaftliche Zentrum der Region, Sitz zahlreicher Firmen, Genossenschaften und des Krankenhauses. Die Geschichte von Schlanders reicht mehrere Jahrtausende zurück. Funde weisen darauf hin, dass das heutige Gebiet von Schlanders bereits um die Zeit von 3500 v. Chr. von Jägern und nomadisierenden Hirten bewohnt war. Genannt ist »Slanderes« erstmals 1077. Im Jahr 1906 dann wurde die Vinschgaubahn gebaut, was Schlanders einen verbesserten Anschluss an die Außenwelt brachte. In diesem Jahr hatte vor allem der Obstanbau an Bedeutung gewonnen. Was das Jahr 1906 für Schlanders aber auch zu einem besonderen Jahr machte, war das Erhalten des Marktrechts.

Die verkehrsberuhigte Ortsmitte rund um die engen, verwinkelten Gassen und kleinen Cafés und Geschäfte verleiht Schlanders heute ein urbanes Flair.

SEHENSWERTES

Pfarrkirche Maria Himmelfahrt

Der Turm mit 97 m Höhe ist das Wahrzeichen der Gemeinde. Es sei der höchste Turm in Tirol, wirbt man. Überprüft hat das seit Jahren keiner mehr. Ursprünglich in der Gotik erbaut, wurde die Kirche Mitte des 18. Jh. im barocken Stil umgestaltet. Das Gestühl wiederum wurde um 1900 erneuert und entstammt dem Jugendstil.

Kunsthistorische Führungen gibt es auf Anfrage bei der Schlanders Tourismusinfo.

Rathaus

Im Plawennhaus ist heute das Rathaus von Schlanders untergebracht. Das Plawennhaus wird auch Freienturm genannt und wurde in der Vergangenheit als Wohnturm genutzt – von der Familie von Plawenn, denen das heutige Rathaus im 19. Jh. gehörte. Sehenswert am Plawennhaus ist das große hölzerne Eingangstor, das ein Diamantenquadermuster aufzeigt. In der Mitte des Plawennhauses befindet sich eine Kapelle mit einem kleinen Turm.

Schlandersburg

Im Zentrum steht ein Renaissance-Prachtbau – die Schlandersburg mit ihrem malerischen zweigeschossigen Arkadenhof. Ursprünglich wurde hier um 1200 ein Wohnturm errichtet. Um 1600 wurde das Haus von den Grafen von Hendl erworben und in das Renaissanceschloss umgebaut, das es heute noch ist. Heute dient es als Sitz für mehrere Bezirksämter sowie die Mittelpunkt-Bibliothek. Reste des Turms sind im Eingangsbereich der Bibliothek noch zu erkennen.

Schlandersburgstr. 6 | www.schlandersburg.it

Schloss Schlandersberg

Die Burg, die auf der felsigen Hügelkuppe am Ausgang des Schlandrauntals thront, heißt Schloss Schlandersberg. Sie steht in 1100 m Höhe auf einem kahlen Felsen und wurde im 13. Jh. von den Herren von Montalban erbaut. Im 16. Jh. erhielt das Schloss seine heutige Gestalt. Die Höhenburg war Stammsitz eines der bedeutendsten Geschlechter Tirols, den Herren von Schlandersberg. Heute ist sie in Privatbesitz und zu acht individuellen Luxusappartements umgebaut. Eine Besichtigung ist nicht möglich, außer man mietet sich ein. Nur Schlossgespenster finden hier noch kostenlos Zugang …

Als die Zentralheizung eingebaut wurde, entdeckte man eine Gruft. Die Kissen und Gewänder der beiden Toten – eine Frau und ein Kind – waren noch deutlich erkennbar; das Gesicht der Frau war mit einem schwarzen Schal bedeckt. Im Kirchenboden wurden noch zahlreiche andere Begräbnisstätten entdeckt. Sie wurden aber nach Beendigung der Arbeiten wieder sorgfältig vermauert.

MUSEEN UND GALERIEN

Avimundus – Welt der Vögel

Tschiepen, tschälpen, piepen oder gurren? Wie macht ein Vogel? Wie fliegt er und was macht er außer Fliegen? Im Nationalpark-Haus Avimundus gibt es eine umfassende Vogelsammlung, mit Stimmaufzeichnungen und Filmen lernt der Besucher mehr über die Welt der Vögel.

Kapuzinergasse 2 | www.stelviopark.bz. it/avimundus | Mai–Okt. Di–Sa 10–12, 14–18 Uhr | Eintritt frei

Vintschger Museum

Das Museum erklärt das außergewöhnliche Wetterphänomen »Vintschger Wind«, das akustisch in einem Hörsaal erfahrbar ist, und auch das Waalesystem wird vorgestellt. In einer Dauerausstellung über die »Schwaben-

Schon von Weitem grüßt der 97 m hohe Kirchturm der Pfarrkirche Mariä Himmelfahrt (▶ S. 126), der auch das Wahrzeichen der Stadt Schlanders ist.

kinder«, die jedes Frühjahr nach Süddeutschland zogen, gibt es einen Rückblick auf die Armut im Vinschgau.

Meranerstr. 1 | www.vintschgermuseum.com | 20. März–31.Okt. Di–So 10–12, 15–18 Uhr, feiertags geöffnet | Eintritt 4,50 €, erm. 4 €

ÜBERNACHTEN

Hotel Vinschgerhof

Gepflegt und heimelig – Zwar »nur« drei Sterne, aber durchaus das Beste und Angenehmste, in dem man Bleibe finden mag. Ein schönes Haus mit funktioneller und doch liebevoller Einrichtung. Viel Holz im Ambiente. Das Essen ist hervorragend, das hat auch der Guide Michelin inzwischen gemerkt.

Vetzan | Alte Vinschger Str. 1 | Tel. 04 73 74 21 13 | www.vinschgerhof.com | €€

Residence Ansitz Schnatzhof

Modernes Mittelalter – Der Schnatzhof ist eines der ältesten Gehöfte in Schlanders. Kreuzgewölbe, bis zu 1,5 m dicke Natursteinmauern, steingerahmte Türen oder alte holzgetäfelte Stuben machen ein uriges Ambiente. Die Ferienwohnungen sind neu und modern ausgestattet.

Marconistr. 7 | Tel. 04 73 73 05 32 | www.residence-schnatzhof.com | €€

Vier Jahreszeiten

Wellness und Gourmet – Das erste Haus am Platz bietet alles, was der Mensch zwar nicht braucht, aber haben will. Innen ein Style zwischen Designkatalog und Las Vegas. Das Hotel wird im Frühjahr 2015 renoviert eröffnet.

Andreas-Hofer-Str. 8 | Tel. 04 73 62 14 00 | www.vierjahreszeiten.it | €€€€

Ganz besonderer Stein wird hier zu schönen Skulpturen und Reliefs verarbeitet: Steinmetzmeister Josef Mayr aus Laas (▶ S. 129) arbeitet mit dem berühmten Laaser Marmor.

ESSEN UND TRINKEN

RESTAURANTS

Goldene Rose

Einfach fein! – Hausgemachte Nudeln, frischer Fisch, zartes Fleisch – dazu raffinierte Kräuter und Gemüse der Saison. Regionale Küche und guter italienischer Einschlag.

Dantestr. 6 | Tel. 04 73 73 02 18 | www. hotel-goldenerose.it | €–€€

CAFÉS

Kulturhaus Karl Schönherr

Im Café lässt sich das Leben auf dem Vorplatz gut beobachten. Abends gibt es hier Unterhaltsames aus Theater, Kino und Kultur.

Göflanerstr. 27/b | Tel. 04 73 73 20 52 | www.kulturhaus.it

BARS

Bar Cremona

Musik und Wein am Abend, tagsüber hübsches Café. Immer wieder Weinverkostungen von jungen Winzern.

Hauptstr. 48 | Tel. 04 73 73 01 83 | www. barcremona.com

SERVICE

AUSKUNFT

Tourismusverein Schlanders-Laas

Kapuzinerstr. 10 | www.schlanders-laas.it | Mo–Fr 8.30–12.30, 14–18 Uhr, April–Okt. auch Sa 8.30–12.30 Uhr

Ziele in der Umgebung

◎ LAAS C5

3900 Einwohner

Laas wird auch das Marmordorf genannt. Bis heute wird in luftiger Höhe, auf etwa 1500 m, der einzigartige Marmor abgebaut – er gilt als härter und widerstandsfähiger als der berühmtere Marmor aus Carrara. Systematisch wurde das Gestein erst Anfang des 20. Jh. abgebrochen. Mit einer Seilbahn werden die Marmorblöcke über eine Schlucht geführt und dann mit der Laaser Schrägbahn, einer Standseilbahn, ins Tal gebracht.

Im Ort gibt es noch zwei Marmor verarbeitende Betriebe und einen Bildhauer. Auf jeden Fall sehenswert ist die Werkstatt von Josef Mayr, Bildhauer- und Steinmetzmeister.

In Laas läuft man am Hauptplatz über diesen Marmorboden. Aber auch berühmte Denkmäler bestehen aus Laaser Marmor: die Mozart-Statue in Wien, das Victoria-Memorial in London und künftig die U-Bahnstation am Ground Zero in New York.

8 km westl. von Schlanders

◎ RESCHEN UND RESCHENSEE

Die Dörfer Reschen, Graun und St. Valentin liegen an der antiken römischen Handelsstraße Via Claudia Augusta. Wer im Frühjahr über den Reschenpass in den Vinschgau kommt, den erinnert der alte Kirchturm an das versunkene Dorf Graun. Oft wird erzählt, man habe den Stausee gebaut, weil steter Wassermangel herrschte. Aber Fakt ist: Seit 1922 wütete der Faschismus in Italien und das Projekt eines Großkonzerns wurde durchgesetzt, ohne Rücksicht auf die Bevölkerung. Der Zweite Weltkrieg verzögerte den Bau nur. 677 ha wurden 1950 überflutet, ein ganzes Dorf versank, heute zeugen noch der Turm im Reschensee und der alte Friedhof davon.

Der Reschensee ist im Sommer ein Paradies für Wanderer, Biker und Surfer. Im Winter wird er zum Hotspot der

Snowkiter. Die Seitentäler Langtaufers und Rojen bilden ein Erholungsgebiet für Genießer von Stille und Natur.

40 km nordwestl.

ÜBERNACHTEN

Strohhaus Fliri 🚩

Natürlich – Das Strohhaus Fliri wurde aus Strohballen erbaut. Auf einem soliden Fundamentcalven werden dicht gepresste Strohballen zu den Außenwänden aufgestapelt. Einerseits bilden sie die tragfähige Wand und andererseits dämmen sie hervorragend. Die Zwischenböden und Innenwände wurden konventionell ausgeführt. Der Erbauer Richard Fliri ist Künstler, Bauer und Visionär. Sein kleiner Biobauernhof besteht im Wesentlichen aus Stall, Haupthaus und Strohhaus. Er baute vier baubiologische Ferienwohnungen, zwei davon im Haupthaus, zwei im erst kürzlich errichteten Strohhaus. Das Strohhaus bietet eine besondere Atmosphäre und Wohnklima. »Die Erhabenheit der Natur außen, gepaart mit der sinnlichen Erfahrung der natürlichen Materialien innen, sollen der Erholung den Boden bereiten«, sagt er. Und fürs Auge schmücken viele Bilder und Objekte von Fliri den Hof. Wanderwege starten direkt ab Hof.

Graun | Langtaufers 84 A | www.fliri. net | 4 Ferienwohnungen | €€

OBERVINSCHGAU

GLURNS 🍃 B 4

900 Einwohner

Glurns nimmt einen kuriosen Rekord für sich in Anspruch: Es ist die kleinste höchstgelegene Stadt der Alpen mit vollständig erhaltener Stadtmauer und Wehrgang. Ihr Dasein verdankt die kleine Stadt den kämpferischen Vorfahren der Grafen auf der **Churburg** ⑥. Sie ist ein mittelalterliches Juwel. Die Wehrgänge sind noch immer begehbar. Auch heute kommt man nur durch die Tore ins Zentrum.

21 km westl. von Schlanders

EINKAUFEN

Puni Destillerie 🚩

Die kleine Stadt Glurns bietet Höchstprozentiges: Hier gibt es die erste und einzige Whisky-Brennerei Italiens. Das verwendete Getreide stammt, ausgenommen die Gerste, aus dem Vinschgau. Die Destillerie trägt den Namen des Flusses Puni, der in den Ötztaler Alpen entspringt. Zwei Jahre lang verkrochen sich Vater Albrecht und Sohn Jonas Ebersperger im Keller, experimentierten mit Getreidesorten und studierten Destillierweisen, bis die perfekte Rezeptur stand. Das Gebäude stammt von dem Baumeister Südtirols, Werner Tscholl; es ist ein 13 m hoher Betonziegelkubus. Im verglasten Inneren finden Besucher nicht nur den puristischen Verkaufsraum, sondern können auch die kupfernen Brennblasen, eine 100 Jahre alte Malzmühle sowie die Marsala- und Bourbonfässer bewundern, in denen die erste Whisky-Generation gelagert wird.

Am Mühlbach 2 | www.puni.com | Mo–Sa 10–12, 14–18 Uhr; Führung Mo 10, Mi 16 Uhr

MALS 🍃 B 4

4800 Einwohner

Hauptort im Obervinschgau ist Mals. Der Ort ist hübsch anzuschauen mit seinen kleinen malerischen Gassen und den alten schmalen Häusern. Die

Bevor man Glurns (▶ S. 130) durch eines der vier Stadttore betritt, kommt man an der Kirche St. Pankratius vorbei, die knapp außerhalb der Stadtmauer steht.

Häuser mit Engadiner-Zierschmuck und dickem Mauerwerk zeigen noch heute, dass es eine tiefe Verbindung über die Grenze zur Schweiz hinweg gibt. Der Ort war für Jahrhunderte in fester Hand der Bischöfe von Chur. Es gibt viele alte Fresken aus dieser Zeit im Ort zu entdecken. Sie sind kunsthistorisch wertvoll, mit Motiven vom ordentlichen Leben – aber eigentlich sind sie nichts anderes als Graffiti, die damals zum rechten Denken animieren sollten.

Mals liegt an der alten Reschenstraße, heute gibt es eine Umgehungsstraße, es liegt aber noch immer verkehrsgünstig. Reschenpass, Münstertal und Stilfser Joch sind von hier gut zu erreichen.

22 km nordwestl. von Schlanders

SEHENSWERT

Kloster Marienberg

Schon von Weitem sichtbar ist Kloster Marienberg, auf 1340 m die höchstgelegene Benediktinerabtei Europas. Seit seiner Gründung 1150 leben hier Mönche nach den Ordensregeln des hl. Benedikt von Nursia. Die Geschichte hier im Oberen Vinschgau ist eine kriegerische. Marienberg war ein

Bemalte Arkadengänge zieren im ersten Stock den Innenhof der Churburg (▶ MERIAN Top-Ten, S. 133). Auch der Stammbaum der Burgbesitzer ist hier symbolhaft abgebildet.

deutschsprachiges Kloster in rätoromanischer Umgebung, strategisch wichtig. Seine Chronik berichtet von Plünderungen, Kriegen, Pest und einem geköpften Abt. Eigensinnig gegen die Welt und gottergeben im Schicksal, haben sie überlebt, erzählt der heutige Abt des Klosters.

Im ehemaligen Wirtschaftstrakt der Anlage sind Schauräume eingerichtet, in denen historische Eckdaten und das Alltagsleben im Kloster vermittelt werden. Wer dieses noch näher kennenlernen möchte: »Kloster auf Zeit« ist hier für Männer möglich.

Sehenswert sind auch die romanischen Krypta-Fresken mit ihren Engelsdarstellungen – zum Schutz der Fresken aber nur im Sommer zugänglich.

Schlinig 1 | www.marienberg.it | Mitte März–Okt. und 27. Dez.–5. Jan. Mo–Sa 10–17 Uhr, So und feiertags geschl. (Oster- und Pfingstmontag geöffnet); Krypta nur Mai (Führung jeweils 15 Uhr) und Juni–Okt. (Abendgebet um 17.30 Uhr)

ÜBERNACHTEN

Hotel Margun

Ordentlich und modern – Ohne Spierenzchen, dafür mit einem gigantischen Ausblick aufs Vinschger Panorama. Ein üppiges Frühstück mit Säften und Marmeladen, die aus dem Obst im Hausgarten gemacht werden.

Nationalstr. 7 | Tel. 04 73 83 50 60 | www.margun.it | €€

ESSEN UND TRINKEN

Hotel Greif

Vollwertküche – »Die Nahrung so natürlich wie möglich belassen«, danach richtet sich der Chef des Hauses, der eine wirklich schmackhafte, vitalstoffreiche Vollwertküche führt. Das Brot aus Emmer, Dinkel oder Buchweizen ist ein Genuss.

Das Restaurant ist in einem Gewölbesaal aus dem 16. Jh. untergebracht; das Haus wurde mit dem Umweltsiegel ausgezeichnet. Übernachten kann man auch sehr angenehm.

Gen. Verdroßstr. 40/A | Tel. 04 73 83 11 89 | www.hotel-greif.com | €€€

EINKAUFEN

Weinhof Calvenschlößl

Unterhalb vom Kloster Marienberg, am Steilhang, wurden 7200 Rebstöcke erst im vergangenen Jahr angelegt, die 2016 erstmals abgeerntet und weiterverarbeitet werden sollen.

Unterstützt wird Klosterabt Markus Spanier bei seinem Vorhaben vom Weinhof Calvenschlößl in Laatsch. Dort kultiviert Familie van den Dries aus Belgien bereits seit 2004 erfolgreich Bioweine in Extremlagen von bis zu 1000 m – ohne Maschinen selbstverständlich, dafür mit drei fleißigen Eseln als Erntehelfer.

Laatsch 102 | www.calvenschloessl.eu | Weinprobe und Verkauf auf Voranmeldung

SCHLUDERNS B 4

1790 Einwohner

Die kleine Gemeinde wird geprägt und überragt von einem imposanten Wehrbau, der Churburg, die auch das Wahrzeichen des Ortes ist. Ein Ritterspektakel-Fest im Sommer macht Schluderns und die alten Gemäuer rundherum voll und lebendig.

18 km westl. von Schlanders

SEHENSWERTES

6 Churburg

Der Besuch der mächtigen Burg ist für Romantiker ein Muss. Der Bischof vom schweizerischen Chur ließ sie erbauen, damit er im Kampf gegen den Vinschger Adel eine Bastion hatte. Der Adel eroberte sie schnell für sich. Sehenswürdigkeiten gibt es viele: Arkadengänge der Renaissance, die in ihren Malereien Fabeln erzählen, wie die von der Dummheit in der Welt. Es gibt einen Kreuzfahrer- und einen Dokumenten-Saal. Berühmt ist die Sammlung der Ritterrüstungen, sie ist einzigartig in Europa.

Churburg 1 | www.churburg.com | 20. März–31. Okt. 10–12, 14–16.30 Uhr, Mo (außer feiertags) geschl. | Eintritt 10 €, Kinder 4 €

Mittelalter mit Zukunft 5

Wer das Glück hat, Graf Johannes von Trapp, dem Herrn der Churburg, zu begegnen, der hat eine großartige Gelegenheit, Geschichte und Kultur mit Leben erfüllt zu bekommen. Wen er in die Rüstkammer führt, der möchte fast zurück ins Mittelalter reiten (▶ S. 14).

SERVICE

AUSKUNFT

Tourismusverein Obervinschgau

Mals | St. Benediktstr. 1 | www.ferienregion-obervinschgau.it

AKTIVITÄTEN

Schmugglerpfade – grenzüberschreitend wandern auf historischen Wegen der »contrabbandieri«.

Bis in die 1960er-Jahre machten Schmuggler mit Kaffee und Tabak ein lukratives Geschäft. Es ging über die grüne Grenze von der Schweiz nach Italien. Heute können sich interessierte Urlauber auf die Spuren der Schmuggler begeben: Neben regelmäßigen Wanderungen zwischen Südtirol und dem Müstairtal durch die Uina-Schlucht gibt es auch eine Biketour sowie das Schmugglerrennen auf die Sesvennahütte.

Startpunkt: Burgeis; Ziel: Sur En (CH), Rückfahrt mit Shuttle-Bus | Mitte Juni–Mitte Okt., jeweils Fr | Tel. 04 73 83 11 90 (Anmeldung bis spätestens 17 Uhr am Vortag) | 32 €, Kinder 16 €

UNTERVINSCHGAU

Von Schlanders über Kastellbell bis kurz vor Meran erstreckt sich der Untere Vinschgau. Apfelbäume gibt es, soweit das Auge reicht. Da der Boden sehr trocken und es das Klima ebenso ist, ist es ein Genuss, an den alten **Waalwegen** 7 entlangzugehen.

KASTELBELL-TSCHARS 🏰 D 4/5

2300 Einwohner

Hier beginnt das Schlaraffenland: Obst, Wein, Spargel, Speck – alles, was der Vinschgau gedeihen lässt, gibt

es hier. Wer an der Bundesstraße Richtung Meran fährt, wundert sich über die wunderschöne Burg, die fast direkt über der Straße thront. Kastelbell ist 1238 erstmals erwähnt, wahrscheinlich ist es aber früheren Ursprungs.

13 km östl. von Schlanders

SEHENSWERTES

Schloss Kastelbell

Auf dem ursprünglichen Gebäude wurden im 16. Jh. Vergrößerungen und bauliche Änderungen vorgenommen. 1813 und 1824 wurde das Schloss durch Brände weitgehend zerstört. 1956 wurde der Gebäudekomplex vom Staat erworben. Kunsthistorisch wichtig ist die Burgkapelle mit ihren Fresken aus dem frühen 14. Jh. und Mitte 16. Jh., interessant die sog. alte Kuchl im Südtrakt, die neu restaurierten Säle im Palas und der Innenhof.

Schlossweg 1 | www.schloss-kastelbell.com

MUSEEN UND GALERIEN

8 **MMM Schloss Juval**  D/E 4

Die Burganlage, auf einem prähistorischen Platz, wurde um 1278 erbaut. Zum Ende des 19. Jh. verfällt die Burg. 1913 kauft sie der holländische Kolonialherr William Rowland und saniert sie vorbildlich. Seit 1983 ist sie der Sommer-Wohnsitz von Reinhold Messner, der mehrere Kunstsammlungen dort untergebracht hat: eine umfangreiche Tibetika-Sammlung, eine Bergbildgalerie, eine Maskensammlung aus fünf Kontinenten. Schloss Juval ist heute Teil des Messner Mountain Museum-Projekts. Im Schloss können alle Innenhöfe und ein Dutzend Räume besichtigt werden.

Das dazugehörende Weingut Unterortl und der Biohof Oberortl, wo hofeigene Produkte im Schlosswirt angeboten werden und sich der Gast im neu eröffneten Heubad verwöhnen lassen kann, sind Teil eines Gesamtkonzeptes, das sich ein Erhalten und Beleben dieser kleinräumigen Südtiroler Kulturlandschaft zur Aufgabe gemacht hat.

Juval 3 | www.messner-mountain-museum.it

ESSEN UND TRINKEN
Kuppelrain ▶ S. 29

Marend am Waalerweg

Die Waale sind die Lebensadern im sonnenreichen Vinschgau. Der Stabener Waal bezieht sein Wasser aus dem Schnalstal und ist ein unglaublich romantischer Weg. Das Wasser ist so sauber, dass man ruhig wagen darf, es einfach zu trinken. Ein Schüttelbrot und etwas Speck dazu – herrlich (▶ S. 14).

SERVICE
AUSKUNFT
Tourismusverein Kastelbell-Tschars
Staatsstr. 5 | www.kastelbell-tschars.com

AKTIVITÄTEN
Vinschger Höhenweg
Der 108 km lange Vinschger Höhenweg von **Schloss Juval** bis zur Etschquelle am Reschenpass kann komplett oder in einzelnen Etappen erwandert werden. Die Tour führt Bergfreunde auf der Sonnenseite des Vinschgaus durch artenreiche Vegetation und eine Natur, die gegensätzlicher nicht sein könnte. Gegenüber die schneebedeckten Gipfel der Ortlergruppe, entlang des Wegs steppenartige Vegetation und in der Tiefe das üppige Grün des Tals. Unterwegs locken Buschenschänken, Burgen, Ansitze und viel Kultur. Die Bergtour ist nicht sehr herausfordernd, nur Kondition ist für die gesamte Strecke nötig. Tagestouren werden auch mit Führung durch die Touristinfo angeboten.

www.vinschgau.net

LATSCH ▶ D 5
2480 Einwohner
In der fruchtbaren, von südlich-mildem Klima verwöhnten Talsohle liegt Latsch, eingebettet in den Apfelgarten Südtirols, auf »nur« noch 639 m.
Mit den Orten Goldrain, Morter und Tarsch bildet es ein Erholungsgebiet quasi auf dem Talboden. Sonnen- und Nörderberg bieten unzählige Wander- und Spazierwege. Die Seilbahn St. Martin (1740 m) sowie der Sessellift zur Tarscheralm (1900 m) bringen einen in eine Hochgebirgslandschaft.

7 km östl. von Schlanders

Apfelblüten im Schnee

Sonnenverwöhnt wie der Vinschgau ist, strahlt der Himmel blau und davor erheben sich weiß die Gipfel mit Schnee. Drunter schmiegen sich im Frühjahr Obstgärten mit weißen und rosa Blüten der Apfelbäume. Der Duft ist betörend fein – ein Spaziergang hier gleicht einem Wandeln im Paradiesgarten (▶ S. 14).

SEHENSWERTES

Pfarrkirche und Spitalkirche

Die Pfarrkirche St. Peter und Paul stammt aus dem 12. Jh. Das Hauptportal wurde von Oswald Furter 1524 geschaffen, zum Teil aus weißem Marmor von Laas. Die Spitalkirche zum Hl. Geist bildete einen gemeinsamen gotischen Komplex mit dem damaligen Krankenspital. Sie ist aber vor allem wegen des vom schwäbischen Meister Jörg Lederer 1524 gestalteten Triptychons einer der wichtigsten Schätze Südtirols.

ÜBERNACHTEN

Dolce Vita Hotel Paradies ▶ S. 24

Pension Dietl

Einfach und gut – Die Zimmer in diesem Bed & Breakfast sind modern und sauber. Der Park mit Swimmingpool macht den Aufenthalt bei schönem Wetter fein.

H. Peggerstr. 6 | Tel. 04 73 62 31 95 | www.pensiondietl.it | €

St.-Lucius-Hof

Wie daheim, nur in den Bergen – Ruhig und sonnig gelegen, die Ferienwohnungen sind hübsch und praktisch eingerichtet. Besonders bekannt ist der St.-Lucius-Hof für seine guten, preisgekrönten Eigenbauweine. Grillplatz, Weinführungen, Weinverkauf ab Hof.

Goldrain | Tel. 04 73 74 20 47 | www.st-luciushof.it | €

EINKAUFEN

Herilu

Seit Sommer 2004 gibt es im Vinschgau das Einkaufszentrum Herilu am westlichen Dorfeingang in Latsch. Das Konzept »Shopping unter einem Dach« gibt es noch nicht oft in Südtirol. Darum ist auch dies als kuriose Nachricht zu vermelden: Hier gibt es tatsächlich die erste Rolltreppe im ganzen Vinschgau.

Hauptstr. 11 | www.herilu.it | Mo–Fr 9–12.30, 14.30–19, Sa 9–12.30, 14.30–18 Uhr

SERVICE

AUSKUNFT

Tourismus Latsch-Martell

Hauptstr. 38/a | www.latsch-martell.it

NATURNS   E 4

21 km östl. von Schlanders

EINKAUFEN

Vinschger Bauernladen ▶ S. 40

Yaktreiben auf den Ortler   8

Einmal im Jahr treibt Reinhold Messner seine Yaks hinauf auf die Almen am Ortler. Eine Möglichkeit für jedermann, mit der Bergsteigerlegende zu wandern – und so sogar selbst zum Yak-Antreiber zu werden (▶ S. 15).

ORTLERGEBIET   B 6

Sulden und das Ortlergebiet ist eine eigene Welt. Trafoi, Gomagoi und Stilfs heißen die anderen Orte, die inmitten des Nationalparks Stilfser Joch gelegen sind, umrahmt von 14 Dreitausendern. Ortler, Cevedale, Königsspitze – eine erhabene Bergwelt umgibt einen hier. Im Sommer lässt es sich hier sehr gut wandern, beim Skifahren im Win-

Die Nordostrampe der Passstraße über das Stilfser Joch gilt als die schwierigste im ganzen Alpengebiet – vor allem bei Motorradfahrern ist sie eine beliebte Herausforderung.

ter kann man wahre Ruhe erfahren. 48 Serpentinen führen zum Stilfser Joch, zur Cima Coppi, hinauf. Nicht nur für Motorradfahrer ein Erlebnis. Es erfordert jedoch Achtsamkeit, miteinander die Straße zu befahren.

31 km südwestl. von Schlanders

ÜBERNACHTUNG

Hotel Cevedale

Großzügige Zimmer – Die Einrichtung liegt zwischen alpinem und klassischem Design, alles mit einheimischen Materialien ausgestattet. Dazwischen alte Ledersessel und hübsche Vintage-Kommoden. Einfach zum Wohlfühlen.

Sulden | Hauptstr. 41 | Tel. 04 73 61 30 13 | www.hotel-cevedale.com | €€€

Hotel Cristallo

Zentral und gefragt – Direkt neben dem Kinderskilift der Skischule, auf 1900 m gelegen. Das familiengeführte Haus hat Geschichte und ist ein Anziehungspunkt für Einheimische und Gäste aus aller Welt. Im Sommer wie im Winter idealer Ausgangspunkt.

Sulden | Tel. 04 73 61 32 34 | www. cristallo.info | €€€€

UNTERLAND UND ÜBERETSCH

Burgen, Schlösser, Wein charakterisieren den Süden Südtirols.
Die vielen herrschaftlichen und herrlich anzuschauenden Ansitze
zeugen bis heute davon, dass es hier seit jeher eine reiche Kultur gab,
die sich mit der nördlichen vermischt.

Die Hügellandschaft südwestlich von Bozen ist wohl schon in vorchristlicher Zeit besiedelt gewesen, dank der guten klimatischen Bedingungen
konnte früher Wohlstand geschaffen werden. Die Region teilt sich in zwei
Gebiete auf, Trennlinie ist die Etsch. Links der Etsch liegt das Unterland.
Die Orte heißen Auer, Neumarkt und Salurn. Auf der rechten Seite der
Etsch liegt Überetsch. Die Orte Eppan, Kaltern und Tramin stehen prominent für Wein aus Südtirol. Der berühmte Gewürztraminer stammt
aus dieser Gegend.
Viele der hier zu findenden Burgen und Schlösschen sind zu besichtigen
oder wurden heute zum Hotel ausgebaut. Darum darf ein Reisender
Sehenswürdigkeiten durchaus auch hinter einem Übernachtungstipp
vermuten. Der besondere Baustil entstand aus der Verschmelzung nörd-
licher und südlicher Kultur: sandsteingerahmte Torbögen und Doppel-

◀ Der Weg zur Burg Hocheppan (▶ S. 139)
ist steil, doch die Mühe lohnt sich!

bogenfenster, Loggien und kunstvoll geschmiedete Fenstergitter.
Die Südtiroler Weinstraße führt
hier durch – quasi von Schloss
Sigmundskron bis zur Haderburg
von Salurn. Südliches Flair verbreitet die weite Rebenlandschaft mit
Zypressen, Oleander und Olivenbäume. Leicht ansteigende Wege führen
zwischen verstreut liegenden Höfen und Mischwäldern hindurch. Ganz
oben am Fenner See findet man Mammutbäume, die über 100 Jahre alt
sind. Auch Europas höchstgelegenes Müller-Thurgau-Weingut liegt hier.

BEGEHRTES URLAUBSZIEL – DER KALTERER SEE

Der Kalterer See, der wärmste See der Alpen, bietet für Wassersportler
viel Vergnügen. Durch die südliche Lage ist das Wandern und Radfahren
zu jeder Jahreszeit möglich und im Herbst lassen sich hier großartig
Wein- und Törggelewanderungen unternehmen.

ÜBERETSCH

EPPAN ▶ F 6
14700 Einwohner

Über 180 Burgen, Schlösser und edle
Ansitze bestimmen das Landschafts-
bild rund um Eppan. 16 Dörfer sind
zu der Großgemeinde zusammenge-
fasst; neun Weindörfer erstrecken sich
im größten Weinanbaugebiet Südtirols.
Dank eines besonders milden Klimas
und 2000 Sonnenstunden im Jahr,
finden Aktivurlauber und Familien auf
400 km gut markierten Wegen tolle
Wandermöglichkeiten. Es gibt jede
Menge Kultur- und Naturschätze und
international bekannte Weine von über
25 Kellereien, Sekt- und Grappa-Er-
zeugern.
Von den Eppaner Ortsteilen St. Pauls
oder Missian ist der Aufstieg zu Burg

Hocheppan, Schloss Korb und Ruine
Boymont möglich. Schloss Korb ist
inzwischen ein Hotel, in der Ruine
Boymont gibt es eine empfehlenswerte
Jausenstation.

SEHENSWERTES

9 **Burg Hocheppan**

Sie dürfte die eindrucksvollste unter
den eindrucksvollen Burgen Südtirols
sein. Hoch über der Eppaner Fraktion
Missian erhebt sich die zauberhafte,
romantische Burganlage. Nach auf-
wendigen Restaurierungsarbeiten steht
dieses Juwel allen Wanderern und
kunstgeschichtlich interessierten Besuchern offen. Neueste archäologische
Funde bestätigten, dass der Burghügel
bereits in rätischer Zeit besiedelt war.
Die romanische Burgkapelle zeigt best-

erhaltene Fresken. Im liebevoll gepflegten Garten gibt es Südtiroler Köstlichkeiten aus der Burgschenke. Hier kann man sich an einer wahrlich spektakulären Aussicht erfreuen.

St. Pauls-Missian | Hocheppanerweg 16 | Tel. 04 71 63 60 81 | www.hocheppan.com | Do–Di 10–18 Uhr

Eppaner Eislöcher

Zwischen den Gemeinden Eppan und Kaltern, am Fuß des Gandberges, befindet sich dieses eiskalte Naturphänomen. Je weiter man in die Mulde der Eislöcher kommt, desto kälter wird's. Eiszapfen gibt es hier auch im Sommer. Das Phänomen wird mit dem physikalischen Prinzip der Windröhre erklärt: Das Gebiet rund um die Eislöcher ist geprägt von Porphyrschuttmassen. An den oberen Öffnungen der Blöcke fließt warme Luft hinein, die am Fels abkühlt. Die kalte Luft strömt anschließend nach unten und entweicht an den unteren Öffnungen der Gesteine als eiskalte Luft.

Natur- und Weinlehrpfad

Der Weinlehrpfad »Hoher Weg-Gschleier« bietet Einblicke in das Leben und Wirken der Weinbauern und die Bedeutung des Weinbaus. Auf dem mit 15 Informationstafeln beschilderten Weg kann man den Eppaner Wein und die Vielseitigkeit der Flora der Ferienregion Eppan erwandern.

Girlan | Wegkarte im Touristbüro

ÜBERNACHTEN

Bad Turmbach

Urig – Nach steiler Anfahrt öffnet sich dem Besucher rechts am Hang ein ehrwürdiger Ansitz. Hier lässt es sich gediegen wohnen. Im Garten unter alten Apfelbäumen kann man das reichhaltige Frühstück und das sehr gute und deftige Abendessen genießen.

Eppan-Berg | Turmbachweg 4 | Tel. 04 71 66 23 39 | www.turmbach.com | €€€€

Schloss Korb ▶ S. 25

ESSEN UND TRINKEN

Restaurant Gasthof Steinegger

Sehr beliebt! – Eine wunderbare Aussicht über Bozen bis zu den Dolomiten und ein wunderbares Erlebnis für den Gaumen. Pasta und Kuchen aus eigener Herstellung.

Eppan | Matschatscherweg 9 | Tel. 04 71 66 22 48 | www.steinegger.it | Do–Di 12–21 Uhr | €€

Zur Rose

Visionär – Einen Stern im Guide Michelin, zwei Hauben im Gault-Millau … Küchenchef Herbert Hintner verzaubert die Südtiroler Küche mit frischem Pfiff und Extravaganz. Die Küchengeister sind alles andere als alt, die da in dem Gemäuer, das im 12. Jh. erbaut wurde, ihr »Unwesen« treiben.

St. Michael | Josef-Innerhofer-Str. 2 | Tel. 04 71 66 22 49 | www.zur-rose.com | Mo 19–21.30, Di–Sa 12–14, 19–21.30 Uhr | €€€

EINKAUFEN

Hofbrennerei Fischerhof

Liköre, Grappas und Fruchtbrände – seit einem halben Jahrhundert ist der Fischerhof in Girlan eine ausgezeichnete Adresse, wenn es um Destillate erster Güte geht. Grappaverkostung im urigen Hofladen.

Girlan | Schreckbichl 12 | www.fischer
hof-mauracher.it | Mo–Sa 8–18 Uhr, So
auf Anfrage

SERVICE

AUSKUNFT

Tourismusverein Eppan

Unter anderem ist hier die »Burgen-
Schlossparcours Eppan«-Karte zu
haben. Die Wanderkarte, auf der
Schlösser, sakrale Bauten und Ausgra-
bungsstätten entlang eines markierten
Parcours eingezeichnet sind, erleich-
tert den Weg durch die Vielzahl der
Schlösser.

Rathausplatz 1 | www.eppan.com

AKTIVITÄTEN

Eppaner Höhenweg

Villen und Schlösser am Wanderweg –
es ist eine gute Tageswanderung, nicht
schwer, aber doch die Ausdauer for-
dernd. Der Weg führt vom Hauptplatz
in St. Michael zur Gleifkirche empor.
Sie fällt mit ihrem Doppelturm sofort
ins Auge. Von oben aus wandert man
ungefähr 20 Min. lang bis zum Gasthof
Steinegger. Wegweiser Nr. 7 führt weiter zum Matschatscherberg. Dort oben
steht das idyllisch gelegene Schloss
Matschatsch. Um die Villa herum befinden sich einige Mammutbäume aus
dem Jahr 1908, die mittlerweile Naturdenkmäler sind.

In der sog. »Michaeler Riebn« beginnt
dann der bekannte Eppaner Höhenweg. Der Weg führt bis nach Buch-
wald und über Kreuzstein, vorbei an
Schloss Freudenstein und dann zurück
nach St. Michael.

Ca. 3 Std. Gehzeit | genaue Wegkarte
im Touristbüro

St. Michael ist das größte Dorf der Gemeinde Eppan. Bei einem Bummel durch die Gassen
kommt man am beliebten Sternerestaurant Zur Rose (▶ S. 140) vorbei.

Mendelpass-Autotour

Der Mendelpass gilt als die Sprachgrenze zwischen dem deutsch- und dem italienischsprachigen Tirol. Es war eine bedeutende Leistung der Ingenieure und Straßenbauer, diese Gebirgsstraße durch die Felsen zu treiben. Fünf Jahre, 1880–1885, baute man an ihr. Ab der Kalterer Höhe sind 15 nummerierte Kehren zu durchfahren. Aussichtspunkte bieten einen guten Blick bis ins Tal der Etsch. Wegen der Steilheit des Osthanges sind für 9,5 km Luftlinie zwischen Eppan und Fondo etwa 26 km Straße zurückzulegen.

Für Wohnanhänger gesperrt

KALTERN   F7

7500 Einwohner

Der Kalterer See und der Kalterersee-Wein – gemeinsam haben sie Kaltern bekannt gemacht. 760 ha Wein wird hier angebaut, an den Hängen wächst die Vernatsch-Traube. Am Marktplatz lässt sich dieser Lebensfreude, die mit den beiden Begriffen transportiert wird, besonders nachspüren. Neben zahlreichen Cafés mit Sonnenplätzen laden zahlreiche kleine, schöne Geschäfte zum Shoppen ein. Beliebt ist auch der dienstagvormittags stattfindende Bauernmarkt auf dem Marktplatz.

MUSEEN UND GALERIEN

Südtiroler Weinmuseum

Zahlreiche Exponate führen Geschichte und Bedeutung des Weines im Raum Südtirol anschaulich vor Augen: imposante Weinpressen, Trinkgefäße, Weinfässer und Keltergeräte. Darüber hinaus wird Lehrreiches zum Thema Weinanbau und Weinbauernleben vorgestellt und man erfährt aufschlussreiche Geschichten zum Thema Wein. So hatten einst die Kalterer zum Schutz vor Traubendiebstahl einen Flurhüter angestellt. Noch im Jahr 1914 gab es in Kaltern neun solcher »Traubenwächter«.

Goldgasse 1 | www.weinmuseum.it | April–Nov. Di–Sa 10–17, So, feiertags 10–12 Uhr | Führungen jeden Do 10 Uhr

ÜBERNACHTEN

Garnellenhof

Mitten in den Weinbergen – Familiär geführtes Hotel, umgeben von Obst- und Weingärten am Rande eines Waldgebietes. Von hier aus bieten sich zahlreiche Spazier- und Wandermöglichkeiten abseits vom Hauptverkehr an. Das Ortszentrum erreicht man in ca. 20 Gehminuten. Sonnige, ruhige Panoramaterrasse und täglich frischer Apfelstrudel!

Garnellenweg 18 | Tel. 04 71 66 90 11 | www.garnellenhof.com | €€

Gasthof Pension Klughammer

Direkt am See – Weitab vom Alltag kommt man hier zum Ausspannen. Die Zimmer haben Balkon und Seeblick, es gibt eine hauseigene Liegewiese und einen Privatstrand. Im Sommer gibt es schöne Grillabende.

Kalterer See | Tel. 04 71 96 01 59 | www. pensionklughammer.com | €–€€

Schlosshotel Ährental ▶ S. 25

ESSEN UND TRINKEN

Drescherkeller

Überetscher Stil – Im Weinlokal und Restaurant Drescherkeller im Reich'schen Schlössl kann man richtig gut jausen und trinken in den original erhaltenen Gewölben oder zwischen Oleandern, Palmen und Zypressen im eindrucksvollen Hof. Gelegentlich gibt es im Drescherkeller Dichterlesungen.

Maria-v.-Buol-Platz 3 | Tel. 04 71 96 31 19 | €€

Luggin Steffelehof

Sympathische Gastgeber – Hier kredenzt man im Buschenschank besten Kalterer Wein und bietet eine köstliche Bauernküche. Das Ambiente ist einfach anders: moderner und traditioneller zugleich. Im dazugehörigen Hofladen stehen hausgemachte Produkte zum Verkauf bereit. Ausgezeichnet als »Bäuerlicher Feinschmecker«.

Heppenheimerstr. 11 | Tel. 04 71 96 36 08 | www.luggin-steffelehof.com | Mitte März–Mitte Dez. Do–So ab 17 Uhr

Wein verkosten

Ein ganz eigener Moment ist das Weinverkosten. Da geht es nicht um den ersten frischen Sturm, sondern um die Vielfalt der ausgereiften Weine. Das Besondere an ihnen schmeckt man an der Seite eines allwissenden Winzers. Und es ist garantiert ein Unterfangen, das das gesamte Leben lang immer wieder neue Momente schenkt (▶ S. 15).

EINKAUFEN

Morgenrot-Käppis bei Got Ya

Kratzfreie Schafwolle aus der Region wird extravagant, bunt und noch dazu von Hand zu witzigen Käppis gefertigt. Die Morgenrot-Häkelkäppis sind absolut originell und voll im Trend. Es gibt

Eine Fahrt mit der Mendelbahn (▶ S. 144) von St. Anton bei Kaltern hoch zum Mendelpass erspart eine kurvenreiche Autofahrt und beschert ein gemütliches, nicht alltägliches Erlebnis.

Zur warmen Jahreszeit beliebter Wassersportort, wird der Kalterer See (▶ S. 145) im Herbst zu einer Törggeleregion par excellence – bester Wein in idyllischer Umgebung.

auch herzige Taschen – auf Wunsch auch speziell angefertigt.
Andreas-Hofer-Str. 13 | www.morgen-rot.it

SERVICE
AUSKUNFT
Tourimusverein Kaltern am See
Marktplatz 8 | www.kaltern.com

AKTIVITÄTEN
Abenteuerpark
Der größte Hochseilgarten Südtirols mit 200 Plattformen, 33 Flying-Fox-Rutschen und 19 Parcours in verschie-denen Schwierigkeitsgraden lässt in die äußeren und inneren Abgründe schauen. In den Bäumen sind die Platt-formen verankert; Netze, Balken, Seil-bahnen und Brücken mit Längen zwischen 3 und 60 m bilden die Ver-bindung zwischen ihnen.
Sportzone St. Anton | www.abenteuer-park.it | Aug.–Sept. tgl. 9.30–18.30 Uhr, sonst je nach Saison unterschiedliche Tage geschl.

Fahrt mit der Mendelbahn
»Auf der Mendel« ist es unglaublich schön. Von hier hat man den absoluten

Überblick über das ganze Überetsch und Bozener Unterland bis weit hinein in die faszinierende Dolomitenwelt.

Die Mendelbahn wurde 1903 in St. Anton bei Kaltern zum Erreichen des Mendelpasses errichtet, statt kurviger Straße geht es heute in nur zwölf Minuten hinauf. Bei ihrer Eröffnung war sie die erste elektrisch betriebene Bahn Tirols und die steilste und längste durchgehende Standseilbahn Europas. 2009 wurde sie grundlegend renoviert. Jeden Freitag von Juni bis September findet eine Fahrt auf die Mendel, die einstige kaiserliche Residenz, mit anschließender Führung zur Geschichte des Passes statt.

Informationen und Anmeldung im Tourismusverein Kaltern

Ziele in der Umgebung

◎ KALTERER SEE   ⚓ F7

Er ist Südtirols größter und wärmster Badesee. Bereits ab Mitte Mai und bis Anfang Oktober wird hier gebadet. Wegen seiner geringen Tiefe erreicht das Wasser in der zweiten Maihälfte bereits eine Temperatur von 17–19 °C, im Sommer sogar 26–28 °C. Der Kalterer See hat für jeden etwas zu bieten. Für die Wassersportler ist der See ein großer Spielplatz. Dank des am späten Nachmittag einsetzenden Südwindes »Ora« finden am Kalterer See nicht nur regelmäßig Segelregatten statt; er macht ihn auch zum Paradies für Surfer.

Flora und Fauna bietet Besonderes für Naturfreunde. Denn das Schilfgebiet am Südende des Sees ist Naturschutzgebiet. Es ist Nistplatz für unzählige und seltene Vögel sowie Sumpftiere. Wasserralle, Rohrweihe, Wiedehopf, Baumfalke … etwa 100 Vogelarten gibt es. Dieses Schilfgebiet ist der einzige größere Lebensraum dieser Art zwischen Reschenpass und Verona und liegt in der Gabelung der wichtigsten Vogelfluglinien. Deshalb erscheinen hier immer wieder Fisch- und Purpurreiher, Bekassinen, Kiebitze, Fischadler, Kraniche, Kormorane und Weißstörche. Sie sind von einem Aussichtsturm aus gut zu beobachten. Ein Naturerlebnisweg ermöglicht den Besuch dieses Biotops. Und für die Romantiker bietet der See eine Idylle für jeden Gemütszustand.

Einer Legende nach entstand der See an einer Stelle, wo einst das Leben einer prächtigen Stadt pulsierte. Aber deren Bewohner waren boshaft und voller Laster. Nur ein einziges Haus, etwas höher und abseits von der Stadt gelegen, war von einer frommen Familie bewohnt. Als einst Christus mit seinem Jünger Petrus die verschiedenen Länder bereiste, kam er auch in die Gegend dieser Stadt. Sie waren von der Reise müde und hungrig. Drum bat Christus jene fromme Familie um etwas Essen. Der arme Hausvater hatte aber keinen Bissen im Hause, darum entschuldigte er sich und brachte einen Krug voll frischen Wassers, womit die beiden Fremden wenigstens den Durst löschen konnten. Petrus ging in die Stadt, um dort zu bitten, kam jedoch mit leeren Händen wieder. Als Jesus von der unbarmherzigen Bevölkerung hörte, nahm er den Wasserkrug und schüttete ihn durchs Fenster hinaus. So wurde die gottlose Stadt überflutet. Die arme Familie aber hatte nun einen See voller Fische.

4 km südl. von Kaltern

TRAMIN ⚑ F 8

3400 Einwohner

Tramin liegt inmitten einer weiten, leicht hügeligen Weinlandschaft. Berühmt ist der Ort an der Südtiroler Weinstraße für die autochthone Rebsorte Gewürztraminer. Der historische Dorfkern mit den alten, repräsentativen Höfen und Häusern mit den bunten Fassaden macht das Örtchen, das vom Tourismus lebt, reizvoll.

MUSEEN UND GALERIEN

Hoamet-Tramin-Museum

Das Heimatmuseum befindet sich im Ortskern. Es zeigt landwirtschaftliche Geräte, die in früherer Zeit für die bäuerliche Arbeitswelt zur Verfügung standen. Besonders werden der Weinbau und die Maisverarbeitung von früher veranschaulicht. Das Museum besitzt eine internationale Sammlung von Gewürztraminer-Flaschen seit 1886. Eine alte Küche gibt es und Figuren vom Egetmann-Faschingsbrauch, die interessante Raritäten sind.

Rathausplatz 9 | www.hoamet-tramin-museum.com | April–Okt. Di–Fr 10–12, Mi auch 16–18 Uhr; Führungen Mi, Fr 10 und 11 Uhr

ÜBERNACHTEN

Mühle Mayer

Umgeben von Wein – Oberhalb von St. Jakob in Kastelaz über Tramin liegt dieses Hotel, das aus einer alten Mühle hervorgegangen ist. Daran erinnert heute allerdings nur noch die Lage am Bach. Komfort in modernem Ambiente, bewusst funktionelles, lichtes Hallenbad mit Sauna.

Mühlgasse 66 | Tel. 04 71 86 02 19 | www.muehle-mayer.it | €€–€€€

EINKAUFEN

Weingut Elena Walch

Sie ist wohl eine der Besten der immens guten Winzer Südtirols und hat den Namen des Weinguts zu neuem Glanz geführt. 1869 wurde das Weingut gegründet, Elena Walch hat das Wort »Weinqualität« neu erfunden. Ihr Chardonnay Cardellino ist eine Offenbarung. Mit 55 ha in Bearbeitung, darunter die zwei Spitzenweingüter Castel Ringberg in Kaltern und Kastelaz in Tramin, gehört Elena Walch zu den wichtigsten Akteuren des Südtiroler Weinbaus.

In der Vinothek des Weinguts erfährt man beste Beratung und Weinverkostung; im kleinen Bistro des schönen Parks darf man die Weine zusammen mit kalten Köstlichkeiten genießen.

Andreas-Hofer-Str. 1 | Tel. 04 71 86 01 72 | www.elenawalch.com | Vinothek 14. April–1. Nov. Mo–Sa 9–13.30, 14–17.30 Uhr; Bistro tgl. 11.30–18.30 Uhr

SERVICE

AUSKUNFT

Tourismusverein Tramin

Mindelheimstr. 10A | www.tramin.com

UNTERLAND

AUER ⚑ G 8

3000 Einwohner

Inmitten der Ferienregion Castelfeder liegt Auer, gerade mal »nur noch« auf 250 m Höhe, am Fuß der Felswände des Naturparks Trudner Horn. Der Castelfeder ist ein Fels, der sich oberhalb erhebt. Auer hat sich in den letzten Jahren zum größeren Dienstleistungsörtchen gemausert. Trotzdem gibt es auch historische Ansitze und Bauernhöfe im mediterranen Baustil, enge Gassen gesäumt von Natursteinmauern, Bäumen und Blumen, wohin man schaut. Geschäfte, Cafés und gemütliche Gasthäuser laden zum Schlendern ein.

Sehenswert ist die Peterskirche mit der ältesten Orgel des gesamten Alpenraums. Schloss Auer, ein Ansitz, der bereits im 13. Jh. von den Herren von Auer errichtet wurde, ist heute privat genutzt und nicht zu besichtigen.

SEHENSWERTES

Katzenleiter

550 Felsstufen, eben die Katzenleiter, führen von Auer bis zum Wasserfall des Schwarzbachs. Start der kurzen Wanderung ist der Hauptplatz in Auer. Die Truidnstraße entlang, an der Marienkirche rechts vorbei und die Wasserfallstraße aufwärts bis zum Bergfuß.

Hier startet die sog. Katzenleiter Nr. 1 und führt über viele Stufen zum Wasserfall.

Wer will, kann noch etwas weiter bis zur Aldeiner Straße gehen und von dort mit dem Linienbus nach Auer zurückfahren.

ÜBERNACHTEN

Hotel Berghofer

Tradition und Moderne – Das Haus oberhalb Auers wurde in den 60er-Jahren erbaut, 2007 renoviert, es entstand ein Mix aus herrschaftlicher Großzügigkeit und gemütlicher Südtiroler Architektur. In der dazugehörigen Bar und im Restaurant ist ebenso der Mix angesagt zwischen alpin und mediterran.

Auch noch im Herbst kann man sich im solarbeheizten Pool erfrischen oder

Auf den perfekten Reifegrad der Trauben wird auf dem Weingut Castel Ringberg der Spitzenwinzerin Elena Walch (▶ S. 146) natürlich ganz besonderer Wert gelegt.

in der Sauna mit Kräuterdampfbad entspannen.

Aldein/Radein | Oberradein 54 | Tel. 04 71 88 71 50 | www.berghofer.it | Mai–Okt. | €€€

Hotel Villa Groff

Zentral und doch im Grünen – Umgeben von Obstgärten liegt dieses stilvolle Haus mit schöner Liegewiese und beheiztem Schwimmbad und Whirlpool. Familie Graiff führt diese romantische Jugendstilvilla seit Generationen selbst.

Das Frühstück ist hier erste Wahl und die Familie stets bedacht, ihren Gästen durch bestmöglichen, freundlichen Service einen angenehmen Urlaub zu bereiten.

Bahnhofstr. 80 | Tel. 04 71 81 04 24 | www.villagroff.it | €

SERVICE

AUSKUNFT

Tourismusverein Castelfeder

Hauptplatz 4 | www.castelfeder.info | Mo–Fr 8.30–12.20, 14–18, Sa 9–12.30 Uhr

Ziele in der Umgebung

◎ **GEOPARC BLETTERBACH**   🔖 G 7

Der Geoparc Bletterbach zählt zum Weltnaturerbe der UNESCO und erstreckt sich über eine Gesamtfläche von 818 ha. Seine einzigartige Landschaft weist Pflanzenfossilien und Saurierspuren auf. Der Geologie und Geomorphologie kommt daher im Freigelände und im Besucherzentrum eine besondere Bedeutung zu. Die Wanderung durch die Schlucht und rund um den Geoparc ist wie eine Reise durch die Jahrmillionen der Erdgeschichte.

Der lange Klosterflur von Maria Weißenstein (▶ S. 149) ist bedeckt von kunstvollen Votivtafeln, die von menschlichen Schicksalen, von Glauben und Gottvertrauen erzählen.

Aldein | Lerch 40 | www.bletterbach.
info | Mai–Okt. tägl. 9.30–18 Uhr, geführ-
te Wanderung tgl. 10.30 Uhr | Erwach-
sene 5 €, Kinder frei
20 km östl. von Auer

◎ MARIA WEISSENSTEIN ⚑ J7

Es ist sicher der meistbesuchte und
bedeutendste Wallfahrtsort Südtirols.
Im Jahr 1553 erschien dem Bauern
Leonhard Weißensteiner die Jungfrau
und heilte ihn von seiner Krankheit.
Als Dank dafür bat sie ihn, eine Kapelle
zu erbauen, worin die Gläubigen sie
um Hilfe anflehen konnten. Die heutige Basilika im Barockstil wurde im
Jahr 1654 vollendet; Pater des Serviten-
ordens betreuen heute den Wallfahrtsort. Zur Kirche gelangt man von einem
Seitenaufgang aus, in dem Hunderte
von Votivtafeln aufbewahrt werden.
Neben der Kirche befindet sich die
Kapelle des hl. Peregrin Laziosi, des
Schutzpatrons der Krebskranken.
Zu erreichen über Petersberg oder
Deutschnofen | tgl. geöffnet
20 km nordöstl. von Auer

SEHENSWERTES

Moorlärche im Eggental 🚩

Er störte ganz einfach – der dicke
Baumstamm, auf den Arbeiter 2011 bei
Entwässerungsmaßnahmen in einem
Wiesengrund bei Petersberg im Eggental stießen. Fast wäre er zu Brennholz geworden. Inzwischen ist wissenschaftlich bestätigt, dass es sich um
einen echten Urbaum handelt. Die
Moorlärche ist über 7000 Jahre alt und
stand wohl knapp 800 Jahre auf der
Erde, wuchs zu einer Höhe von 30 m
und einem Durchmesser von 1,10 m.
Was sie dann umhaute, wer weiß es?

Sie ist aber gut erhalten. Rund um die
Moorlärche hat sich eine »Art Family«
gebildet – ein Teil des Baumes gehört
der Wissenschaft, einen Teil verarbeiten Bildhauer zu kleinen Skulpturen,
machen daraus wertvolle Schmuckstücke und Schreibutensilien.
www.moorlaerche.info

NEUMARKT ⚑ F8

5100 Einwohner

Der mittelalterliche Marktflecken Neumarkt ist das kulturelle Zentrum in der
Ferienregion Castelfeder. Die wichtige
geografische Lage zwischen Norden
und Süden gab ihm früh Bedeutung.
Der berühmte Tiroler Freiheitskämpfer Andreas Hofer wurde hier auf seinem Weg nach Mantua eine Nacht in
einem der finsteren Keller eingesperrt.
Malerische Laubengänge und dicht
gedrängte Bauten im venezianischen
Baustil prägen das Ortsbild.

MUSEEN UND GALERIEN

Museum für Alltagskultur

Eine hübsch gestaltete Ausstellung
zeigt Gebrauchsgegenstände von 1815
bis 1950, die eine Neumarkterin von
Dachböden und Speichern zusammengetragen hat. Das Museum wurde 1990
erstmals der Öffentlichkeit vorgestellt
und befindet sich heute in einem
der letzten ursprünglichen Saalhäuser
Neumarkts.
Andreas-Hofer-Str. 50 | Di nach Ostern–
Allerheiligen So, Di, Fr 10–12, Mi, Do 16–
18 Uhr, Sa, Mo geschl.

ESSEN UND TRINKEN

Johnson & Dipoli

Winzig und edel – Unter den schattigen Lauben stehen zehn kleine Tische,

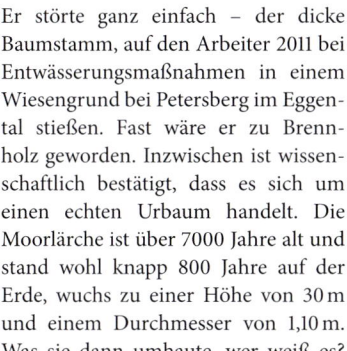

drinnen gibt es auch nicht viel Platz. Die Wahl des Weines aus den rund 200 verschiedenen Etiketten einheimischer und internationaler Weine dürfte schwerfallen.

Eine Reservierung ist ratsam.

Andreas-Hofer-Str. 3 | Tel. 04 71 82 03 23 | vincenzo.degasperi@katamail.com | tgl. geöffnet

AKTIVITÄTEN

Dürerweg

Albrecht Dürer wanderte 1494 nach Venedig, ein Teil der Route führt an Neumarkt vorbei. Das Etschtal war überschwemmt, Reisende mussten auf alternative Strecken ausweichen, um Ziele wie Verona und Venedig zu erreichen.

Dürer hat mehrere Aquarelle hinterlassen, die heute noch seinen Reiseweg beschreiben. Nach seinem Aufenthalt im Klösterle in St. Florian bei Neumarkt kam Dürer durch die Schlucht des Laukenbachs und überquerte die sog. Römerbrücke, durchquerte Buchholz (Salurn) und stieg schließlich zum Sauchpass (915 m) hinauf. Hier ging er weiter zum Heiligen See (1220 m) und begann nach Cembra, Faver und dem Schloss von Segonzano abzusteigen – hier entstanden seine berühmten Aquarelle –, bis er schließlich die Erdpyramiden von Segonzano erreichte.

www.durerweg.it | ca. 40 km, 8–9 Std. Gehzeit

Wandern im Naturpark Trudner Horn

Der Naturpark Trudner Horn mit seinen 400 km markierten Wanderwegen ist ein echtes Wanderparadies. Er wurde 1980 gegründet und im Jahr 2000 erweitert. Er gilt als artenreichster Naturpark Südtirols: Feuersalamander, Siebenschläfer, Wiedehopfe sowie Feuerlilien, Orchideen und Anemonen sind hier zu Hause.

Herausragende Naturdenkmäler sind über 40 m hohe Tannen und Fichten, die hier wachsen.

www.trudnerhorn.com

SALURN   F 9

3600 Einwohner

Das südlichste Dorf Südtirols macht den Abschluss der Südtiroler Weinstraße und ist gleichzeitig Teil des Naturparks Trudner Horn. Salurn und seine Fraktionen Gfrill und Buchholz erstrecken sich von 220 bis auf 1300 m über dem Meeresspiegel. Der Ort ist geprägt von stattlichen Häusern aus Renaissance und Barock. Zahlreiche Persönlichkeiten wie Albrecht Dürer, Napoleon, Martin Luther und Ludwig Richter waren in Salurn zu Gast. Der Ort markiert auch die deutsch-italienische Sprachgrenze: 60 Prozent der Bewohner bezeichnen sich als vor allem italienischsprachig.

ESSEN UND TRINKEN

Landgasthof Fichtenhof

Slow-Food-Genuss – Oberhalb von Salurn, im kleinen Dorf Gfrill, liegt ruhig und idyllisch der Fichtenhof. Die Wirtin Ingrid Pardatscher höchstpersönlich steht in der Küche und kredenzt den Gästen Bioprodukte vom eigenen Bauernhof.

Der Landgasthof bietet auch gemütliche Zimmer zum Übernachten. Der Blick reicht auf die Brenta, der Europäische Fernwanderweg E5 verläuft

Das Weingut Haderburg (▶ S. 151) ist das einzige in Südtirol, das aus eigenen Weinen Sekt herstellt – das Ergebnis sind vier Qualitätssekte, von Anfang bis Ende in Handarbeit hergestellt.

direkt durch Gfrill und führt dann weiter in Richtung Süden bis nach Venedig. Idealer Ausgangspunkt für Wander- und Mountainbiketouren.
Gfrill 23 | Tel. 04 71 88 90 28 | www.fichtenhof.it | €

Haderburg

Wie bei Rittern – Über Salurn thront auf einem Felsen die Ruine der Haderburg, zu der als Wanderweg der steile »Weg der Visionen« hinaufführt. Die Anlage wurde im 11. Jh. erbaut und war im 16. Jh. geistiges Zentrum der Wiedertäufer und Lutheraner. In den letzten Jahren wurde sie umfassend restauriert. Im Hof lädt die Burgschenke mit deftigen Gerichten und Vespertellern zur Einkehr ein. Während der Sommermonate finden in der Burganlage oft musikalische Veranstaltungen statt.
Trientstr. 53/c | Tel. 03 35 60 29 490 | www.haderburgschenke.com | April–Mitte Okt. Mi–So 11–18 Uhr

EINKAUFEN

Weingut Haderburg

Wein machen viele, hat sich Luis Ochsenreiter gedacht und begann, Sekt zu produzieren. 1976 war das, heute produziert die Winzerfamilie rund 50 000 Flaschen. Man keltert aber auch gute Weine. Die Sekte aus dem Hause Haderburg werden noch mit viel Handarbeit produziert, die Trauben für den Sektgrundwein kommen zum Großteil von den eigenen Weingütern auf Salurner Seite. Verkostungen und Weinverkauf im Hof.
Buchholz 30 | www.haderburg.it | Mo–Fr 9–12, 13.30–17.30, Sa 9–12 Uhr (bitte vorher anmelden)

Im Fokus
MMM Messner Mountain Museum

Er war der erste Mensch, der alle 14 Achttausender der Erde bestieg. Südtirols Bergsteigerlegende Reinhold Messner hat aber noch eine andere Leidenschaft als das Bergsteigen: Er gründet Museen. Museen über den Berg und über die Beziehung der Menschen zu den Bergen.

»Pionier«, »Extremsportler«, »Verrückter«, »bester Bergsteiger der Welt« – es gibt wohl kaum jemanden, über den so viel öffentlich diskutiert und gestritten wurde und wird wie über Südtirols berühmtesten Bergsteiger Reinhold Messner. Inzwischen ist der im Villnösstal geborene »Magier« 70 Jahre alt geworden. Und besitzt nicht nur ein oder zwei Museen – sondern gleich fünf. Das sechste soll demnächst auf dem Kronplatz eröffnet werden.

Das Projekt, die Messner Mountain Museumskette, kurz MMM genannt, bezeichnet er selbst als seinen »15. Achttausender«, den es sprichwörtlich zu bezwingen gilt. Jedes Museum steht für sich als Symbol der Beziehung zwischen Mensch und Natur, der Bezwingung der mächtigen Berge und deren Huldigung durch den Menschen. Die ewige Auseinandersetzung, ein »David gegen Goliath«-Szenario, das hier aber nicht immer David gewinnt. Und wer könnte uns die Berge näherbringen als der, der sie immer wieder unter Einsatz seines Lebens bezwang?

◄ MMM Dolomites auf dem Monte Rite,
auch »Museum in den Wolken« genannt.

Zentrum der bald sechs Museen ist das MMM Firmian, das Messner als Herzstück seiner Museen bezeichnet. Alle weiteren fünf Museen sind wie Satelliten um Firmian angeordnet. Messner selbst leitet die Museen nicht, diese Aufgabe hat seine Tochter Magdalena übernommen.

WER NICHT WAGT …

Angefangen hat alles mit **Schloss Juval** 🔖 bei Naturns. 1983 kaufte Messner das Schloss, auch wenn ihn sein Vater Josef Messner warnte, es werde ihn in den Ruin treiben. Ein Schloss passe nicht zu einem Bergsteiger. Doch der Sohn schlug die Warnungen in den Wind: Er nutzte das Schloss als private Sommerresidenz und eröffnete 1995 hier sein erstes Museum. Die Ausstellung auf Schloss Juval befasst sich mit dem Mythos Berg und den sog. heiligen Bergen, wie etwa dem Kailash in China, dem Fujisan in Japan oder dem Ayers Rock in Australien. Neben einer Maskensammlung aus fünf Kontinenten werden tibetische Ausstellungsstücke gezeigt sowie eine eigene Ausstellung über Gesar Ling, dem König einer tibetischen Sage, der zum Kampf gegen das Böse in der Welt auszog.

Museum Nummer zwei ist das **MMM Dolomites** auf dem Monte Rite. Messner eröffnete es im Jahr 2002 und widmete es der Bergwelt der Dolomiten. Der Monte Rite, gelegen zwischen Pieve di Cadore und Cortina d'Ampezzo, bietet von seinem Gipfelplateau einen Rundblick von 360° auf die spektakulärsten Dolomitengipfel: Monte Schiara, Monte Agnèr, Monte Civetta, Marmolata, Monte Pelmo, Tofana di Rozes, Sorapis, Antelao, Marmarole. Der Berg selbst hat eine ganz eigene Geschichte: Für die Strategen des beginnenden 20. Jh. war er eine ideale Position für die italienische Verteidigung gegen den österreichischen Kaiser Franz Josef und seine Truppen. 1912–1914 bauten sie dort ein Fort. Dann kam der Erste Weltkrieg. Das solide Gebäude hielt Sprengungen der jeweils okkupierenden Mächte in seinen Festen stand, bot Unterschlupf für die Partisanen und nach dem Zweiten Weltkrieg diente es als Magazin für die Dorfbevölkerung. 1998 wurde es von Reinhold Messner entdeckt. Das Museum im alten Fort zeigt das Thema »Fels« und erzählt die Erschließungsgeschichte der Dolomiten anhand jener Forscher und Kletterer, die mit ihren Entdeckungen und Erstbegehungen alpine Geschichte geschrieben haben. Hauptausstellung des Museums ist eine große Galerie einmaliger Dolomitenbilder von der Romantik bis heute.

Unterhalb des Ortlers in Sulden ist unterirdisch der dritte Teil der Museumskette angelegt. Eröffnet wurde er 2004 mit einer Ausstellungsfläche von 300 qm. **MMM Im End der Welt** nennt es Reinhold Messner. Themen des Museums sind die Schrecken des Eises und der Finsternis. Er erzählt von Schneemenschen und Schneelöwen, vom sog. »White Out«. Damit bezeichnen Bergsteiger den Effekt, der sich bei trübem und nebligem Wetter im Schnee am Berg ergibt. Durch den diffusen Lichteinfall heben sich die Kontraste in der Landschaft auf und es scheint zu einer Verschmelzung von Horizont und Boden zu kommen. Konturen und Schatten verschwimmen, der Betrachter meint, er verschwinde in einem endlos leeren Raum. Je nachdem, sorgt dieses Gefühl bei Menschen für Desorientierung und Verlust des Gleichgewichtes. Messner zeigt auch Bilder vom sog. »Dritten Pol«. Damit ist das Eisvorkommen in Tibet gemeint, das mit über 40 000 Gletschern neben dem Nord- und dem Südpol das drittgrößte Eisvorkommen der Erde bezeichnet. Skilauf, Eisklettern und Polfahrten werden hier ebenfalls thematisiert. Der Besucher geht förmlich in den Berg hinein, kann sich ein Bild machen von Eisgebirgen, Arktis und Antarktis und von der Kraft der Lawinen. Im dazugehörigen Restaurant Yak & Yeti lässt Messner Südtiroler Küche und Speisen aus dem Himalaya servieren.

FIRMIAN – HERZSTÜCK UND ABSOLUTES MEISTERWERK

Hauptsitz der Messner-Museen ist Nummer vier, das **MMM Firmian** auf Schloss Sigmundskron bei Bozen. Messner eröffnete es im Juni 2006 und bezeichnet es als Herzstück seiner Museumskette. Auf 1100 qm zeigt er Ausstellungsstücke zum Thema Geschichte und Kunst des Bergsteigens. Bilder, Skulpturen und Erinnerungsstücke aus seinen Expeditionen zeigen die Anfänge des Bergsteigens und des Bergtourismus – und dessen Auswirkungen auf die Natur und die Umwelt. Das Besondere: Die Ausstellungsstücke sind in einem Parcours durch das Schloss angeordnet, den der Besucher bewältigen muss. Verschlängelte Wege, Treppen und Türme führen die Besucher sprichwörtlich aus der Tiefe der Berge hinauf auf den Gipfel. Deren religiöse Bedeutung wird durch Ausstellungsstücke aus dem asiatischen Raum verdeutlicht. Der Berggipfel als Sinnbild für die Göttlichkeit der Natur – Messner inszeniert einen regelrechten »Rundgang um den heiligen Berg«, der in Tibet mit dem Begriff »Kora« bezeichnet wird. Eine solche »Kora« wollte Messner in seinem Firmian-Museum schaffen und so geht der Besucher vorbei an Vitrinen, Skulpturen, ausgestopften Tieren, Fotos und Bildern; Erinnerungen an die Expeditionen auf die Berge dieser Welt. Es ist, wie Messner selbst sagt, ein »autoritäres Museum«, das vorschreibt, wie es besichtigt werden möchte. Im Juli 2011 eröffnete Messner Nummer fünf, das **MMM Ripa** auf Schloss Bruneck. Es ist den verschiedenen Bergvölkern auf der Erde gewidmet. Er selbst lebte zehn Jahre mit einigen Bergvölkern und lernte sie kennen. Jetzt möchte Messner dem Museumsbesucher unter anderem die Lebensumgebung der Sherpas, Indios, Tibeter, Mongolen oder der Hunza in Pakistan nahebringen. Insgesamt werden 25 Bergvölker vorgestellt. Gäste aus verschiedenen Bergregionen sollen jeweils einen Sommer hier verbringen und aus ihrem Leben berichten. Ihre Art zu leben, ihre Religion und der jeweilige Tourismus in ihrem Land sind Hauptthemen des Museums. Der Rundgang beginnt mit der Ausstellung der verschiedenen Behausungen der Bergvölker; Videoprojektionen runden das Ganze ab.

Und zum guten Schluss Nummer sechs, das **MMM Corones** auf dem Gipfel des Kronplatzes auf 2275 m Höhe: Es soll der Abschluss des Bergmuseumsprojekts sein. Hier wird es um die großen Wände, um die Königsdisziplin des Alpinismus gehen. Zentrales Thema ist der Fels und das Leben der Bergsteiger als Grenzgänger zwischen Leben und Tod. Mit Bildern und Gegenständen, die er auf seinen Expeditionen gesammelt hat, will Reinhold Messner das Bergmuseumsprojekt beschließen bzw., wie er sagt, den »15. Achttausender bezwingen«. Im Sommer 2015 soll das MMM Corones auf dem Kronplatz eröffnet werden.

INFORMATIONEN

Zentrale: MMM Firmian

Bozen | Sigmundskronerstr. 53 | Tel. 04 71 63 12 64 | www.messner-mountain-museum.it | Öffnungszeiten und Eintrittspreise sind je nach Standort unterschiedlich; Infos dazu auf der Website.

SERVICE

Museums-Rundreise

Alle fünf Museen, die in der Summe das Messner Mountain Museum ergeben, sind untereinander vernetzt, die Wege und Straßen dazwischen sind Teil der Erfahrung. Die wichtigen Veranstaltungen, von den jährlichen Eröffnungszeremonien in den Satellit-Museen abgesehen, finden im Zentrum auf Schloss Sigmundskron statt.

Vom MMM Firmian in Bozen bietet sich eine Reise in den Vinschgau zum MMM Juval und nach Sulden zum MMM Ortler an.

Auch eine Dolomitenfahrt zum Monte Rite und dem MMM Dolomites ist an einem Tag hin und zurück von Bozen gut machbar. Ausgangspunkt ist der Dolomitenpass zwischen Cibiana di Cadore und Zoldo. Dorthin kommt man über mehrere Dolomitenrouten, bzw. das Pustertal und Cortina d'Ampezzo.

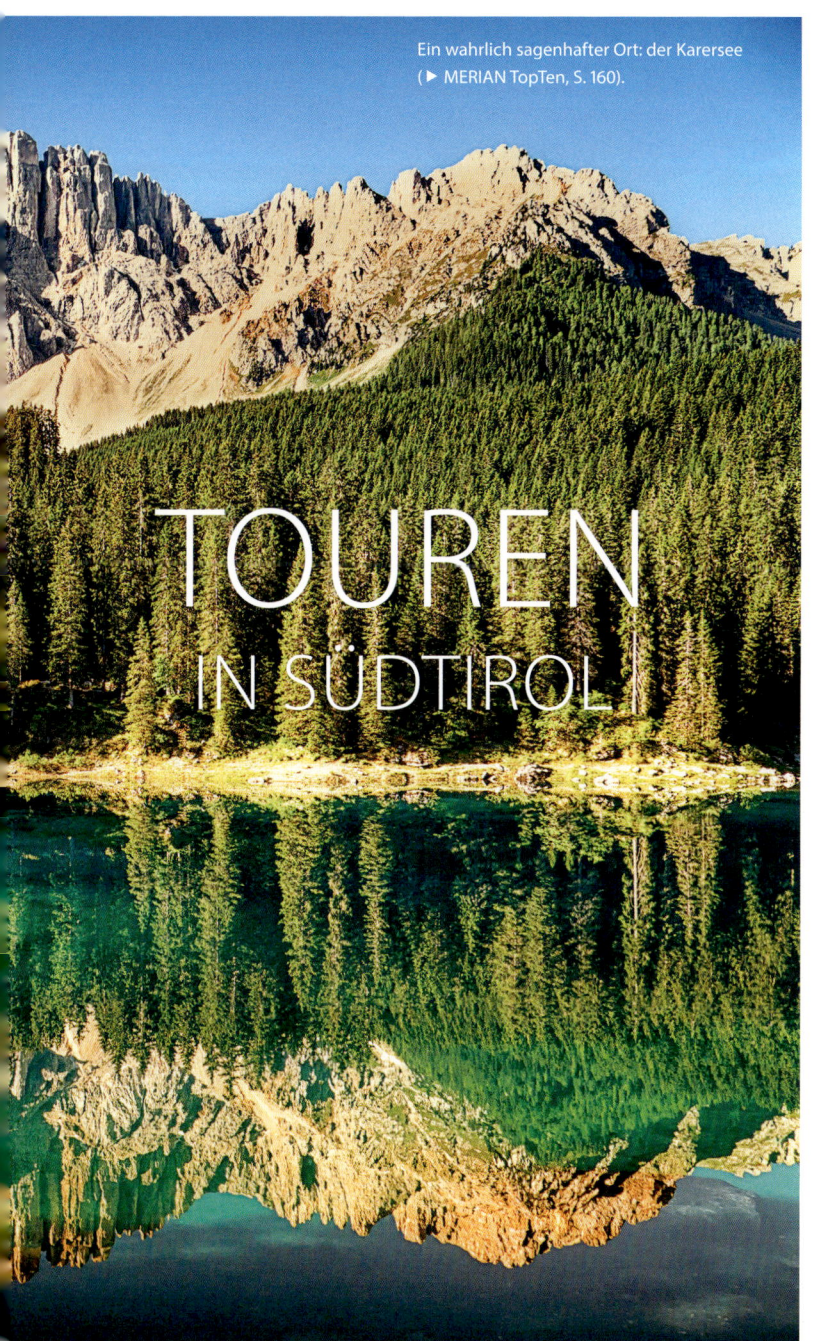

Ein wahrlich sagenhafter Ort: der Karersee
(▶ MERIAN TopTen, S. 160).

TOUREN
IN SÜDTIROL

WANDERUNG ENTLANG DES LEITENWAALS BEI SCHLUDERNS

CHARAKTERISTIK: Einer der schönsten Waalwege Südtirols mit eindrucksvollen Passagen, steil zu Beginn, dann angenehme Rundwanderung **DAUER:** ca. 4 Stunden **LÄNGE:** ca. 10 km **EINKEHRTIPP:** Burggasthof, Meraner Str. 3, Schluderns, Tel. 04 73 61 53 00 (keine Einkehrmöglichkeit am Weg – unbedingt Proviant einpacken) **AUSKUNFT:** Tourismusverband Vinschgau, Kapuzinerstr. 10, Schluderns, Tel. 04 73 62 04 80, www.vinschgau-suedtirol.info

B 4

»S' Wosser zum Wassern« – »das Wasser zum Wässern« bringt der Waalerweg. Die **Waalwege** 🟥 sind die Lebensadern der Obstbauern im Vinschgau. Waalwege oder auch Waalerwege sind dem Erfindungsgeist des Menschen zu verdanken. Denn, »ein Hof ohne Wasser ist nichts wert«, sagen die Bauern hier.

Waale kommen vor allem im Vinschgau vor, denn das Ost-West-gerichtete Tal mit den mehr als 3000 m hohen Gipfeln ist vor Wind und Wetter relativ geschützt. Die jährliche Regenmenge entspricht in etwa der Regenmenge von Sizilien. Der älteste Wasserkanal kann auf das 6. Jh. v. Chr. datiert werden. Schriftlich erwähnt wurde ein Waal im 13. Jh. Trotz vieler Chroniken, die sich mit der Wasserverteilung beschäftigen, ist das Wort »Waal« ungeklärt. Heutzutage ist die Anzahl der Waale vielerorts durch Verrohrung und Flurbereinigung reduziert. Sie werden aber immer mehr geachtet und darum erhalten, weil die Wasserkanäle von ausgezeichnet begehbaren Wegen begleitet werden. Ging früher der »Waaler«, der Wächter der Lebens-adern, mit Stock und Rechen da entlang, um die Waale weiter klingen zu lassen, wandert man heute im Schatten von Bäumen sehr gemütlich. Denn Waale klingen – das Glöckchen ist an einem kleinen Wasserrad angebracht, solange das Glöckerl also bimmelt, dreht sich das Rad, weil genug Wasser durchfließt. Früher war es das Zeichen, dass der Waalerweg ordnungsgemäß intakt ist, heute ist es ein Zeichen, dass die Welt hier noch in Ordnung ist.

Schluderns ▶ Leitenwaal

Der Ausgangspunkt für die Wanderung ist das Zentrum des Ortes Schluderns. Am Saldurbach entlang führt der Weg zum Hotel Mühle. Dort beginnt der Weg Nr. 18 und führt hinauf auf die Sonnenhänge. Die Nr. 18 führt etwa eine halbe Stunde aufwärts, dann trifft er auf die Route des Waalwegs. Der Leitenwaal verläuft an den Flanken des steilen Matschertals. Es gibt zu Beginn des Waals, am Ganglegg-Hügel, eine prähistorische Siedlung, die mit Schautafeln präsentiert wird.

Ganglegg ▶ Vernalhof

Unten ist die Beschilderung etwas undeutlich. Hat man den Waalweg erreicht, führt er zunächst in leichtem Auf und Ab durch einen Lärchenwald, die Hänge werden dabei etwas steiler. Aber Bänke am Wegesrand laden zur Rast ein, der Weg führt an der Waalrinne entlang. Nach etwa 45–60 Min., je nach Kondition, erreicht man den Graben des Saldurbaches. Der Waal wird oben überbrückt, der Wanderer muss allerdings hinabsteigen in den Bachgraben und auf der anderen Seite einen kurzen Anstieg hinter sich bringen. Danach geht es recht bequem weiter, immer talauswärts. Immer wieder führt der Weg um Hänge herum oder über kleinere Gräben, die der Waal in einer Holzkandel – also zum Brunnenlauf ausgehöhlten Baumstämmen – überwindet oder in Tunnels durchläuft. Vom Weg am Leitenwaal öffnen sich herrliche Perspektiven auf das Matschertal und den Oberen Vinschgau. In der Nähe des Vernalhofes endet der Waalweg, da in den 1980er-Jahren der Waal verrohrt wurde.

Ende des Leitenwaals ▶ Schluderns

Es geht auf der Hofstraße zurück Richtung Schluderns. An einigen Stellen wird der Weg noch einmal recht steil und führt über Serpentinen hinab zur asphaltierten Straße. Diese endet in etwa zehn Minuten Gehzeit an der Churburg. Wer sein Auto im Zentrum von Schluderns stehen hat, sollte einfach dem Treppenweg in den Ort nutzen. Er zweigt von der unteren Burgmauer ab.

Direkt am Fuß der Churburg ist der Burggasthof Weißes Rössl – hier lässt es sich formidabel bei einem guten Essen auf der Panoramaterrasse von der kleinen Anstrengung erholen.

Der Waalweg führt hinab in die Schlucht des Saldurbaches an sehr steilen Hängen entlang, ist aber an diesen Stellen stets gut durch Geländer abgesichert.

DOLOMITENRUNDFAHRT
DURCHS EGGENTAL ZUM KARERSEE ⑩

CHARAKTERISTIK: Autotour mit magischem Panorama durch das Eggental, über den Karerpass, das Sellajoch und durch das Grödnertal **DAUER:** ca. 4 Stunden – falls man nur im Auto bleibt und nicht in der großartigen Kulisse pausiert, guckt und schaut **LÄNGE:** ca. 130 km **EINKEHRTIPP:** Grand Hotel Carezza Residence, Karerseestr. 141, Karersee, Tel. 04 71 61 21 27, www.grandhotelcarezza.it; Café Antermont, Piaz G. Marconi 10/B, Canazei, Tel. 04 71 61 85 20, www.foodandwinecanazei.

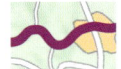
it **AUSKUNFT:** Eggental Tourismus, Dolomitenstr. 4, Welschnofen, Tel. 04 71 61 95 00, www.eggental.com

🚩 G 6

Die Große Dolomitenstraße verbindet Bozen mit Cortina d'Ampezzo. Sie durchquert die Dolomiten in Ost-West-Richtung. Die Steigungen sind nicht zu heftig, aber zahlreiche Serpentinen fordern dem Fahrer schon einige Konzentration ab. Die Straße gehört zu den Traumstraßen der Welt. Eigentlich sollte sie zum goldenen Thronjubiläum von Kaiser Franz Josef I. 1898 eröffnet werden. Da die Bauarbeiten aber so schwierig waren, wurde sie erst zehn Jahre später eröffnet.

Bozen ▶ Karersee

Von Bozen aus gelangt man zunächst in das Eggental, das sich etwa 20 km nördlich von Bozen versteckt. Es ist ein schluchtenreiches und pittoreskes, sonniges Tal mit sieben Bilderbuchdörfern: Deutschnofen, Eggen, Obereggen, Petersberg, Welschnofen, Carezza und Steinegg.

Die Route führt hinauf auf 1750 m zum Karerpass. Etwas davor liegt der Karersee, der vom Bergmassiv von Rosengarten und Latemar geschmückt wird. Der Karersee gilt nicht nur als

schönster, sondern er ist der schönste Bergsee der Alpen. Wenn sich das imposante Gebirge in seinem stillen Wasser spiegelt, weiß man, warum die Ladiner den See »Lec de ergobando«, »Regenbogensee«, nennen.

Der Karersee war ein Zauberwerk des Zwergenkönigs, so geht die Sage. Er spielte mit den Farben am Himmel, um das Herz einer schönen Nixe zu gewinnen. Aber diese wollte den Zwergenkönig nicht erhören und so warf er ihr den Regenbogen hinterher und ließ ihn im See schmelzen.

Der Karersee wirkt bis heute irgendwie geheimnisvoll – er ist allerdings nicht zum Schwimmen geeignet. Je nach Witterung und Jahreszeit ändern sich Tiefe und Größe des Sees. Dafür lädt das Grand Hotel Karersee zu einer stilvollen Pause ein – es ist freilich ein wenig in die Jahre gekommen. Aber der Charme ist einfach nett. 1896 wurde es eröffnet und vom europäischen Hochadel als besonderes Feriendomizil entdeckt. Kaiserin Elisabeth verbrachte hier einige Zeit, danach sollte

Sie schlängelt sich gemütlich durch die Südtiroler Bergwelt: Wer »kurvenfest« ist, wird die Fahrt auf der Großen Dolomitenstraße genießen und den Geist entspannen.

es in eine Sommerresidenz für sie umgebaut werden. Doch das Haus brannte ab und die Zeiten änderten sich. In den ersten Jahren des neuen Jahrhunderts wurden Tennisplätze und ein Golfplatz (eine 9-Loch-Anlage) nach amerikanischem Vorbild angelegt. Der 9-Loch-Platz liegt auf 1600 m Höhe inmitten der einmaligen Alpenkulisse. Im Hotel nächtigten berühmte Gäste wie Agatha Christie, Winston Churchill, aber auch Karl May.

Karerpass ▶ Canazei

Weiter geht es über den Karerpass mit fantastischen Aussichten auf den Rosengarten und den Latemar. Danach führt die Strecke durch das malerische Fassatal, das schon zum Trentino gehört. In Canazei, das dank seiner Lage auch als »Metropole des Wintersports« bezeichnet wird, gibt es noch viele der wunderschönen ladinischen Häuser alten Baustils zu sehen. Hier einen Stopp im Café Antermont einlegen, einen Espresso in italienischer Atmosphäre nehmen – dann weiter hinauf zum Sellajoch fahren.

Sellajoch ▶ Bozen

Auf dieser Passstraße zeigen sich die Dolomiten von der schönsten Seite. Senkrecht erheben sich die Felswände des Sellastocks und der Marmolata. Am Sellajoch angelangt, ist ein weiterer Stopp sehr empfehlenswert, von hier aus bietet sich ein fantastischer Rundblick auf den Sellastock und den Langkofel.

Vom Sellajoch geht es bergabwärts in das Grödnertal und durch seine Ortschaften Wolkenstein, St. Christina und St. Ulrich hinaus ins Eisacktal und zurück nach Bozen.

GRÖDNER PANORAMAWANDERUNG ÜBER RASCHÖTZ, SECEDA UND PITSCHBERG

CHARAKTERISTIK: Leichte Tour über Hochweiden in einer oder mehreren Etappen, mit großartigem Blick auf das Panorama von Sella, Geislerspitzen und Langkofel. Teilweise ist Trittsicherheit nötig **DAUER:** Die gesamte Tour ist eine Tagestour von ca. 7,5 Std.; dazwischen gibt es Möglichkeiten zu verkürzen auf Etappen von 1,5 und 4 Std. **EINKEHRTIPP:** Die Brogleshütte ist von Mitte Juni bis Mitte Oktober bewirtschaftet. Weitere Einkehrmöglichkeiten sind am Weg bei den Seilbahnstationen und in verschiedenen Almen möglich. Diese sind aber nicht ganzjährig bewirtschaftet. Am besten, Proviant mitnehmen und irgendwo in der Wiese das Panorama genießen. **AUSKUNFT:** Tourenkarten gibt es beim Tourismusverein St. Ulrich, Str. Rezia 1, St. Ulrich, Tel. 04 71 77 76 00, www.valgardena.com

J 5

Im Grödnertal ist man nicht nur dank der vielen Heiligen- und Herrgottsschnitzer dem Himmel ein Stück näher. Auf etwa 2000 m Höhe eröffnet sich einem auch ein wahrlich herrliches Panorama auf die mächtigen Wände und Gipfel von Sella, Geislerspitzen oder Langkofel, ohne sie je erklettern zu müssen.

St. Ulrich ▶ Gipfelkreuz Raschötz

Start ist in St. Ulrich. Mit der Standseilbahn geht es zur Bergstation der Raschötzbahn auf 2093 m. An der Liftstation nimmt man den Weg Nr. 35 und geht etwa eine halbe Stunde bis zur Raschötzhütte. Er führt durch Zirbenwald und über freies Almgelände. Die Raschötzhütte ist im Sommer bewirtschaftet.

Dann geht man auf Steig Nr. 10 über steinige Grashänge gut bergan und erreicht nach einem leichten Anstieg das Gipfelkreuz. Der Blick von hier auf den Langkofel ist einfach nur schön! Wer nur wenig Kondition hat, kann nun gemütlich zurück zur Raschötz-Bergstation gehen, dann hat er seine Tour nach nur 1,5 Std. wieder beendet.

Raschötzerkamm ▶ Broglesalm

Die empfohlene Tagestour führt aber weiter über den Raschötzerkamm an die Flitzer Scharte und zum Broglessattel. Hier sind kaum Höhenmeter zu überwinden, es geht relativ gleichmäßig dahin, vorbei an idyllisch weidenden Pferden und Kühen. Nach etwa 1,5 Std. erreicht man die Broglesalm (2045 m) am Fuß der markanten Geislerspitzen.

Die Alm liegt auf dem Bergkamm, der Villnöss im Norden und Gröden im Süden trennt. Die Alm wurde vermutlich schon um 1700 im Auftrag der Herren von Freising erbaut – die Bayern bewirtschafteten damals wohl die Weiden hier.

Wer nicht mehr kann, der darf hier der Wegmarkierung Nr. 5 zur Mittelstation der Seceda-Umlaufbahn folgen. Diese bringt einen zurück nach St. Ulrich.

Seceda ▶ Pitschberg

Für die, die die gesamte Wanderung unternehmen wollen, führt der nun eher schwierige Weg rauf über Geröllfelder im Zickzack und zum Teil in ein rinnenartiges Steilgelände in die Pana-Scharte. Rechts liegt die Seceda-Bergstation, etwas oberhalb der von trockenem Weideland umgebene Gipfel der Seceda, auf 2518 m. Nun ist sehr gute Kondition gefordert – es geht über den Weg Nr. 6 hinab zum Cucasattel und dann im Gegenanstieg wieder hinauf über den Nordrücken zum Pitschberg, der auf Ladinisch »Pic« genannt wird.

Es lohnt sich: Der Blick reicht hier in die Cisles Arena, übers Grödnertal zu Sella und Langkofel.

Pitschberg ▶ St. Ulrich

Nun führt der Abstieg nach St. Ulrich über ausgedehnte Wiesen, vorbei am Kreuz der Crujeta. Danach wird es kurzfristig noch mal etwas steiler, dann führt der Weg vorbei an der gotischen Bergkirche St. Jakob auf den Col-de-Flam-Weg ins Zentrum vom Ausgangsort der Wanderung, St. Ulrich. Die Kirche, die innen wertvolle Fresken birgt, ist bereits um 1200 urkundlich erwähnt und gilt als die älteste im Grödnertal. Sie liegt am uralten Höhenweg Troi Paian, der über die Dolomitenpässe aus Venezien herauf Richtung Norden ins Eisacktal führte. Der hl. Jakob gilt als Patron der Pilger und Wanderer.

Wandern, so weit einen die Beine tragen – die Grödner Panoramawanderung lässt sich an verschiedenen Stellen elegant abkürzen, ist aber auch eine schöne Tagestour.

Bis in einer Entfernung von 10 km sind
die Klänge des Alphorns zu hören.

SÜDTIROL
ERFASSEN

AUF EINEN BLICK

*Hier erfahren Sie alles, was Sie über Südtirol
wissen müssen – kompakte Informationen über Land und Leute,
von Bevölkerung und Sprache über Geografie und Politik
bis Religion und Wirtschaft.*

BEVÖLKERUNG UND SPRACHE

Etwas mehr als 500 000 Einwohner leben in der Autonomen Region Südtirol, ein Viertel davon in Bozen und Umgebung. Weitere große Städte sind Meran und Brixen sowie Bruneck und Sterzing. Der Großteil der Bevölkerung ist katholisch (98 %). Die Mehrsprachigkeit Südtirols ist im Autonomiestatus verankert. Straßenschilder, öffentliche Gebäude und Alltagsgeschäfte sind auf Italienisch und Deutsch beschriftet. In den Täler Ladiniens wird zudem Ladinisch aufgeführt. Gegen-wärtig sprechen etwa 60 Prozent der Bevölkerung Deutsch und etwa 20 Prozent Italienisch als Muttersprache. Rund vier Prozent der Bevölkerung, hauptsächlich in den Dolomiten, gehören zur ladinischen Sprachgruppe. Die meisten Bewohner sprechen fließend Deutsch und Italienisch.

LAGE UND GEOGRAFIE

Südtirol ist die nördlichste und mit fast 7400 qkm die flächenmäßig größte Provinz Italiens. Es liegt auf der südlichen Seite des Alpenhauptkamms

◀ Die Hälfte der Südtiroler Äpfel wird exportiert, ein Großteil davon nach Deutschland.

und erstreckt sich vom Reschenpass im Westen an der Schweizer Grenze bis ins Sextental im Osten. Der nördliche Nachbar ist Österreich. 80 Prozent Südtirols sind Gebirge, nur zehn Prozent sind besiedelt. Durchzogen wird Südtirol von den Flüssen Eisack, Etsch und Rienz. Die vier größten Täler sind das Etschtal, das Eisacktal, der Vinschgau und das Pustertal. Hier konzentriert sich die Besiedlung. Die meisten Orte liegen zwischen 300 und 1200 m hoch. Südtirol verfügt über ausgedehnte Hochalmen und umfangreiche Waldgebiete. Die höchste Erhebung ist mit 3905 m der Gipfel des Ortlers.

POLITIK UND VERWALTUNG

Südtirol ist Teil der Region Trentino-Südtirol. Seit 1972 verfügt Südtirol über umfassende Selbstverwaltungsrechte und wird als »Autonome Provinz« bezeichnet. Bozen ist die Landeshauptstadt. Die Südtiroler Landesregierung wird vom Landeshauptmann geführt. Dieser ist seit Jahresbeginn 2014 Arno Kompatscher, ein Politiker der Südtiroler Volkspartei. Er stammt aus Völs am Schlern. Der Autonomiestatus gibt der Landesregierung eine weit reichende Selbstständigkeit. Der Provinz Bozen ist es vorbehalten, eigene Gesetze im Bereich der öffentlichen Ämter, der Raumordnung, des Handwerks, der Messen und Märkte, der Jagd und Fischerei, dem Kommunikations- und Transportwesen, dem Fremdenverkehr und Gastgewerbe, der Landwirtschaft, den Kindergärten, dem Schulbau und einer Reihe weiterer Kompetenzbereiche zu erlassen. Ein Großteil der Steuereinnahmen bleibt in der Provinz oder fließt von Rom wieder in den Südtiroler Haushalt zurück.

WIRTSCHAFT

Der Tourismus ist mit etwa 3 Mill. Euro Umsatz der stärkste Wirtschaftsfaktor der Region. Mehr als 10 000 Beherbergungsbetriebe stellen den Gästen über 200 000 Betten zur Verfügung. Im Laufe eines Jahres melden diese Betriebe mehr als 5 Mio. Ankünfte und 28 Mio. Übernachtungen. Die Hälfte der touristischen Nachfrage bestreiten deutsche Gäste. Südtirol ist in den letzten Jahrzehnten zunehmend von Wintersport und sommerlichem Erlebnisurlaub geprägt.

Zweiter wichtiger Faktor ist die Landwirtschaft. Im Etsch- und Eisacktal werden Obst, vor allem Äpfel, und Wein angebaut. Südtirols Landwirte liefern zehn Prozent der europäischen Apfelernte. Im Pustertal ist die Milchwirtschaft wichtig. Zudem hat der Weinbau eine lange Tradition. Südtirol gehört zwar zu den kleinsten italienischen Weinbauregionen, ist aber durch den hohen Anteil an Qualitätsweinen überaus erfolgreich. Die Südtiroler Weinstraße bildet die Brücke zwischen diesem Landwirtschaftszweig und dem Tourismus.

AMTSSPRACHE: deutsch, italienisch, ladinisch
EINWOHNER: 515 714 (Stand 2013)
FLÄCHE: 7400 qkm
HAUPTSTADT: Bozen
HÖCHSTER BERG: Ortler, 3905 m
INTERNET: www.suedtirol.info

Im Fokus
Ladinisch, die dritte Sprache Südtirols

Einst die am meisten verbreitete Sprache der Alpenregion
ist Ladinisch heute eine der kleinsten Sprachen Europas. Es gehört
zu den rätoromanischen Sprachen und ist neben Deutsch und
Italienisch die dritte offizielle Sprache in Südtirol.

Statt »Grüß Gott« heißt es in den ladinischen Tälern Südtirols »Bon di!«.
Ladinisch gehört zur Gruppe der rätoromanischen Sprachen und wird
heute nur noch von rund 30 000 Menschen gesprochen – im Gadertal, Grödnertal, Fassatal (Provinz Trentino), Buchenstein und Cortina
d'Ampezzo (Provinz Belluno). Einst war aber Ladinisch die am meisten
verbreitete Sprache in dieser Alpenregion. Es reichte von den Schweizer Alpen über das gesamte heutige Südtirol bis in die Ebenen Friauls
und bildete einen zusammenhängenden Sprachraum. Betrachtet man
aber heute eine Karte der sprachlichen Dialektverbreitung, so wirkt das
Sprachgebiet regelrecht zerrissen.

Doch wie entstand das Ladinische überhaupt? Als um 15 n. Chr. Drusus
und Tiberius, die Adoptivsöhne des römischen Kaisers Augustus, die
Alpenregion eroberten, trafen sie auf Menschen, die sie den Stamm der
Räter nannten und die ihre eigene Sprache hatten. Die römischen Besat-
zer aber sprachen nur Latein und führten dieses auch als offizielle Amts-

◀ Auch auf Ladinisch wird man im Grödnertal willkommen geheißen.

sprache ein. Experten vermuten, dass durch die Vermischung der Sprache der Räter und dem Latein im Volk eine Art »Neulatein« entstand, das
den Ursprung der ladinischen Sprache bildete. Als dann ab dem 6. Jh. die
Bajuwaren in das Gebiet der Räter vordrangen, zwangen die neuen Besat-
zer die Einheimischen, eine Art althochdeutsche Mundart zu sprechen.
So engten sie das ladinische Sprachgebiet ein und sorgten für Unter-
brechungen in den Sprachverbindungen zwischen den Tälern. Nur noch
in den abgelegenen Gegenden konnte sich das Ladinische halten.

Im Lauf der folgenden Jahrhunderte kämpften die Ladiner immer wieder
um den Erhalt ihrer Sprache. 1833 verfasste der Priester und Sprachwis-
senschaftler Micurà de Rü die erste ladinische Grammatik. Seine Idee war
die Bildung einer gemeinsamen Schriftsprache der Ladiner.

Zu einem Versuch der Staaten- oder Provinzbildung der Ladiner kam es
allerdings nie. Doch 1920 entstand bei einem Treffen von Vertretern des
ladinischen Sprachraums die offizielle Fahne der Ladiner in Blau-Weiß-
Grün: Blau für die Farbe des Himmels, Weiß für die schneebedeckten
Berge und Grün für die Wiesen als Symbol für die Dolomitenlandschaft.

DAS LADINISCHE ETABLIERT SICH

Während des Ersten, des Zweiten Weltkriegs und auch noch nach 1945
mussten die Ladiner immer wieder um den Erhalt ihrer Sprache kämpfen. Gab es Ende der 40er-Jahre im Gebiet des heutigen Südtirols rein
deutsche Schulen und Ortsschilder, existierte jedoch in den Tälern der
Dolomitenladiner keine einzige ladinische Schule. Nach jahrelangem
Kampf um Anerkennung kam die Lösung ausgerechnet aus Rom: Im Jahr
1948 führte die italienische Regierung das paritätische Schulsystem ein.
Seitdem wird zu einer Hälfte in Deutsch unterrichtet, zur anderen in Italienisch; Ladinisch wird mit zwei Stunden wöchentlich unterrichtet. 1972,
mit dem Inkrafttreten des Zweiten Autonomiestatus Südtirols, erreichten
die Ladiner endlich, dass ihr Dialekt als dritte offizielle Sprache Südtirols
anerkannt wurde.

Im Oktober 2007 stimmten die drei ladinischsprachigen Orte Cortina
d'Ampezzo, Livinallongo und Colle Santa Lucia, ursprünglich mit Südtirol vereint und 1923 von den Faschisten an die Provinz Belluno ange-
schlossen, in einem Referendum dafür, wieder an Südtirol angegliedert
zu werden. Bisher hat es noch keine Entscheidung dazu gegeben.

GESCHICHTE

Römer, Slawen und Bajuwaren kämpften darum, unter den Habsburgern gehörte es zu Österreich – Südtirol hat die unterschiedlichsten Herrscher erlebt und behauptet vielleicht auch deshalb heute mit großer Leidenschaft die ihm zugestandene Autonomie.

8000–500 v. Chr. Südtirol zu Ötzis Zeiten

Die Herkunft der ersten Menschen in Südtirol kann nur grob geschätzt werden. Es sind in den Jahren 8000–500 v. Chr. wohl Illyrer und Ligurer, die sich mit den später hinzuziehenden Kelten und Etruskern vermischen. Die Römer werden dieses in den Alpen siedelnde Volk später »Raeti« – Räter nennen.

Viel Einblick in das Leben der damaligen Siedler, die wahrscheinlich vom Süden her in den Norden wanderten und sich dort ansiedelten, bringt 1991 die Entdeckung des Mannes aus dem Eis, »**Ötzi**« genannt. Bei der ungefähr 5300 Jahre alten Mumie wurden Aus-

rüstungsgegenstände entdeckt, die wertvolle Hinweise auf das Leben der ersten Siedler in Südtirol geben. Ötzis Kupferbeil, das bei ihm gefunden wurde, erstaunte die Wissenschaftler am meisten. War doch die Kupferverhüttung erst 1000 Jahre später vermutet worden. Doch wie die Menschen wirklich lebten, sesshaft und in Dörfern, Ackerbau und Viehzucht betreibend, kann erst ca. 200 v. Chr. nachgewiesen werden.

15 v. Chr.–500 n. Chr. Südtirol im Römischen Reich

In der späteren Bronzezeit entwickelt sich ein Volk ligurisch-mediterraner und balkan-donauländischer Her-

Spuren erster Siedler können im Gebiet des heutigen Südtirols nachgewiesen werden.

15 v. Chr.

Unter Drusus und Tiberius beginnt der Bau der ersten wichtigen Handelsstraße über die Alpen, der »Via Claudia Augusta«.

8000–500 v. Chr.

200 v. Chr.

Das Volk der Räter aus Siedlern ligurisch-mediterraner und balkan-donauländischer Herkunft entsteht.

kunft, das die Römer eben die Räter nennen. Diese galten als streitbares Volk und unternahmen immer wieder Ausfälle über die Nordostgrenzen des Heiligen Römischen Reiches.

15 v. Chr. unternehmen Drusus und Tiberius, die Adoptivsöhne von Kaiser Augustus, eine Expedition zu dieser Nordostgrenze mit dem Ziel, sie endgültig Rom zu unterwerfen. Der Feldzug gelingt und so wird das Gebiet des heutigen Südtirols dem Römischen Reich angegliedert.

Die Römer schätzen die strategische Lage des Gebietes als äußerst wertvoll ein. Es gibt Überlegungen, den Brenner mithilfe eines Passes über die Südseite der Alpen Richtung Norden zu überqueren, und so wird die bis heute von vielen Autofahrern und Radwanderern geschätzte »Via Claudia Augusta« gebaut. Sie war damals zu Augustus' Zeiten eine bedeutende Handelsstraße, die erstmals den Hafen Ostiglia am Fluss Po quer durch das heutige Südtirol über die Alpen hinweg bis nach Augsburg und weiter an die Donau verbindet.

550–814 n. Chr. Südtirol gehört zu Bayern

550 n. Chr. zerfällt das Römische Reich und von allen Seiten her wird das heutige Südtiroler Gebiet durch verschiedene Völker bedrängt. Langobarden, Franken, Slawen und Bajuwaren kämpfen erbittert um die Vorherrschaft. Die rätoromanische Bevölkerung wird germanisiert oder versteckt sich in unzugänglichen Tälern. Bei den Kämpfen können sich die Truppen **Karls des Großen** im 8. Jh. durchsetzen und das Gebiet wird Teil des Karolingischen Reiches. Die Bajuwaren aus dem Norden aber erreichen, dass in dem Gebiet vornehmlich ihre Sprache, eine althochdeutsche Mundart, gesprochen wird. Nach dem Tod Karls des Großen im Jahr 814 in Aachen fällt der Südteil des Gebietes an das Herzogtum Trento, der Norden gerät unter die Herrschaft der Herzöge von Bayern.

1248 Grafschaft Tirol wird geboren

1248 ist das Geburtsjahr der Grafschaft Tirol. **Herzog Albrecht III. von Tirol** kann die Grafschaften Trient und

Die Grafschaft Tirol wird gegründet. Stammessitz ist das Schloss Tirol bei Meran.

1248

550 n. Chr.

Das Römische Reich zerfällt. Verschiedene Völker kämpfen erbittert um die Vorherrschaft.

Brixen in sein Herrschaftsgebiet eingliedern, Stammessitz ist das Schloss Tirol bei Meran. Sein Enkel, **Meinhard II.**, dehnt die Macht der Familie aus und verleiht dem Land Tirol klare Grenzen. Tirol wird als unabhängige Grafschaft anerkannt und ist ein von Kaiser Rudolf von Habsburg anerkanntes, mit eigenen Grundrechten und Grenzen versehenes Gebiet. Die Sicherung der Handelswege zwischen Italien und Deutschland sorgt für viel Wohlstand und Reichtum der Tiroler Bürger; sogar die damals durchaus übliche Leibeigenschaft wird weitgehend abgeschafft.

1363–1918 Tirol wird österreichisch

Als der Erbe der Tiroler Grafen, **Meinhard III.**, verstirbt, übergibt die letzte ihres Geschlechts, seine Mutter Margarete Maultasch, 1363 die Regierungsgewalt Tirols an die Grafschaft des **Herzogs Rudolf IV. von Habsburg**. Tirol in seiner gesamten Ausdehnung verbleibt bis zum Jahr 1918 im Regierungsgebiet der Habsburger.

1919 Südtirol entsteht

1919 ist das Geburtsjahr des eigentlichen Südtirols, wie wir es heute kennen. Nach der Niederlage von Österreich-Ungarn und dem Deutschen Kaiserreich im Ersten Weltkrieg wird zwischen den Siegermächten der **Vertrag von Saint-Germain** geschlossen. Es entsteht die Republik Österreich. Das Land Tirol wird im Zuge des Vertrages jedoch geteilt. Die Landesteile nördlich der Alpen verbleiben in Österreich, der südliche Teil, jetzt Südtirol genannt, fällt an das Königreich Italien. Südtirol wird zu dessen nördlichster Provinz und umfasst das heutige Gebiet von Südtirol und dem Trentino.

Zu diesem Zeitpunkt sprechen fast 90 Prozent der Menschen, die in diesem Gebiet leben, Deutsch. Die Einheimischen haben alle Hoffnungen, ihre bis dahin über Hunderte von Jahren entwickelte und gepflegte Autonomie des Deutschsprachigen beibehalten zu können, doch **Benito Mussolini** macht diese Hoffnungen zunichte. Mussolini gelangt ab 1922 zu großer

Die Regierungsgewalt Tirols wird an die Grafschaft von Rudolf IV. aus dem Hause Habsburg übertragen.

Benito Mussolini verbietet in Südtirol den deutschsprachigen Schulunterricht und deutschsprachige Ortsnamen.

1923

1363

1919

Nach der Niederlage von Österreich-Ungarn wird das Land Tirol geteilt. Der südliche Teil fällt an das Königreich Italien; er wird »Südtirol« genannt.

Macht und Einfluss und ist der Begründer des italienischen Faschismus. Erst verbietet er die deutschsprachigen Ortsnamen, dann untersagt er den Unterricht in deutscher Sprache.

Im Zuge seiner faschistischen Schulreform 1923 entstehen um 1925 Geheimschulen in Südtirol: Die Bevölkerung unterrichtet ihre Kinder in Katakombenschulen heimlich in ihrer deutschen Muttersprache. Kirchliche Institute müssen sich fügen oder schließen, in zwei Ausnahmefällen dürfen sie bis 1929 weiter in Deutsch unterrichten.

Der »Duce« geht noch einen Schritt weiter: Aus dem Süden des Landes siedelt Mussolini mehrere Tausend Italiener in Südtirol an, in dem Glauben, das Deutschsprachige werde sich durch die Durchmischung der Bevölkerung schon erledigen.

1938–1946 Zeit des Faschismus

Die Annexion Österreichs 1938 durch **Hitler** wird von den Südtirolern begeistert begrüßt. Viele hoffen, der deutsche Diktator hole sie selbst bald »heim ins Reich«. Doch Adolf Hitler erklärt die Brennergrenze als unantastbar.

1939 führt ein Übereinkommen zwischen ihm und Mussolini dazu, dass die Südtiroler wählen dürfen zwischen einer Auswanderung nach Deutschland und dem Verbleib im Staatsgebiet Italiens. Letzteres aber, um Italiener zu werden. Tatsächlich entschließen sich 75 000 Südtiroler, ihre Heimat gen Deutschland zu verlassen. Als Folge entbrennt innerhalb des Landes ein hitziger Kampf zwischen denen, die dableiben, und denen, die gehen.

Als 1943 Mussolini gestürzt wird und die Deutsche Wehrmacht einmarschiert, wird sie von den Südtirolern als Befreier begrüßt. Und nach dem **Zweiten Weltkrieg** hoffen die Menschen, dem Land Österreich zugesprochen zu werden. Damit wäre das Bundesland Tirol wieder vereint. Doch diese Rechnung geht nicht auf: Österreich verfügte zu diesem Zeitpunkt noch nicht über die volle staatliche Souveränität, sie war dem Land noch nicht durch die alliierten Siegermächte zurückgegeben worden. Bei

Aufgrund eines Abkommens zwischen Hitler und Mussolini verlassen 75 000 Südtiroler ihre Heimat und gehen nach Deutschland.

Nach dem Zweiten Weltkrieg sprechen die alliierten Siegermächte Südtirol erneut Italien zu.

1946

1938

1943

Mussolini wird gestürzt, die Deutsche Wehrmacht marschiert in Italien ein. Die Südtiroler feiern sie als Befreier.

den Friedensverhandlungen 1946 in Paris war die Verhandlungsposition Österreichs ganz entscheidend dadurch geschwächt. Das im Rahmen der Friedenskonferenz beschlossene sog. **Gruber-De Gasperi-Abkommen** zwischen Italien und Österreich sah schließlich vor, dass Italien das Gebiet Südtirols erneut zugesprochen wurde. Die endgültige Teilung des Landes Tirol wurde damit bis heute besiegelt. Allerdings sicherte Italien dem Bereich Südtirols ausdrückliche autonome Grundrechte und die Gründung deutscher Schulen zu. Das Ladinisch wird aber nicht berücksichtigt. Österreich wurde zur Schutzmacht der Südtiroler Bevölkerung ernannt. Doch mit der Umsetzung des Abkommens von 1946 ließen sich die italienischen Regierungen der nächsten Jahrzehnte Zeit und verschleppten sie immer wieder.

1956–1992 Ein Kampf um die Autonomie

1956 machte der Befreiungsausschuss Südtirol, kurz BAS, von sich reden. Der separatistischen Untergrundorganisation wurden Bombenattentate auf italienische Behörden und Wohnsiedlungen zur Last gelegt. Die Organisation wollte die komplette Loslösung Südtirols von Italien erzwingen. Durch Folterung von inhaftierten BAS-Mitgliedern trugen italienische Behörden zur Eskalation der Gewalt bei.

Erst 1972, nach jahrzehntelangen Verhandlungen, konnte unter Zustimmung des italienischen Parlaments, der Generalversammlung der Südtiroler Volkspartei und dem österreichischen Nationalrat das **Zweite Autonomiestatut** für Südtirol in Kraft treten. Es basiert auf einem Maßnahmenkatalog mit Grundsätzen zum Schutz der ethnischen Minderheiten. Dieses wurde über die Jahre hinweg Schritt für Schritt durch einfache Gesetzgebung vom italienischen Parlament umgesetzt.

1992 erklärten die italienische und die österreichische Regierung die Maßnahmen schließlich für beendet. Gegenüber den Vereinten Nationen gaben beide Seiten eine Streitbeilegungserklärung ab.

Bombenattentate auf italienische Einrichtungen in Südtirol erschüttern das Land. Bis in die 1980er-Jahre gibt es immer wieder Attentate.

2002 Eine Volksbefragung verhindert, dass der Bozener Siegesplatz in Friedensplatz umbenannt wird. Es wäre ein Zeichen der Versöhnung zwischen den Südtiroler Sprachgruppen gewesen.

1956

1972 Das Zweite Autonomiestatut für Südtirol tritt in Kraft; es wird 1992 für beendet erklärt.

1991 Der Steinzeitmensch »Ötzi« wird von einem deutschen Ehepaar in einem Schneefeld am Tisenjoch gefunden.

Seit 2000 »Disagio« und vorbildliche Autonomie

Zwei nebeneinanderher existierende Schulsysteme und der Zwang für italienische Staatsbedienstete, in Südtirol zwei Sprachen, das Deutsche und das Italienische, zu beherrschen, führen zu dem als »Disagio« – Unbehagen – bezeichneten Gefühl der italienischen Bevölkerung gegenüber der nördlichsten Region. Die wiederum wirtschaftlich punktet und darum eine selbstsichere Position vertritt: Mit einer Arbeitslosenquote von nur 2,6 Prozent, einem Bruttosozialprodukt von 12,8 Milliarden Euro und einer funktionierenden öffentlichen Ordnung steht das Land gut da.

In den Bereichen Verwaltung, Wirtschaft, Kultur, Kommunikation, Verkehr und Innere Sicherheit verfügt der Südtiroler Landtag über eine weitgehende Gesetzesautonomie. 90 Prozent aller Steuern aus dem eigenen Gebiet verbleiben in Südtirol. Deshalb wird der Landesregierung immer wieder von Rom vorgeworfen, sich nicht an den finanziellen Transferleistungen in den weniger entwickelten Süden Italiens (Kalabrien, Basilikata, Sizilien, Kampanien) zu beteiligen. Im Gegenzug dazu provozieren verschiedene Südtiroler Parteien gerne mit der Forderung, das Land von Italien loslösen zu wollen. Dann spricht die andere, die italienische Seite von »überholten Privilegien« und droht damit, den Autonomiestatus durch den Europäischen Gerichtshof überprüfen zu lassen.

Der Urlauber bekommt das aber nur am Rande mit. Zum Beispiel, wenn in einem Tal auf der einen Seite des Berges nur Deutsch gesprochen wird, während es wenige Kilometer weiter auf der anderen Seite kein einziges deutsches Straßenschild gibt und auch Wirtsleute konsequent zunächst auf Italienisch reden. Aufgrund der besonderen Schutzmaßnahmen für die deutsche und die ladinische Bevölkerung, die einen romanischen Dialekt spricht, gilt Südtirol nach wie vor als europäisches Musterbeispiel für die Autonomie ethnischer Minderheiten. Trotz gelegentlicher – verbaler – Scharmützel mit dem Mutterland.

Der österreichische FPÖ-Politiker Martin Graf fordert eine Volksabstimmung Südtirols über die Rückkehr zu Österreich.

2009

2006

Die Bürgermeister Südtirols wollen, dass die Schutzmachtfunktion Österreichs verfassungsmäßig verankert wird. Die Südtiroler Volkspartei lehnt die Petition aber ab.

2013

Die Südtiroler Volkspartei verliert erstmals seit ihrer Gründung 1945 im Landtag die absolute Mehrheit.

KULINARISCHES LEXIKON

A

Apfelkiechl – mit Teig umhüllte, in Öl gebackene Apfelscheiben, oft mit Zimt und Zucker bestreut

Apfelkren – Meerrettich mit geriebenen Äpfeln und Sahne

Apfelstrudel – Butterteig mit Apfel-, Rosinen- und Nussfüllung

B

Bauernbratl – Schweinsbraten mit Kartoffeln

Bauerngröstl – Röstkartoffeln mit Zwiebeln und Fleischresten

Beuschel – Ragout aus Innereien vom Ochsen und Kalb

Bozener Sauce – feine Spargelsauce mit Eiern und Kräutern

Buchweizen – vollwertige, sehr beliebte Zutat, z.B. zu Knödeln oder im Kuchen

Buchtln – Nachspeise aus Hefeteig und im Rohr gebacken. Wird mit Vanillesauce gereicht, und im Inneren kann sich Marmelade befinden

C

Carpaccio – hauchdünn geschnittenes rohes Rindfleisch

E

Eierschwämme – Pfifferlinge

Erdäpfel – Kartoffeln

F

Fastenknödel – Semmelknödel

Fleischkrapfen – Frikadellen

Forelle nach Eisacktaler Art – gebraten, mit Wein

Frittatensuppe – Rinderbrühe mit geschnittenem Pfannkuchen

G

Germknödel – Hefeklöße, gefüllt mit Zwetschgenmus

Gerstlsuppe – Graupensuppe aus Gerstenkörnern

geschmälzte Nudeln – dicke, hausgemachte Nudeln, in zerlassener Butter geschwenkt

Geselchtes – Geräuchertes

Grantn – Preiselbeeren, werden in Marmeladenform gern zu Wildgerichten gereicht

Graukas – Kuhmilchkäse, der oft mit Essig, Öl und Zwiebeln serviert wird

H

Herrengröstl – Röstkartoffeln mit Kalbfleischstückchen

Herrenpilz – Steinpilz

J

Jause – Brotzeit

K

Kaiserschmarrn – Süßspeise aus Ei, Milch, Rosinen, Zucker

Kalbsvögerln – kleine Kalbsschnitzel in Sauce

Kaminwurzen – würzige Dauerwürste (eine Art Landjäger)

Kapuzinerfleisch – Nieren mit Bohnen und Speck

Karfiol – Blumenkohl

Kasnocken – kleine, würzige Käseknödel

Kastanienreis – pürierte Maronen, meist mit Schlagsahne

Kösten – Maronen

Kohlsprossen – Rosenkohl

Kranewittkugeln – Wacholderbeeren

Krapflan – je nach Region halbmond- oder rautenförmiges Teiggebäck. Gefüllt mit Marillenmarmelade, Mohn oder Ribislmarmelade

Krautfleckerln – Nudeln mit gedüns- tetem Weißkohl

Kren – Meerrettich

M

Marende – Imbiss am Nachmittag

Marillen – Aprikosen

Muis – Gericht der armen Leute und heute eine Spezialität. Es wird aus Mehl, Butter, Milch hergestellt, mit Salz abgeschmeckt und mit Buxile- mehl (Bockshorn-Mehl) bestäubt

N

Nocken – Mehlklößchen aus Eierteig

P

Palatschinken – Pfannkuchen mit Füllung, z. B. Topfen

Paradeiser – Tomaten

Polenta – Maisgrießgericht

Pressknödel – Knödel aus Grau- oder Ziegenkäse und Weißbrot

R

Ribisln – Johannisbeeren

Ricotta – Frischkäse, häufig als Fül- lung von Teigtaschen

S

Saure Suppe – Rindskaldaunensuppe – Bozener Art – Kuttelsuppe

Schälnüsse – frisch geerntete Walnüsse

Schlegel – Kalbs- oder Hammelkeule

Schlutzer, Schlutzkrapfen – Teig- täschchen mit Spinatfüllung in zerlassener Butter

Schöpsernes – Hammelfleisch

Schüttelbrot – Roggenbrotfladen

Schwämme – Pilze

Schwarzplenten – Buchweizen

Selchen – Räuchern (im Kamin)

Selchfleisch – geräuchertes Schweine- fleisch

Serviettenknödel – Semmelknödelteig, in Scheiben geschnitten

Speck – gepökelt und mit Wacholder geräuchert, eine Südtiroler Spezia- lität

Stelze – Schweins- oder Kalbshaxe, Eisbein

Strauben – süßes Schmalzgebäck, mit Puderzucker bestreut

Surbraten – gebeiztes, nicht geräu- chertes Schweinefleisch

T

Tafelspitz – sehr zartes, kleinfaseriges Rindfleisch, gekocht

Tirtlan oder Türtln – Schmalz- gebackenes mit verschiedenen Füllungen, z. B. mit Sauerkraut

Törggelen – herbstliche Verkostung des neuen Weins. Endet kurz vor Weihnachten

Topfen – Quark

V

Vinschgerl – kleines Fladenbrot aus Roggenmehl, mit Kümmel und Fenchelsamen gewürzt

Vormas – Gabelfrühstück

Z

Zelten – süßes Früchtebrot mit Honig und Feigen, eine Bozener Spezialität

Zibeben – Rosinen

SERVICE

Anreise

MIT DEM AUTO

Nach Südtirol führen aus Deutschland alle Wege über München und über Innsbruck zum Brennerpass. Die Brennerautobahn (A 22) durchquert Südtirol in Nord-Süd-Richtung. Es ist die einzige Autobahnpassage. Für Reisende aus dem Südwesten Deutschlands und der Schweiz lohnt es sich auch, über den Fernpass oder den Arlbergtunnel nach Innsbruck und dann über die Brennerautobahn zu reisen. Ganz im Westen führt der Reschenpass in den Vinschgau. Im Sommer gibt es weitere Möglichkeiten: durch das Ötztal über das Timmelsjoch. Die Mautstrecke über den Pass kostet, sowohl auf österreichischer als auch italienischer Seite.

Alle Autobahnen kosten Mautgebühr. Die Brennerpassage kostet zusätzlich.

Autobahntankstellen sind 24 Stunden geöffnet. Auf der Landstraße gibt es SB-Tanksäulen, die Geldscheine und Kreditkarten nehmen. Lokale Tankstellen haben Öffnungszeiten, meist Mo–Fr 7–12.30 und 15.30–19.30 Uhr.

Für Autos und Motorräder gilt in geschlossenen Ortschaften 50 km/h. Außerorts gelten 90 km/h, auf Autobahnen 130 km/h, bei Regen 110 km/h; Wohnmobile und Pkw mit Hänger unterliegen eigenen Bestimmungen.

In Italien liegt die Promillegrenze bei 0,5 und es besteht Anschnallpflicht. Das Telefonieren während der Fahrt ist nur mit Freisprechanlage erlaubt. Es muss überall und jederzeit mit Abblendlicht gefahren werden. Eine Warnweste für jeden erwachsenen Reisenden griffbereit im Auto zu haben ist Pflicht.

Öffentliche Parkplätze sind durch weiße und blaue Markierungen gekennzeichnet. Die blauen Parkplätze sind gebührenpflichtig. Parkverbot gibt es auf gelben Markierungen. Falschparken ist teurer als in Deutschland oder Österreich. Strafzettel, die in Italien ausgestellt werden, werden auch in Deutschland eingetrieben, wenn sich die Summe auf über 50 € beläuft. Wer glaubt, das wird nicht verfolgt, hat Pech: Beim nächsten Urlaub wird das Kennzeichen an der Mautstelle gescannt. Die Strafe mit entsprechenden Mahngebühren ist dann fällig.

Pannendienst
ACI-Soccorso Stradale

Tel. 8 00 11 68 00 (gelbe Notrufsäulen befinden sich auf der Autobahn).

MIT DER BAHN

Von München fahren etwa alle zwei Stunden Euro-City-Züge Richtung Innsbruck, Verona und Venedig mit Halt in Franzensfeste (Fortezza), Brixen und Bozen. Von dort verkehren Regionalbahnen und Busse. Viele Hotels bieten auch die kostenlose Abholung von der Bahn an.

Autoreisezüge fahren von mehreren deutschen Städten aus nach Verona. Meist nur im Sommerfahrplan.

– Deutsche Bahn Autozug: www. dbautozug.de

– Österreichische Bundesbahn: www.
oebb.at
– Schweizerische Bundesbahnen: www.
sbb.ch
– Trenitalia: www.trenitalia.news-plus.net

MIT DEM BUS

Europa-Busse fahren Verona und
Venedig an. Die Preise sind durchaus attraktiv (www.eurolines.de; www.
touring.de).

Ab München gibt es den Meraner Land
Express, der zwischen Ende März und
Mitte November regelmäßig das Meraner Land und den Süden Südtirols an-
fährt (www.meranerland.com).

Ab Stuttgart bietet Südtiroltours jeden
Samstag einen Bustransfer nach Meran
(www.suedtiroltours.de).

Ab Mitte April bis zum 1. November ist
man auch aus der Schweiz per Bus an-
gebunden (www.suedtirolexpress.ch).

Direktbusse von München ins Schlerngebiet und ins Grödnertal verkehren in
der Sommer- und Wintersaison (www.
silbernagl.it).

MIT DEM FLUGZEUG

Aus Deutschland, der Schweiz oder
Österreich sind die Flughäfen Bergamo, Mailand und Verona die Destinationen für ein Ziel in Südtirol.

Eine Reihe europäischer Airlines
bietet Direktflüge: Von Deutschland
Alitalia (www.alitalia.de), Lufthansa
(www.lufthansa.de), Air Berlin (www.
airberlin.de).

Auch Billigflieger haben entsprechen-
de Destinationen im Programm. Sie
wechseln allerdings ihre Ziele von Saison zu Saison.

Von Mailand, Bergamo und Verona
gibt es Bustransfers nach Bozen und

weiter nach Meran und die Seiser Alm.
Buchung nur über: www.terravision.eu
Von Zürich fliegt Swiss-Air nach Mai-
land (www.swiss.com).

Der Flughafen Bozen ABD (Airport
Bozen Dolomiten) bietet nur Linien-
flüge innerhalb Italiens an. Die Airline
Etihad regional hat zeitweise Flüge
nach Genf im Programm.

Auskunft

Italienische Zentrale für Tourismus ENIT

– Barckhausstr. 10, Frankfurt/Main | Tel.
0 69 23 74 34 | www.enit.de
– Mariahilfer Str. 1b/Mezzanin-Top XVI,
Wien | Tel. 0 15 15 16 30-14 | www.enit.at
Anfragen aus der Schweiz werden in
der Frankfurter Niederlassung bear-
beitet.

Buchtipps

**Lisa Bahnmüller: Auszeit für
mich – 30 Genusstouren für Frau-
en in Südtirol** (Verlag J. Berg, 2013)
Ideen für Touren, Entspannung,
Kultur oder einfach nur Erholung.
**Michael Böckler: Tod oder Reben.
Ein Wein-Krimi aus Südtirol**
(rororo, 2012) Der chronisch pleite
Baron Emilio liebt Wein, Morde
weniger – doch seine gute Beobach-
tungsgabe macht ihn zu einem ver-
sierten Privatdetektiv, der dieses
Mal im schönen Südtirol ermitteln
darf.
**Hellmut von Cube: Mein Leben bei
den Trollen. Eine Südtirol-Satire**
(Edition Raetia, 2008) Eine sati-
rische Liebeserklärung an Südtirol,
witzig und erhellend!

Hermann Gummerer: Total alles über Südtirol (Folio Verlag, 2012) Hintergründiges Wissen über Südtirol wird ungewöhnlich und einfach schön dargestellt.

Monika Kellermann: Südtirol kulinarisch (Collection Rolf Heyne, 2012) Geschichten und Rezepte. Ein Buch über Menschen und ihre Leidenschaften.

Reinhold Messner: Die Zukunft der Alpen (Tappeiner, 2013) Beeindruckender Band, prachtvolle, teils ausklappbare Fotos. Trotz aller Veränderungen ein optimistischer Blick in die Zukunft.

Außerdem ist zu Südtirol ein MERIAN-Magazin (JAHRESZEITEN VERLAG, 2015) erhältlich.

Diplomatische Vertretungen

Deutsches Konsulat

V. Solferino 40, Mailand | Tel. 0 26 23 11 01

Österreichisches Konsulat

P.za del Liberty 8/4, Mailand | Tel. 02 78 37 43

Generalkonsulat der Schweiz

V. Palestro 2, Mailand | Tel. 0 27 77 91 61

Feiertage

1. Januar Neujahr
6. Januar Hl. Drei König
Ostermontag/Pasquetta
25. April Tag der Befreiung
1. Mai Tag der Arbeit
Pfingstmontag
2. Juni Tag der Republik
15. August Mariä Himmelfahrt (Ferragosto)

1. November Allerheiligen
8. Dezember Mariä Empfängnis
25. Dezember 1. Weihnachtsfeiertag
26. Dezember 2. Weihnachtsfeiertag/ St. Stefano

Geld und Kreditkarten

Es gibt ein gutes Netz an Geldautomaten, man kann überall wie gewohnt Bargeld abheben.

Kreditkarten werden in fast allen Hotels, Restaurants und Geschäften akzeptiert. Manche Hotels gewähren den Kunden drei Prozent Nachlass, wenn sie bar bezahlen. Banken sind in der Regel Mo–Fr 8.30–13.30 und 14.30–15.30 Uhr geöffnet.

Links und Apps

LINKS

www.suedtirol.de
Offizielles Tourismusportal Südtirols
www.sentres.com/de
Plattform zu vielen Themen rund um Südtirol und den dazugehörigen Apps
www.suedtirolerland.it
Umfassendes Urlaubsportal
www.burggrafenamt.com
Informationen zu Meran und Umgebung
www.weinstrasse.com
Informationen zu Bozen und der Weinstraße
www.valgardena-groeden.com
Informationen zu Gröden und den Dolomiten

APPS

Unter www.suedtirol.info gibt es gute kostenlose Apps:
Südtirol mobil Guide
Eine App für alles Nützliche und Wissenswerte in der Region.

Südtirol Trekking Guide
Karten, Beschreibungen, Wetter etc. für Unternehmungen von der Wanderung bis zur fordernden Bergtour.
Culturonda
Reiseführer, Wein-Guide, Familienaktivitäten und Vielfalt der Dolomiten.

Märkte
Südtirol hat eine reiche Vielfalt an Wochen- und Traditionsmärkten.

WOCHENMÄRKTE
Montag: St. Pauls bei Eppan, Brixen, Leifers, Terlan
Dienstag: Toblach, St. Michael bei Eppan, Sterzing, Sarnthein, Prad
Mittwoch: Bruneck, Kaltern, Lana, Auer, Ritten, St. Christina, Völs am Schlern (von Ostern bis Oktober), Mals
Donnerstag: Girlan, St. Ulrich in Gröden, Wolkenstein, Kastelruth, Lana, Schlanders
Freitag: Olang, Meran, Naturns, Sterzing, Wolkenstein, St. Ulrich in Gröden, Lana, Latsch
Samstag: Bozen-Siegesplatz, Mölten, Naturns

TRADITIONSMÄRKTE
Stegener Markt in Bruneck am letzten Wochenende im Oktober
Sealamorkt in Glurns am Allerseelentag (2. Nov.)
Michaeli-Markt in Martell am Tag des hl. Michael (29. Sept.)
Markus-Markt in Auer am Tag des hl. Markus (25. April)
Martini-Markt in Girlan am Martinstag (11. Nov.)
Josefimarkt in Salurn am 19. März oder am Sonntag danach

Medizinische Versorgung
KRANKENVERSICHERUNG
EU-Bürger bekommen medizinische Versorgung mit der EHIC (European Health Insurance Card) oder einem Auslandskrankenschein der eigenen Krankenkasse.
Privatpatienten werden gegen Barbezahlung oder Kostenübernahmegarantie der privaten Krankenkasse, per Fax, behandelt. Eine private Reiseversicherung ist zu empfehlen.

KRANKENHÄUSER
Bozen: Tel. 04 71 90 83 30
Meran: Tel. 04 73 26 30 29
Schlanders: Tel. 04 73 73 82 69
Brixen: Tel. 04 72 81 24 44
Sterzing: Tel. 04 72 72 03 51
Bruneck: Tel. 04 74 58 12 00
Innichen: Tel. 04 74 91 71 40

APOTHEKEN
Das grüne Kreuz ist das Symbol für Apotheken, sie heißen in Südtirol »Farmacia«. Geöffnet sind Apotheken meist Di–Sa 8–13 und 14–20, Montag 16–20 Uhr. In den Touristenorten sind sie oft auch ganztägig und sonntags geöffnet.

In den letzten Jahren hat das Auftreten von Zecken in Südtirol stark zugenommen. Typische Zeckengebiete in Südtirol sind der Raum Bozen, Überetsch, Unterland, Meran und Teile des Vinschgaus. Allerdings gilt Südtirol noch nicht offiziell als gefährdetes Gebiet. www.zecken.de

Mietwagen
»Autonoleggio«, also Leihwagen, gibt es in vielen Orten Südtirols. In der

Hauptsaison empfiehlt es sich, vorab zu reservieren. Große Verleiher vor Ort, es gibt aber auch lokale Anbieter; ein Vergleich lohnt sich (www.billiger-mietwagen.de).

Museummobil Card

Die Museummobil Card ermöglicht die unbegrenzte Fahrt mit öffentlichen Verkehrsmitteln an drei bzw. sieben aufeinanderfolgenden Tagen sowie jeweils einen Eintritt in über 80 Museen und Sammlungen in ganz Südtirol (www.mobilcard.info).

Notruf

In ganz Italien gilt als Sanitätsnotrufnummer 118. In dringenden Notfällen wählt man die kostenlose 112; dort wird meist auch Englisch gesprochen. Die Bergrettung erreicht man mit der Notrufnummer 140.
Weitere wichtige Nummern sind:
– Rotes Kreuz Bozen: Tel. 04 71 92 06 55
– Weißes Kreuz Bozen: Tel. 04 71 44 43 14
– Den ärztlichen Bereitschaftsdienst in Südtirol erreicht man unter Tel. 04 71 90 82 88 bzw. 04 71 90 91 48.

Öffnungszeiten

Grundsätzlich sind die Öffnungszeiten in Italien nicht einheitlich geregelt. Die meisten Geschäfte sind Mo–Sa 9–12.30 und 15.30–19.30 Uhr geöffnet. Supermärkte machen oft keine Mittagspause und haben immer öfter auch am Sonntagvormittag geöffnet. Öffnungszeiten in Restaurants können sehr strikt gehandhabt werden, vor allem in der Mittagszeit. Warmes Essen gibt es von 12–14.30 Uhr, dann ist Pause. Die meisten Museen haben montags geschlossen. In der Hochsaison allerdings nicht, Öffnungszeiten können dann sehr unterschiedlich sein.
Kirchen sind in den Mittagsstunden geschlossen. Kleinere Kirchen im Hinterland sind oft nur zum Gottesdienst geöffnet.

Post

Briefkästen sind rot. Es gibt auch Expresspostkästen, diese sind blau.
Postämter haben normalerweise Mo–Fr 8.15–14 und Sa 8.15–12/14 Uhr geöffnet.
Briefmarken gibt es in den Postämtern, Tabakläden und in Bars. Sie heißen »francobolli«.

Presse

Deutsche Zeitungen und Magazine sind an vielen Kiosken erhältlich.
In Südtirol gibt es zahlreiche deutschsprachige oder zweisprachige Tages- und Wochenzeitungen, die über alles Aktuelle informieren und z. T. auch online zu finden sind (www.press-guide.com/italy.htm).

Rauchen

Das Rauchen in öffentlichen Räumen – also auch in Gaststätten – ist strengstens verboten und wird genauestens kontrolliert.

Reisedokumente

Bürger aus Deutschland, Österreich und der Schweiz benötigen nur einen gültigen Personalausweis oder Pass. Reisende aus anderen Ländern bekommen bei der Italienischen Botschaft Auskunft.
– Berlin: www.ambberlino.esteri.it
– Wien: www.ambvienna.esteri.it
– Bern: www.ambberna.esteri.it

Reiseknigge

Es wird darauf geachtet, dass Frauen schulterbedeckt in die Kirche gehen, Männer mit geschlossenem Hemd.

Es gilt Rauchverbot in öffentlichen Räumen. Also auch in Bars, Restaurants und anderen Lokalen. Bei Verstoß drohen Strafen bis zu 250 €.

Es ist üblich, Trinkgeld zu geben, etwa zehn Prozent der Gesamtsumme. Man lässt sich zuerst das Wechselgeld herausgeben und legt das Trinkgeld auf das Tellerchen oder in die Mappe mit der Rechnung.

Reisezeit

Südtirol hat immer Reisezeit. Die Temperaturen unterscheiden sich regional teils deutlich: Während der südliche Landesteil um Bozen (Überetsch, Unterland, Weinstraße) sowie das Etschtal zwischen Bozen und Meran im Mai bereits teils sommerliche Temperaturen schaffen, bieten die höher gelegenen Skigebiete im Vinschgau, im Pustertal, in Gröden, Badia und im oberen Eisacktal noch genügend »Kälte« für verschneite Pistenerlebnisse – Ostern im Schnee ist keine Seltenheit. Im Sommer bietet die landschaftliche Vielfalt zahlreiche Möglichkeiten für Outdoor-Aktivitäten. Wem es zu warm ist, der lässt sich mit der Seilbahn in kühlere Gefilde bringen.

Der Herbst bringt mit seinem herrlich bunten Blätterkleid auch das Törggelen. Wandern und Genießen sind angesagt. Erster Schnee in der Höhe lockt aber auch schon die Skifahrer in die Gebirgsregionen.

Im Winter ist Südtirol für seine stabile Schneelage und strahlenden Sonnenschein bekannt.

Strom

Die Stromspannung beträgt 125 oder 220 Volt. Deutsche Stecker passen meistens, aber nicht überall. Manchmal ist ein Zwischenstecker durchaus hilfreich.

Telefon

VORWAHLEN

D, A, CH ▶ **Südtirol** 00 39
Südtirol ▶ **D** 00 49
Südtirol ▶ **A** 00 43
Südtirol ▶ **CH** 00 41

Bei Gesprächen in Italien ist die 0 immer dabei. Also 00 39 und die 0 der

Klima (Mittelwerte)

	Januar	Februar	März	April	Mai	Juni	Juli	August	September	Oktober	November	Dezember
Tages-temperatur	5	9	14	19	22	27	29	28	24	18	11	6
Nacht-temperatur	-3	-1	4	8	11	15	16	16	13	8	2	-2
Sonnen-stunden	3	4	5	6	6	7	8	7	6	5	3	3
Regentage pro Monat	4	3	6	7	10	9	8	8	8	7	7	5

Ortsvorwahl wählen. Außer sie steht nicht da, dann ist es eine Handynummer – diese beginnt immer mit einer 3.

Themenparks
Waldhochseilgarten Obereggen
Seit 2014 gibt es hier auch einen Kinderparcours (ab 1,15 m Größe).
www.obereggen.com/sommer_aktivitaeten/waldhochseilgarten

Wildpark Gustav Mahler im Hochpustertal
www.toblach.info

Tiere
Hunde und Katzen benötigen einen EU-Heimtierausweis mit Nachweis einer Tollwutimpfung. Den Ausweis gibt es beim Tierarzt. Das Tier muss durch einen Mikrochip identifizierbar sein.
Südtirol ist eine hundefreundliche Region. In vielen Hotels sind Hunde willkommen, es empfiehlt sich aber,

das vor der Anreise zu klären. Leine und Maulkorb sollten immer mitgeführt werden, in öffentlichen Gebäuden und Verkehrsmitteln sind sie Pflicht.

Waalwege
Interessante Ausstellung zur Geschichte der Waalwege gibt es im Vinschger Heimatmuseum.
Vintschger Museum Schluderns | Schluderns | Meranerstr. 1 | www.vintschgermuseum.com | 20. März–Okt. Di–So 10–12, 15–18 Uhr

Zoll
Alles, was für den persönlichen Bedarf ist, darf innerhalb der EU zollfrei mitgeführt werden. Es gelten 90 l Wein und 800 Zigaretten pro Person als Obergrenze. Für Schweizer gelten allerdings geringere Freimengen.
Die Einfuhr von Souvenirs, die aus geschützten Tieren gefertigt wurden, ist verboten.

Entfernungen (in Kilometern) zwischen wichtigen Orten

	Bozen	Brixen	Bruneck	Glurns	Kaltern	Meran	Sand in Taufers	Schlanders	Sterzing	Toblach
Bozen	–	40	73	83	15	28	88	61	75	101
Brixen	40	–	33	123	55	68	48	101	30	61
Bruneck	73	33	–	156	88	101	15	134	53	28
Glurns	83	123	156	–	85	55	171	22	115	184
Kaltern	15	55	88	85	–	30	103	63	90	116
Meran	28	68	101	55	30	–	116	33	60	129
Sand in Taufers	88	48	15	171	103	116	–	149	68	43
Schlanders	61	101	134	22	63	33	149	–	93	162
Sterzing	75	30	53	115	90	60	68	93	–	81
Toblach	101	61	28	184	116	129	43	162	81	–

ORTS- UND SACHREGISTER

Wird ein Begriff mehrfach aufgeführt,
verweist die **fett** gedruckte Zahl auf die Hauptnennung.
Abkürzungen: Hotel [H] · Restaurant [R]

Liebe Leserinnen und Leser,

vielen Dank, dass Sie sich für einen Titel aus unserer Reihe MERIAN *momente* entschieden haben. Wir wünschen Ihnen eine gute Reise. Wenn Sie uns nun von Ihren Lieblingstipps, besonderen Momenten und Entdeckungen berichten möchten, freuen wir uns. Oder haben Sie Wünsche, Anregungen und Korrekturen? Zögern Sie nicht, uns zu schreiben!

Alle Angaben in diesem Reiseführer sind gewissenhaft geprüft. Preise, Öffnungszeiten usw. können sich aber schnell ändern. Für eventuelle Fehler übernimmt der Verlag keine Haftung.

© 2015 TRAVEL HOUSE MEDIA GmbH, München
MERIAN ist eine eingetragene Marke der GANSKE VERLAGSGRUPPE.

TRAVEL HOUSE MEDIA
Postfach 86 03 66
81630 München
merian-momente@travel-house-media.de
www.merian.de

Alle Rechte vorbehalten. Nachdruck, auch auszugsweise, sowie die Verbreitung durch Film, Funk, Fernsehen und Internet, durch fotomechanische Wiedergabe, Tonträger und Datenverarbeitungssysteme jeglicher Art nur mit schriftlicher Genehmigung des Verlages.

BEI INTERESSE AN MASSGESCHNEIDERTEN MERIAN-PRODUKTEN:
Tel. 0 89/4 50 00 99 12
veronica.reisenegger@travel-house-media.de

BEI INTERESSE AN ANZEIGEN:
KV Kommunalverlag GmbH & Co KG
Tel. 0 89/9 28 09 60
info@kommunal-verlag.de

1. Auflage

VERLAGSLEITUNG
Dr. Malva Kemnitz
REDAKTION
Juliane Helf
LEKTORAT
Ingra Orthober
BILDREDAKTION
Tobias Schärtl
SCHLUSSREDAKTION
Andrea Lazarovici
HERSTELLUNG
Bettina Häfele, Katrin Uplegger
SATZ
Nadine Thiel, kreativsatz, Baldham
REIHENGESTALTUNG
Independent Medien Design, Horst Moser, München (Innenteil), La Voilà, Marion Blomeyer & Alexandra Rusitschka, München und Leipzig (Coverkonzept)
KARTEN
Gecko-Publishing GmbH für MERIAN-Kartographie
DRUCK UND BINDUNG
Firmengruppe APPL, aprinta druck, Wemding

Ein Unternehmen der
GANSKE VERLAGSGRUPPE

PEFC/04-32-0928

BILDNACHWEIS
Titelbild (Kühe beim Aufstieg zum Schönegg oberhalb von Sulden): imago/imageBROKER 120/CC BY-SA 3.0 174r | F. Andergassen 71 | Archiv Gemeinde Graun 192 o. | Bildagentur Huber: Gräfenhain 4/5, 64, 86, 108, J. Huber 85, Römmelt 137 | Bundesarchiv, Bild 137-055690 / Schwabik, Marian A. J. / CC-BY-SA 173 | Caro: Kaiser 128 | Corbis: L. und W. Bahnmüller/Westend61 192 u., N. Eisele-Hein/JAI 46, 49, C. Morucchio/R. Harding World Imagery/ 79, L. Schneider/Aurora Photos 164/165 | ddp images: C. Eder 152, C. Eder/Shotshop 2, P. Probst 38 | dpa Picture-Alliance: P. Endig 50, S. Minkoff 13 r. | F1online 120 | Foodie Factory: D. Pertoll 58 | fotolia: Edler von Rabenstein 127, fotolicious2904 15, fottoo 156/157, M. Ignatova 161, kab-vision 26 | gemeinfrei 172l, 172r | Getty Images: P. Adams, Collection: AWL Images 82 | GlowImages 159 | HOFER ALPL OHG 22 | Hotel Gassenhof 16 | Hotel Greif: A. Fischer 25 | INTERFOTO: Archiv Friedrich 174l | JAHRESZEITEN VERLAG: C. Körte 37, 99 | Kuppelrein: R. Schmidt 30 | laif: F. Blickle 12, 42, 141, M. Galli 132, G. Haenel 107, F. Heuer 119, H. Krinitz 168, R. Mattes/hemis.fr 6, 35, C. Schwelle 90, C. Stukhard 147, C. Zahn 68 | LOOK-foto: : H. Rier/Suedtirolfoto 80, 104, 148, A. Strauß 111 | mauritius images: Alamy 100, 131., allesfoto/ imageBROKER 143,144, CuboImages 94, C. Heinrich/imageBROKER 61, P. Lehner 124 | Professional Tandem Paragliding 45 | PUNI Destillerie 19u. | Roter Hahn: F. Blickle 19o., 41 | T. Santa 17 | Schapowalow: F. Cogoli/SIME 20/21, O. Fantuz/SIME 62/63, S. Torrione/SIME 76 | T. Schärtl 112, 115 | Seiser Alm Marketin: M. Kostner 54 | shutterstock: Bildagentur Zoonar GmbH 14, foto76 34, lakeemotion 171r., A. Martinez de Mingo 171l, patjo 13 l., WitR 170 | Südtiroler Volkspartei 175 | suedtirol-travels.com: M. Bacher 59 | Thaler GmbH 72 | Therme Meran/Tappeiner 11 u. | Tourismusverein Lana und Umgebung: H. Rier 60 | Travel-Photography: R. Jahns 138 | ullstein bild: Kucharz 123 | Weingut Haderburg 151 | YourPhotoToday: R. Perner/PM 166

SÜDTIROL GESTERN & HEUTE

Rund 700 Menschen lebten einst im Vinschgauer Ort Graun, sie waren stolz auf ihr preisgekröntes Braunvieh und bekannt für ihre Zufriedenheit. Das änderte sich im Juli 1950 drastisch, als alle Häuser und Höfe gesprengt wurden und der zur Errichtung eines Elektrizitätswerks geschaffene Stausee das Dorf überflutete. Einzig der Kirchturm blieb erhalten, er hielt allen Sprengversuchen stand und ragt noch aus dem **Reschensee** (▶ S. 129) heraus, wie ein trauriges und zugleich stolzes Mahnmal.